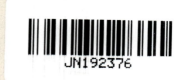

理論経済学と経済政策

大山道広
Michihiro Ohyama

理論経済学と経済政策

厚生・マクロ・国際経済学

岩波書店

まえがき

慶應義塾大学経済学部名誉教授，大山道広先生は本書の出版準備中，2017年5月2日に亡くなられた．本書は大山先生の研究活動全体に関わる最後の著作物である．

本書を著した目的を大山先生は次のように記されている．

「本書は，時間的，空間的に離散的な(連続的ではない)異なる社会経済的状況について，その間の厚生的比較と動学的比較の新しい方法を開発・適用する．この方法は「現実的」で，経済政策の分析に有効と考えられる．マクロ経済，国際経済，さらには社会的厚生に関わる政策課題を取り上げ，それぞれの理論的分析に新しい光を投げかける」．

本書は4部構成になっている．第Ⅰ部が方法論としての厚生分析について，第Ⅱ部がマクロ経済学について，第Ⅲ部が国際経済学について，そして第Ⅳ部が厚生経済学の応用を扱っている．全体像を概観するために部の冒頭に各章の要約を掲載した．

ほぼ完成していた原稿チェックと必要な訂正，そして各部冒頭の要約文の作成を，津曲正俊(1, 2, 12, 13章)，白井義昌(3, 4, 5章)，黒川義教(6, 7, 8章)，蓬田守弘(9, 10, 11章)の4人で行った．

大山先生と岩波書店編集部の髙橋弘さんを引き合わせることで端緒をつくり，企画実現のために一貫してご尽力くださった慶應義塾大学名誉教授の丸山徹先生の力なくしては本書は出版できなかったであろう．なお，丸山先生には本書のあとがきを書いていただいた．岩波書店の石橋聖名さんにも最終的な編集作業でご助力いただいた．丸山先生，髙橋さん，そして石橋さんに深く感謝の意を表したい．

本書が経済理論，マクロ経済学，国際経済学を研究する者にとって有益な示唆をもたらすことが故大山道広先生の念願するところであったろう．先生から学恩を受けた私たちにその手助けが多少なりともできていれば幸いである．

最後に，本書原稿を整理するにあたって大山先生の奥様，大山和子さんにもご協力いただいた．先生の研究生活を最後までお支えになったことに敬意を表したい．そして，大山先生ご夫妻には公私ともに幾度もお世話になったことをこの場を借りてお礼申し上げたい．

白井義昌（慶應義塾大学経済学部）
津曲正俊（慶應義塾大学経済学部）
黒川義教（筑波大学人文社会系）
蓬田守弘（上智大学経済学部）

目　　次

第 I 部
概念と方法

第Ⅰ部は，経済厚生分析の理論的基礎と方法論に関して論じている．

第1章　部分均衡の厚生分析

部分均衡モデルは，価値標準財の限界効用が一定となる「マーシャル型効用関数」を個人がもつことを前提とするモデルである．この前提のもと，主に以下の4つの結論を導いている．(1)代表的消費者の効用関数が個々人の効用関数から合成できる．(2)代表的消費者の効用関数に対応する無差別曲線が，社会的経済厚生の指標として一定の意味をもつシトフスキーの無差別曲線と一致する．(3)さらにそれは，価値標準財の消費量が他と比較して相対的に大きい状況で，バーグソンの社会的厚生関数から導出される無差別曲線とも一致する．(4)消費者がプライステーカーである場合，代表的消費者の効用は社会的余剰と等しくなる．これらの結論は，部分均衡の枠組みで，代表的消費者の仮定が正当化できるばかりでなく，さらに，その効用水準，あるいは社会的余剰に応じた経済厚生の順序づけが，理論的に妥当な厚生分析手法であることを保証している．

第2章　一般均衡の厚生分析

一般均衡の枠組みでの厚生分析の統合的な方法論を確立した筆者の論文 “Trade and Welfare in General Equilibrium,” *Keio Economic Studies*, 1972 を，その基本定理といくつかの応用例に焦点をあてて紹介している．最初に，貿易・消費・生産に対する税・補助金政策において異なる2つの経済状態の経済厚生が，種々の要因に分解して比較できることを示す一般定理を解説している．この定理の貿易理論への適用例として，次の3つの命題をあげている．(1)自給自足より貿易をした方が好ましいという「貿易の利益」が，種々の経済政策が行われている状況下でも成り立つ．(2)交易条件の有利化が経済厚生を改善する効果をもつ．(3)貿易規制を目的とする場合，貿易に直接的に働きかける税・補助金を使用する政策が，他の政策手段よりまさる．

第1章　部分均衡の厚生分析

1.1　はじめに

代表的消費者，社会的無差別曲線，さらには部分均衡の概念は，経済現象の説明や経済政策の効果分析に役立つ簡便な用具として広く用いられてきた．これらの用具が強い仮定に依存していることから，その使用に対して懐疑的な見解を披歴する論者も多い．しかし，その意義は枝葉を切り落とした設定のもとで問題の本質を見きわめるところにある．ゲーム理論を応用した最近の経済分析は部分均衡モデルによるものが多く，その重要性はますます高まっている．そこで得られた洞察がどれくらい一般的なものかについては，多数の消費者・生産者間の資源配分を考慮する一般均衡モデルによって別途再検討する必要があるとしても，部分均衡モデルや社会的無差別曲線の概念が当面の経済問題に対する第一次接近として，また多くの人々に理解可能な説明図式として有用であることは確かである[1)]．

周知の通り，Marshall (1890)は，貨幣の限界効用が一定であると仮定した上で，部分均衡モデルをさまざまな経済問題に適用した．マーシャルがこの仮定を実際にどのように解していたかははっきりしない．Samuelson (1942)は少なくとも2つの解釈があるとしてその含意を論じている．一つは所得の限界効用を一定とするもので，もう一つは価値標準財の限界効用を一定とするものである．本章では，価値標準財の限界効用を一定とする解釈を採る．これは最近の応用ミクロ経済学の分析で多用されているが，この仮定のもとで，部分均衡分析だけでなく代表的消費者や社会的無差別曲線の概念も明確に意味づけられることは，一部の論者を除いては十分に認識されているとは言えない．長

1)　最近定評のあるマスコレル＝ウィンストン＝グリーンのミクロ経済学の教科書(Mas-Colell, Whinston and Green (1995))は部分均衡理論の解説にかなりのページを割いている．これは部分均衡理論の再流行を反映するものといえるかもしれない．いうまでもないが，筆者は一般均衡論的な視点の重要性を否定するものではない．Ohyama (1999)では，応用的なミクロ経済分析における一般均衡論的なアプローチの復活を試みている．

名(1990)，川又(1991)はその例外であり，この仮定から社会的無差別曲線が導かれることを明らかにしている[2)].

本章では，この仮定から代表的消費者や社会的無差別曲線がいかに導かれるかを示すだけでなく，これらの概念の意義と限界を初歩的な分析を用いて詳しく論じる．特に，先行文献(たとえば長名(1990)，Mas-Colell, Whinston and Green (1995))で価値標準財の消費が負の値をとりうると仮定して分析を単純化している点を改め，非負の値しかとりえないという境界条件の含意を明らかにする．

以下，1.2では，マーシャルの仮定のもとで，代表的消費者の効用関数が社会の成員である個別消費者の効用関数からいかに合成されるかを詳述し，消費者の効用関数が具体的に与えられる場合について例解する．1.3では，代表的消費者の効用関数から導かれる無差別曲線がScitovsky (1942)の社会的無差別曲線や効用可能性曲線と一対一で対応していることを明らかにする．最後に1.4では，マーシャルの仮定のもとでシトフスキーの社会的無差別曲線とBergson (1938)のそれが部分的に一致することを示し，さらには余剰概念による厚生分析が効用可能性曲線によるそれと同義であることを確認する．これらの結果はまったく新しい知見ではないとしても，少なくとも通常のテキストブックではほとんど述べられていないことであり，改めて指摘しておく価値があると信じる．

1.2　代表的消費者の効用関数

n 人の消費者が存在する社会を考える．簡単化のため，これらの消費者は財 x と「貨幣」y を消費するものとする．消費者 i の効用関数は

$$u_i(X_i, Y_i) = Y_i + v_i(X_i) \tag{1.1}$$

と表される．ただし，Y_i は消費者 i の財 y の消費量，X_i は財 x の消費量である．$v_i(X_i)$ は微分可能で，$v_i{}'>0, v_i{}''<0$ と仮定する．この形の効用関数は，簡単な1次関数の部分 Y_i と非線形な部分 $v_i(X_i)$ との和になっていることから

2）これらの文献の脚注に記されているように，筆者も早くからこのことに気づいており，長名，川又両氏とその意義について議論したことがある．

準線形(quasi-linear)と形容されることが多いが，ここでは貨幣の限界効用を一定と仮定して部分均衡分析を展開したマーシャルにちなんで，マーシャル型効用関数と呼ぶことにしよう．非線形部分 $v_i(X_i)$ は消費者ごとに異なっていてもよいことに注意しよう．各消費者は，市場で成立する財 x の「貨幣」価格 p をパラメトリックに所与として効用関数 $u_i(X_i, Y_i)$ を最大化するように行動するものとする．消費者 i の所得を I_i とすると，その予算制約条件は

$$Y_i + pX_i \leq I_i \tag{1. 2}$$

と書ける．効用最大化の 1 階の条件から，内点解が存在するものとして，消費者 i の財 x, y の需要関数は

$$X_i = x_i(p), \tag{1. 3}$$

$$Y_i = I_i - px_i(p) \tag{1. 4}$$

と表される．マーシャル型効用関数の仮定から，財 x の需要関数は価格 p のみの関数である．社会全体の財 x の需要関数は

$$X = \sum_{i=1}^{n} x_i(p) = x(p) \tag{1. 5}$$

となる．仮定によって，$x'(p)<0$ である．その逆関数を

$$p = \pi(X) \tag{1. 6}$$

と書くことにする．この関数の積分を

$$v(X) = \int_0^X \pi(x)dx \tag{1. 7}$$

と表す．これを用いて，新たな関数

$$U = Y + v(X) = u(X, Y) \tag{1. 8}$$

を定義しよう．ここで，$Y = \sum_{i=1}^{n} Y_i$ である．社会全体の予算制約条件は

$$Y + pX \leq I \tag{1. 9}$$

と表される．ただし，$I = \sum_{i=1}^{n} I_i$ である．あたかも社会に一人の「代表的消費者」が存在して，この関数を最大にするように財 x, y の社会全体としての需要量を決めているかのように考えることができる．その意味で，これは「代表的消費者の効用関数」(representative consumer's utility function)と呼びうるものである．もう少し厳密には，次のようになる．

命題 1.1 （代表的消費者）

すべての消費者がマーシャル型効用関数をもち，各自の限界代替率が市場で与えられる相対価格に一致するように行動するものとすると，社会全体の財 x, y の需要量は，(1.8)で定義された代表的消費者の効用関数 $u(X, Y)$ を予算制約条件(1.9)のもとで X に関して最大化する値になる．つまり，

$$x(p) = \{X | v'(X) = p\}$$

である[3]．

証明　すべての消費者が財 x の価格 p を所与として効用を最大化するように需要量を決めているとすれば，内点解では

$$p = \pi(X)$$

となる．関数 $v(X)$ の定義によって，この p, X に対して

$$v'(X) = p$$

という関係が成立する．$v''(X)=\pi'(X)<0$ であるから，この X は与えられた p に対して関数 $u(X, Y)$ ないし $v(X)$ を実際に最大化していると言える．（証明終）

以下，個々の消費者の効用関数を特定化して，個別消費者の効用関数からいかに代表的消費者の効用関数が導かれるかを示す．簡単化のため，社会に 2 人の消費者が存在する場合を考える[4]．

例 1.　非線形部分が 2 次関数のケース

消費者 $i(i=1, 2)$ のマーシャル型効用関数の非線形部分が 2 次関数で

$$v_i(X_i) = -\frac{1}{2}a_i X_i^2 + b_i X_i \qquad (1.10)$$

と表されるものとする．消費者 i が効用を財 x の価格 p を所与として効用を

3）導出の仕方から明らかなように，代表的消費者の概念は，すべての消費者が所与の価格に限界代替率が等しくなるように需要量を決定すること，すなわち効用最大化の内点解が存在することを前提として定義されている．したがって，内点解が存在しない場合には，この概念は適用できない．1.3 参照．

4）どちらの場合にも，消費者が n 人いる場合への拡張は表示が煩雑になるがほとんど自明であり，ここでは省略する．

最大化するように行動するものとすると，財 x の需要関数は

$$X_i = -\frac{1}{a_i}p+\frac{b_i}{a_i} \tag{1.11}$$

と線形になる．これから

$$X = X_1+X_2 = -\left(\frac{a_1+a_2}{a_1a_2}\right)p+\frac{a_1b_2+a_2b_1}{a_1a_2} \tag{1.12}$$

を得る．これを積分することにより，代表的消費者の効用関数のうち非線形部分は

$$v(X) = -\frac{1}{2}\frac{a_1a_2}{a_1+a_2}X^2+\frac{a_1b_2+a_2b_1}{a_1+a_2}X \tag{1.13}$$

となることがわかる．ただし，積分定数をゼロと置いて $v(0)=0$ となるようにしている．こうして，すべての消費者がマーシャル型効用関数をもち，その非線形部分が 2 次関数であれば，代表的消費者の効用関数も同型になる．

例 2.　非線形部分が指数関数のケース

次に，消費者 i の効用関数の非線形部分が指数関数で

$$v_i(X) = a_iX_i^{\alpha_i},\quad 0<\alpha_i<1 \tag{1.14}$$

によって与えられる場合について見よう．前と同様の手続きによって，社会全体の需要関数は

$$X = X_1+X_2 = \left(\frac{p}{a_1\alpha_1}\right)^{\frac{1}{\alpha_1-1}}+\left(\frac{p}{a_2\alpha_2}\right)^{\frac{1}{\alpha_2-1}} \tag{1.15}$$

となる．明確な解釈を得るために $\alpha_1=\alpha_2$ という特殊ケースに限定すると，社会全体の逆需要関数は

$$p = [a_1^{\frac{1}{1-\alpha}}+a_2^{\frac{1}{1-\alpha}}]^{1-\alpha}\alpha X^{\alpha-1} \tag{1.16}$$

と求められる．前と同様にして，代表的消費者の効用関数の非線形部分は

$$v(X) = [a_1^{\frac{1}{1-\alpha}}+a_2^{\frac{1}{1-\alpha}}]^{1-\alpha}X^{\alpha} \tag{1.17}$$

となることがわかる．ここでも，代表的消費者の効用関数は，個別消費者のそれと同型になる．

1.3　シトフスキー無差別曲線

ところで，代表的消費者の効用関数から導かれる無差別曲線(social indifference curve)はどのような意味をもつものだろうか．明敏な読者は経済理論の初歩的な分析で頻用される社会的無差別曲線の概念を連想するであろう．それは，あたかも社会に一人の巨大な消費者が存在して，社会全体の消費集合の上で定義された効用関数をもち，その最大化を目指して行動していると仮定するに等しい．この仮定のもとで社会的無差別曲線は，社会的経済厚生だけでなく社会的需要行動を幾何学的に分析することができる．しかし，Samuelson (1956)が詳細に論じたように，社会的無差別曲線の仮定は一般に妥当なものであるとは言えない．個々の消費者の選好は多様であり，所得分配が変化すれば社会全体の所得が不変であっても社会の需要行動は変わると考えられるからである．

Scitovsky (1942)は，社会の他の成員の効用を一定の水準に維持しながらある特定の個人の効用を最大にするように消費計画が立てられるという想定のもとで社会的無差別曲線を導き，関税政策の分析に用いた．シトフスキー無差別曲線は社会的経済厚生の指標としては一定の意味をもつが，一般に社会的需要行動の指標としては認めがたい．それは人々の間の所得分配に依存して一義的に定まらないからである．シトフスキー無差別曲線が「相互に交わる」とか「財空間の各点でさまざまな傾きをもつ」と言われることがある．シトフスキー無差別曲線が一義的に定まる場合には，社会的需要行動の指標として使えるのである．サミュエルソンは，所得分配のシトフスキー無差別曲線が一義的に定まる事例として，すべての消費者が同一の「相似的」(homothetic)な効用関数をもつケースをあげている．本節では，すべての消費者がマーシャル型効用関数をもつ場合にも，緩やかな所得再分配が行われるという前提のもとでシトフスキー無差別曲線が一義的に決まり，代表的消費者の効用関数から導かれる無差別曲線に一致することを示す．この場合，異なる消費者の効用関数はマーシャル型であれば，互いに異なっていてもよい．また，同じ仮定のもとで，それが適当に定義された効用可能性曲線(utility possibility curve)と一義

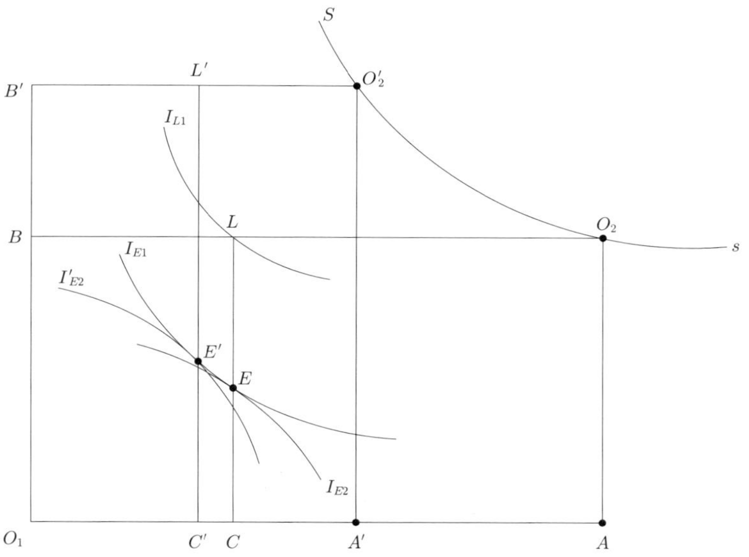

図 1. 1　シトフスキーの社会的無差別曲線

的な対応関係をもつことを明らかにする．

簡単化のため，2 人の消費者 1, 2 からなる社会を考える[5)]．とりあえず，社会全体の財 x, y の消費可能量が与えられているものとする．**図 1. 1** のボックスダイアグラムの横幅は財 x の消費可能量を，縦幅は財 y のそれを示している．消費者 1 の消費量は原点 O_1 から，消費者 2 のそれは原点 O_2 から測られている．消費者がマーシャル型効用関数をもつとすれば，その無差別曲線は任意の垂直線 CL 上のすべての点で等しい傾きをもつ．一般に，パレート最適な配分の軌跡は契約曲線(contract curve)と呼ばれる．現在の想定のもとでは，それは垂直線 CL 上の点だけでなく，線分 O_1C, LO_2 を含む．ここでは，両消費者の無差別曲線が互いに接する点の集合である CL に注目しよう．その上の点 E で相接する I_{E1}, I_{E2} は消費者 1, 2 の無差別曲線の例である．CL 上のすべての点で，両消費者の無差別曲線の共通接線の傾きは等しくなっている．消費者 i の効用関数が(1. 1)で与えられるとき，限界代替率は $v_i{}'(X_i)$ に

5)　これは図による解明を容易にするための便宜であり，以下の分析は n 人の消費者が存在するケースに拡張することができる．

等しく，X_i が一定なら Y_i の値にかかわりなく一定となるからである．以下では，両消費者の限界代替率が均等化する配分の集合を狭義の契約集合，もしくは狭義の契約曲線と呼ぶことにしよう．

狭義の契約曲線 CL 上の点 E を出発点として，シトフスキー無差別曲線を導いてみよう．消費者1の原点と無差別曲線 I_{E1} を固定して，消費者2の無差別曲線 I_{E2} がそれに接しながらスライドするように，消費者2の原点を左上方，または右下方にずらしていく．このとき，消費者2の原点が描く軌跡 Ss が(O_1 を原点として定義される)シトフスキー無差別曲線である．

図1.1 の O_2 はその上の一つの点である．この曲線は，2人の消費者の効用水準を不変に保つために社会全体として最小限必要とされる両財の総量の組み合わせを示している．作図から明らかなように，シトフスキー無差別曲線の O_2 ないし O_2' 点での勾配は，それぞれ対応する E, E' での両消費者の無差別曲線の共通接線の勾配に等しい．一般には，この無差別曲線は契約曲線上のどの点を出発点とするかによって，一義的には定まらない．ところが，すべての消費者がマーシャル型効用関数をもつという現在の仮定のもとでは，この共通接線の勾配は契約曲線 $CL, C'L'$ 上のどの点でも同一である．したがって，両消費者の消費点が $CL, C'L'$ 上のどこにあっても，社会的無差別曲線は同一の勾配をもつ．しかし，シトフスキー無差別曲線が一義的に確定するのは，すべての消費者の限界代替率が一致している場合，すなわち消費点が $CL, C'L'$ で例示されるような狭義の契約曲線上にある場合に限られることに注意しよう．

命題 1.2 （シトフスキー無差別曲線）

すべての消費者がマーシャル型効用関数をもち，狭義の契約曲線上で消費するものとすれば，シトフスキー無差別曲線は一義的に確定し，代表的消費者の効用関数から導かれる無差別曲線と一致する．

証明　命題の条件のもとで，シトフスキー無差別曲線が一義的に確定することは図解から自明である．すべての消費者が所与の予算線のもとで価格比に限界代替率を一致させるように各自の需要量を決定するとき，社会全体の財 x, y の需要量は社会全体の予算線とシトフスキー無差別曲線が接する点で与えられ

る．命題 1.1 からシトフスキー無差別曲線は代表的消費者のそれに一致する．(証明終)

ここで，すべての消費者が同一の効用関数をもつ必要はないことを再び強調しておきたい．すべての消費者が相似的な効用関数をもつ場合，シトフスキー無差別曲線が一義的に確定するためにはその効用関数が同一のものでなければならないという追加的な条件が必要とされることと対照されるべき特徴である．

マーシャル型効用関数の仮定のもとでは，適当に所得再分配が行われるという条件付きではあるがシトフスキーの社会的無差別曲線が一義的に定まり，社会的需要行動の分析用具として使えることがわかった．それでは，同じ仮定のもとでその社会的厚生指標としての意義について何か言えるであろうか．任意のシトフスキー無差別曲線上の各点に対応する効用可能性曲線を導き，それらの上側の包絡線，すなわち所与のシトフスキー無差別曲線上のすべての点の集合に対応する効用可能性曲線を考え，後者をシトフスキー効用可能性曲線と呼ぶことにしよう．明らかに，シトフスキー無差別曲線とシトフスキー効用可能性曲線は一対一で対応しており，前者による社会的経済厚生の評価は後者によるそれと一致する．したがって，シトフスキー無差別曲線の社会的厚生指標としての意義を解明することは，シトフスキー効用可能性曲線のそれを解明することと同じことになる．

図 1.2 の右下がりの曲線 $aABb, a'A'B'b'$ はそれぞれ**図 1.1** のシトフスキー無差別曲線 Ss 上の点 O_2, O_2' に対応する効用可能性曲線である．そのうち $AB, A'B'$ の部分は狭義の契約曲線上で実現可能な両消費者の効用を表している．狭義の契約曲線上では価値標準財が両消費者の間で移転されるとき，それぞれの効用は一対一で増減する．したがって，狭義の契約曲線に対応するシトフスキー効用可能性曲線の部分は -1 の勾配をもつ直線となる．これに対して，aA, $a'A'$ の部分は消費者 1 が財 x だけを消費している場合について，また $Bb, B'b'$ の部分は消費者 2 が財 1 だけを消費している場合について，両消費者の効用可能性を示している．一つのシトフスキー無差別曲線上のすべての点に対応する同様な効用可能性曲線を描いたとき，曲線 Uu はその上側の包絡

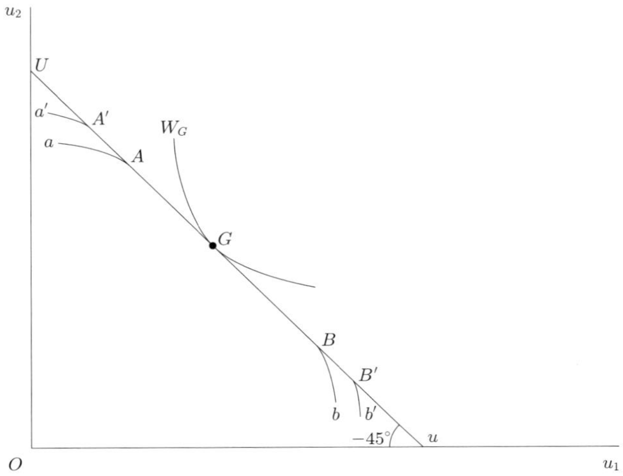

図 1.2　シトフスキー効用可能性曲線

線であると見ることもできる．これをシトフスキー効用可能性曲線と呼ぶことにしよう．

命題 1.3　（シトフスキー効用可能性曲線）

すべての消費者がマーシャル型効用関数をもつ場合，互いに交わらないシトフスキー効用可能性曲線が存在する．シトフスキー無差別曲線に沿って財 x の消費量を減らし，財 y の消費量を増やしていくと，狭義の契約曲線上で実現可能な効用の組み合わせは拡大し，ついにはシトフスキー効用可能性曲線に近づく．

証明　命題 1.2 から，両消費者の限界代替率が一致するという前提のもとで，シトフスキー無差別曲線が一義的に確定する．一つのシトフスキー無差別曲線上で財 x の消費量が少なく財 y の消費量が多い点ほど，契約曲線上で実現可能な効用の組み合わせの範囲が広くなる．（証明終）

この命題はシトフスキー無差別曲線による順序づけの意義と限界を明らかにするものである．ある無差別曲線上の任意の点で実現可能な両消費者の効用の組み合わせに対して，より上方に位置する任意の無差別曲線上にそれをパレートの意味で凌駕するような効用の組み合わせを実現する点が存在すると言え，またより下方にあるいかなる無差別曲線上にもそれを凌駕する効用の組み合わせを実現する点は存在しないとも言える．他方，より上方にある無差別曲線上の任意の点で実現可能な効用の組み合わせがそれを凌駕するとも，より下方にある無差別曲線上の任意の点で実現可能な効用の組み合わせがそれによって凌駕されるとも言えない．しかし，財 x の消費量が財 y のそれにくらべて無視可能なほど僅少であれば，狭義の契約曲線上で実現可能な効用の組み合わせはほぼシトフスキー効用可能性曲線と一致すると見てよい．したがって，この限界はあまり重要ではなくなる．マーシャルは，部分均衡分析の妥当性は問題とする財に対する支出が「貨幣」によって代表される他の財への支出にくらべて無視可能なほど僅少であるという条件を重視した．ここでは，財 x の財 y に対する消費比率が微少であれば，シトフスキー無差別曲線とシトフスキー効用可能性曲線をほぼ同視しうるという意味でマーシャルの条件が有意義であることを確認しておきたい．マーシャル型効用関数と部分均衡分析の関連については，次節でより詳しく論じる．

1.4　バーグソン無差別曲線と余剰分析

シトフスキーの社会的無差別曲線とよく対比されるものにバーグソンの社会的無差別曲線がある．バーグソンの社会的厚生関数(social welfare function)は，社会の成員たる個別消費者の効用の関数として，消費者が2人の場合には

$$W = w(u_1, u_2) \tag{1.18}$$

と書かれる．この関数は2回連続微分可能で，正の偏微係数をもつとする[6)]．財 x, y の任意の消費可能量に対して，それらをバーグソンの社会的厚生関数を最大にするように消費者間に配分する問題，すなわち

6)　ここでは，このような関数が適切な前提のもとで存在するかどうか，あるいは何らかの前提のもとでいかにして導かれるかについては問わない．極端なケースとして，これは独裁者の主観的な評価関数であってもよい．

$$\sum_{i=1}^{2} X_i \leq X,$$
$$\sum_{i=1}^{2} Y_i \leq Y$$

の制約のもとで，$w(u_1(X_1, Y_1), u_2(X_2, Y_2))$ を最大にするように X_i, Y_i $(i=1, 2)$ を決定する問題を考えよう．以下では，この問題に対する解が一義的に存在すると仮定する．このとき，関数 $w(u_1, u_2)$ の最大値は明らかに X, Y の関数となり，

$$B = b(X, Y) \tag{1.19}$$

と書くことができる．バーグソン無差別曲線は，この関数 $b(X, Y)$ の X-Y 平面への射影である．それはまた，関数 $w(u_1, u_2)$ の値を一定に保つようなすべての u_1, u_2 の組み合わせに対応するシトフスキー無差別曲線の下方の包絡線と見ることもできる．一般に，これらバーグソン無差別曲線とシトフスキー無差別曲線は一致しないが，シトフスキー無差別曲線が一義的に確定する場合には，少なくとも部分的に一致すると言える．一般に，両者が一致するのは財 y の消費量が財 x のそれにくらべて十分に多い場合である．

図 1.2 の W_G は消費者が 2 人の場合の厚生関数の効用平面への射影の一つであり，点 G でシトフスキー効用可能性曲線と接している．これは，点 G がこの効用可能性曲線上で最適な点であることを表している．したがって，それに対応するシトフスキー無差別曲線上で点 G を実現するようなすべての点は無差別であり，同一のバーグソン無差別曲線上の点でもある．

図 1.1 で考察された無差別曲線 Ss を例にとれば，少なくとも点 O_2 より左上方の点はすべて同一のバーグソン無差別曲線上にある．しかし，シトフスキー無差別曲線 Ss 上で点 O_2 より右下方に移動していくと，つまり財 x の量を増やし財 y の量を減らしていくと，狭義の契約曲線上で実現可能な効用可能性の範囲は狭まり，ついには点 G を実現できなくなる点に到達するかもしれない．その点からさらに右下方では，シトフスキー無差別曲線 Ss はそれまで一致していたバーグソン無差別曲線から乖離する．なぜなら，そこでは点 G での社会的厚生を維持するためには明らかにより多くの財が必要になるからである．

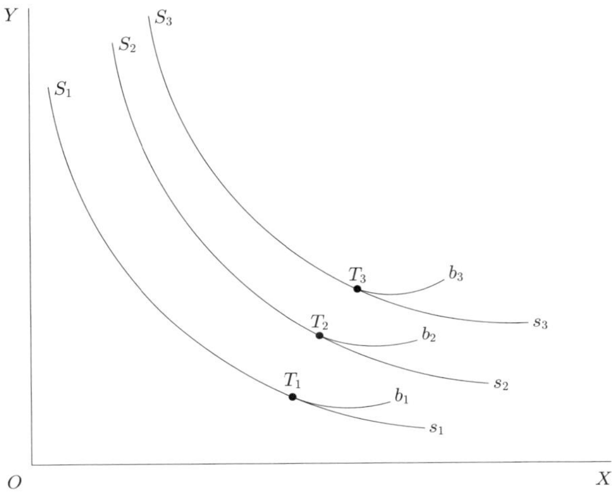

図 1.3　シトフスキーとバーグソンの無差別曲線

命題 1.4　(バーグソン無差別曲線)

すべての消費者がマーシャル型効用関数をもつ場合，バーグソン無差別曲線はシトフスキー無差別曲線と少なくとも財 x の消費量が財 y のそれにくらべて十分に少ない範囲では一致する．

図 1.3 はシトフスキー無差別曲線とバーグソン無差別曲線の関係を例示したものである．S_1s_1, S_2s_2, S_3s_3 はいずれもシトフスキー無差別曲線である．そのうち，S_1T_1, S_2T_2, S_3T_3 の部分はそれぞれ同一のバーグソン無差別曲線と重なっている．しかし，それより右下方では，S_1T_1, S_2T_2, S_3T_3 に対応するバーグソン無差別曲線は上方にそれ，線 T_1b_1, T_2b_2, T_3b_3 によって与えられる．

部分均衡分析では，特定の財の消費から得られる消費者の利益を表す指標として消費者余剰の概念が用いられる．よく知られているように，マーシャル型効用関数をもつ個別消費者に関するかぎり，これは問題なく正当化できる．消費者余剰は，その財を消費することによる消費者の効用の増分に正確に対応するからである．この概念はしばしば社会全体に拡張される．つまり，社会のすべての成員の消費者余剰の合計(社会的余剰)が特定の財の消費による社会全体の利益を表す指標として用いられることが多い．このような拡張は「平等主義的な」個人間効用比較を前提とするものとして批判されることがある．この批判は必ずしも正しくない．バーグソンの社会的厚生関数に代表されるような，所得分配のあり方を考慮した総合的な経済厚生の判断は，明らかに効用の個人間比較を前提としている．これに対して，社会的余剰による社会的経済状態の順序づけは必ずしもそれを前提とするものではない．むしろ逆に，所得分配に関する価値判断をとりあえず保留し，所得分配の如何にかかわらず成立する社会的経済状態の順序づけに専念するものと解釈することもできる．代表的消費者の概念を用いて，余剰分析に関するこれらの相反する見解の根拠について考えてみたい．

社会全体としての財 y の賦存量が所与で，財 y の単位で表した財 x の社会全体の費用関数が

$$C = c(X) \tag{1.20}$$

で与えられる簡単なモデルを想定する．ここで，費用関数 $c(X)$ は，X 単位の財 x を生産するために社会全体として最小限必要な財 y の量を与える関数である．財 y は一定期間中の余暇(leisure)と解釈するのが最も自然である．個々の消費者は，一日当たりに24時間から生存のために最小限必要な時間を除いた「利用可能な時間」を保有している．利用可能な時間1単位はそのまま余暇1単位に変換でき，また他の財の生産に労働サービスとして用いられる．したがって，余暇(あるいは労働)を価値標準財とすれば，財 y の価格設定やその生産にともなう利潤の発生，その処分といった問題を単純化することができるからである[7)]．

命題 1.5　(社会的余剰)

すべての消費者が価格需要者として行動するものとすると，所与の価格のもとでの代表的消費者の効用は，財 x の消費者余剰と生産者余剰(財 x の生産から得られる社会全体としての利益)の和，すなわち社会的余剰に等しくなる．

---

7)　これに対して，マーシャルの「貨幣」は，他の諸財をひとまとめにした合成財と解釈すべきとする見解もある．たとえば，長名(1990)，Mas-Colell, Whinston and Green (1995)参照．

証明　社会としての予算制約は

$$Y+pX=\bar{Y}+pX-C$$

と表される．ただし，$\bar{Y}$ は財 y の所与の消費可能量である．この関係を用いると，代表的消費者の効用は

$$U=Y+v(X)=\bar{Y}+\left[\int_0^X v'(Z)dZ-pX\right]+\left[pX-\int_0^X c'(Z)dZ-c(0)\right]$$

と書き換えられる．ただし，$v(0)=0$ とする．最右辺の大括弧にくくられた第 2 項は財 x を X 単位消費することによって得られる消費者余剰，同じく大括弧にくくられた第 3 項は生産者余剰を表している[8)]．（証明終）

これから，社会的余剰は代表的消費者の効用と事実上同じ意味をもっていることがわかる．命題 1.3 で明確にしたように，代表的消費者の効用関数 $Y+v(X)$ による消費の組み合わせ (X, Y) の順序づけは，シトフスキー無差別曲線，あるいは効用可能性曲線による順序づけと同じことになる．社会的余剰は異なる社会的経済状態の順序づけに用いられるが，それは異なる消費者の余剰を同じ重みで評価して加算しているから効用の個人間比較を含むと解釈する必要はない．たとえば，財 x の消費に対する課税は社会的余剰を減らすことが知られている．これは，課税後にはすべての消費者の効用を課税前より高めることができず，少なくとも一人の効用を低めなければならないことを意味するものと解釈できる．このような立場からは，社会的余剰による異なる経済状況の順序づけは，所得分配に関する判断から自由なパレート基準による順序づけであると言える．

しかし社会的余剰が異なる消費者の余剰を同じウエイトで評価して加算していることは事実であり，その意味で「平等主義的な」効用個人間比較にくみしているという見方も間違いとは言えない．すでに述べたように，シトフスキー無差別曲線とバーグソン無差別曲線は一般に完全には一致しない．しかし，すべての消費者が同一のマーシャル型効用関数をもち，社会的厚生関数が「平

8)　最右辺第 1 項の $\bar{Y}$ や第 3 項に含まれる固定費用 $c(0)$ は定数であるから，分析目的によっては無視してもかまわないし，実際に無視されることが多い．

等主義的」である場合には，両者は完全に一致する[9]．シトフスキー無差別曲線，ひいては社会的余剰による社会的経済状態の順序づけがバーグソンの社会的厚生関数の観点から完全に正当化されるのはこの場合だけである．

1.5　要約と結論

以上，すべての消費者がマーシャル型効用関数をもつという仮定のもとで，代表的消費者の概念が一定の意味をもつことを明らかにした．諸財に対する社会全体の需要はあたかも代表的消費者の効用最大化行動から導かれるかのように解釈することができる．代表的消費者の効用関数から得られる無差別曲線はシトフスキー無差別曲線に一致し，一義的に確定する．そして，代表的個人の効用関数，シトフスキー無差別曲線，効用可能性曲線，さらに社会的余剰は，異なる社会的経済状態の順序づけの基準として同等になる．本章では，単純化のために価値標準財 y のほかに 1 種類の財 x が存在するものとしたが，現在の分析結果は n 種類の財 $x_1, x_2, \ldots, x_n$ が存在する場合に容易に拡張することができる．なお，命題 1.5 をのぞく本章の諸命題はすべての消費者が同一の相似的な効用関数をもつ場合にも妥当する．このことはすでによく知られており，ここで詳述する必要はあるまい．

ところで，マーシャル型効用関数の仮定は非現実的であるという批判がある．たとえば，マーシャル型効用関数は，家計の支出に占める食費の割合が所得の増加とともに低下するというエンゲル法則と整合的でないという見解である．相対価格を一定として所得が増加すれば，マーシャル型効用関数をもつ消費者は価値標準財 y の消費を増やすだけで，他の財の消費を一定に保つからである[10]．しかし，すでに述べたように，財 y はすべての消費者に与えられた余暇と解釈するのが自然である．この解釈に立つとき，過去の実証研究はこの仮定の非現実性を確立したと言えるであろうか．たとえば，この仮定がエン

9)　この場合，図 1.2 の効用可能性曲線 Uu は原点から引いた 45 度線に対して完全に対称的となり，社会的最適点 G は Uu とこの 45 度線の交点となる．Uu に対応するシトフスキー無差別曲線に沿って右下方に移動していくと，狭義の契約曲線に対応する効用可能性軌跡の幅は狭まっていくが，最適点 G はつねにその中に含まれている．

10)　たとえば，Samuelson (1942)は，この仮定がいかに馬鹿げたものかはあらゆる実証研究から明らかだとしている．

ゲル法則に反するという主張については，次のように答えることができる．この仮定のもとでは，経済成長にともなう賃金所得の増加は財 y の財 x に対する相対価格の低下という形で実現する．なぜなら，消費者が自由に使うことのできる時間はいつでも一日について最大24時間しかなく，経済成長によってあまり影響を受けないからである．複数の非価値標準財が存在し，その一部が食品であるとしよう．すべての非価値標準財の価格が比例的に低下するものとすると，食品に対する需要の価格弾力性が他の財にくらべて小さければ，食費が家計に占める割合が低下することは十分に可能である．同様に，所得が増加すると労働供給が減少し余暇のみならず他の諸財に対する需要が増加する傾向があるという認識もマーシャル型効用関数の概念を毀損するものではない．非価値標準財に対する需要の価格弾力性が平均的に1より小さければ，その価格の低下によって余暇に対する需要はかえって増加するからである．マーシャル型効用関数が特殊なものであることは否定できないが，必ずしも非現実的とは言えない．

[参考文献]

大山道広（1999）「マーシャル型効用関数と社会的無差別曲線」『三田学会雑誌』92(3)，543-559.

長名寛明（1990）「社会的無差別曲線の基礎」『三田学会雑誌』82(特Ⅰ)，48-70.

川又邦雄（1991）『市場機構と経済厚生』創文社.

Bergson, Abram (1938), "A Reformulation of Certain Aspects of Welfare Economics," *Quarterly Journal of Economics*, 52, 310-334.

Marshall, Alfred (1890), *Principles of Economics*, London: Macmillan.（馬場啓之助訳『経済学原理』全4冊，東洋経済新報社，1965-67年）

Mas-Colell, Andreu, Michael D. Whinston and Jerry R. Green (1995), *Microeconomic Theory*, Oxford: Oxford University Press.

Ohyama, Michihiro (1999), "Market, Trade and Welfare in General Equilibrium," *Japanese Economic Review*, 50, 1-24.

Samuelson, Paul A. (1942), "Constancy of the Marginal Utility of Income," in O. R. Lange et al., eds., *Studies in Mathematical Economics and Econometrics*, in Memory of Henry Schultz, Chicago: Chicago University Press,

75–91.

Samuelson, Paul A. (1956), "Social Indifference Curves," *Quarterly Journal of Economics*, 70, 1–22.

Scitovsky, Tibor (1942), "A Reconsideration of the Theory of Tariffs," *Review of Economic Studies*, 9, 89–110.

第2章　一般均衡の厚生分析

2.1　はじめに

1939年の著名な論文で，サミュエルソンは貿易利益の現代理論に先鞭をつけた．世界市場で価格を受容する小国を念頭に置き，補償原理と顕示選好の公理に基づいて，対外貿易の導入がすべての市民をより裕福にすると示したのである．

このアプローチはかなりのインパクトを及ぼしたが，大きな展開が20年後に訪れた．Kemp (1962)とともに，Samuelson (1962)は消費可能性フロンティアが貿易後には貿易前にくらべて一様に外側にあることをより一般的な条件のもとで示したのである．これらの発見は，さらなる一般化につながることになった．

その間，貿易理論家たちは「個人的無差別曲線」に基づいて，それと同じ特徴をもつ「社会的無差別曲線」の概念を導いた．Leontief (1933)は，数値例という古いツールにとって代わるものとして，この概念に古典的な用途を見出した．Scitovsky (1942)とMeade (1952)は，貿易政策の厚生的意義を示すためにこの概念を活用し，同様な分析を普及させた．この展開を目にして，Samuelson (1956)は，社会的無差別曲線の概念を正当化するために必要な条件を再検討した．

ほとんどの理論家は，社会的な無差別曲線を用いながら，当然のこととしてどのような特定の無差別曲線への忠誠も表明せず，現実には純粋主義の立場を貫いた．しかし，政策的志向の強い学者，特にMeade (1955a, b)は，こうした無関心を装うアプローチを避け，具体的な社会的効用関数を活用することをためらわなかった．反論はあるとしても，このアプローチは潜在的な社会的価値前提をごまかすことなくすべての状況の厚生評価をすることを可能にする．たとえば，経済厚生の測度としての一人当たり実質所得は社会的効用関数の特殊ケースとして正当化できるかもしれない．

本章は，非貿易財，中間財と要素サービスの貿易を含む一般均衡モデルの枠組みを用いて国際貿易と経済厚生にかかわるさまざまな問題を解明しようとするものである．この目的のために，本章では異なるアプローチで得られるさまざまな結論を単一の手続きで包括的にとらえる方法論を使用する．

2.2 開放経済の一般均衡モデル

世界の中の一国の競争経済を考えよう．n 個の財(サービスを含む)が存在し，それらの取引に従事する生産者，消費者，および政府という 3 つのクラスの経済主体が存在するものとする．生産者は与えられた技術的・資源的制約のもとで利潤を最大にするように生産計画を立て，消費者は与えられた所得の制約のもとで効用を最大にするように消費計画を立てる．便宜上，生産者 j の生産集合を記号 Y^j で，消費者 k の消費集合を記号 X^k，その選好を 2 項関係 $\succsim^k$ で表す．

経済主体としての政府の固有の役割は，課税ないし補助金による生産，消費，貿易などの経済活動の抑制ないし奨励，消費者間の所得の再分配に限られる．消費者に対する課税や補助金は「一括」(lump-sum) 方式で行われ，消費者行動に「歪み」を生じさせないものと仮定する．たとえば，政府に関税収入がある場合，それは定額補助金として消費者に還付され，特定の消費行動を支持し，あるいは圧迫する効果をもたないとする．簡単化のために，生産や消費の外部効果はなく，政府が仮に生産，消費に携わるとしても，一般の生産者，消費者と同等の資格においてであるとしよう．

以下，経済の全体像を記述するため，次のような記号を用いる．

- x：総消費量(一国経済全体としての消費量)を示す非負 n-ベクトル
- y：総生産量(一国経済全体としての生産量)を示す n-ベクトル(正の成分は産出，負の成分は投入)
- a：所与の初期総保有量(一国経済全体としての初期保有量)を示す非負 n-ベクトル
- e：総超過需要量を示す n-ベクトル

q：国際価格を示す非負 n-ベクトル
p：国内価格を示す非負 n-ベクトル
p_c：国内消費者価格を示す非負 n-ベクトル
p_r：国内生産者価格を示す非負 n-ベクトル
b：外国からの純移転受取(スカラー)
Y：総生産集合(一国全体としての生産集合)
T：関税(輸出または輸入に対する従価税または補助金)を示す n 次対角行列
C：消費に対する従価税または補助金を示す n 次対角行列
R：生産に対する従価税または補助金を示す n 次対角行列

以上において，財の価格は何らかの計算単位で表示され，内外の為替レートは 1 に定められるものとする．国際的な輸送費がゼロとすれば，4 つの価格ベクトルの間に裁定条件として

$$p = q(I+T), \tag{2.1}$$
$$p_c = p(I+C), \tag{2.2}$$
$$p_r = p(I+R) \tag{2.3}$$

という関係が成立する．ただし，I は単位行列とする．これらの関係は，それぞれ対角行列 T, C および R の対角要素を規定する．たとえば，財 i の国内価格 p_i は行列 T の対角要素 t_i によって

$$p_i = q_i(1+t_i)$$

となるように結びつけられる．仮に t_i が正であれば，財 i が輸入財であるか輸出財であるかによって，輸入税もしくは輸出補助金を表す．t_i が負であれば，それぞれ輸入補助金もしくは輸入税を表す．

一国の経済が置かれている状況を把握するためには，国内の経済関係だけでなく，対外経済関係を正しく認識することが必要である．外国からの移転受取 b は，賠償，援助，個人送金などの形で，国内の消費者が外国から受け取るネットの購買力を表す．外国の生産者の技術，消費者の初期保有，嗜好，さらには外国政府の経済政策などの「外国経済事情」が一国経済の重要な規定要因となることもいうまでもない．一国の経済規模が世界にくらべて非常に小さく，

国際市場への影響力が無視できる場合，外国経済事情は，貿易可能財の国際価格によって近似できる．いわゆる「価格受容国」(price-taking country)のケースがこれにあたる．外国経済事情の如何が一国経済に何らのかかわりももたないのは閉鎖経済という特殊な場合に限られるであろう．

ここで次の 2 つの概念を定義しておこう．

定義 2. 1 （経済的状況）

経済的状況(ないし単に状況) S は次の諸点によって規定される．(i)生産者の集合(Y^j)，(ii)消費者の集合$(X^k, \succsim^k)$，(iii)政府の課税・補助金政策(T, C, R)，(iv)初期保有および外国からの純移転受取(a, b)，そして(v)外国経済事情．

定義 2. 2 （所得分配）

所得分配 V はすべての所得源泉の各消費者への割当によって規定される．

経済的状況 S と所得分配 V を所与とするとき，競争的一般均衡(ないし単に競争均衡)が存在するものと仮定する．すなわち，与えられた価格のもとで，生産者が利潤を最大化し，消費者が所得制約に服しつつ効用を最大化し，すべての財市場で財の需要と供給がバランスする状態が実現するものとしよう．

均衡ベクトルの上にバー(¯)を付けて区別することにする．この記号法で生産者の均衡条件は

$$\bar{p}_r \bar{y} \geq \bar{p}_r y, \quad {}^{\forall} y \in Y \tag{2.4}$$

と表すことができる．同様に，消費者の均衡条件は

$$\bar{x}^k \succsim^k x^k, \quad {}^{\forall} x^k \in X^k \text{ s.t. } \bar{p}_c \bar{x}^k \geq \bar{p}_c x^k. \tag{2.5}$$

最後に，市場均衡の条件は，閉鎖経済の場合には

$$\bar{e} \leq 0, \quad \bar{p}\bar{e} = 0 \tag{2.6}$$

と書くことができる．開放経済の場合，すべての財の国内需給がバランスする必然性はなく，

$$\bar{p}\bar{e} = 0 \tag{2.7}$$

によって示される一国全体の所得制約がみたされることが必要である．上記

(2. 6)式で均衡超過需要のベクトル $\bar{e}$ に負のものがあるとすれば，その財の供給が需要を超過し，均衡価格がゼロに下がっていることにほかならない．これに対して，(2. 7)式で $\bar{e}$ の正の元素は輸入を，負の元素は輸出を表している．

2.3　厚生比較の一般定理

モデルの説明はこれくらいして，2 つの相異なる状況 S', S'' について明確にしよう．経済的状況の定義を参照すればわかるように，S' と S'' の違いはさまざまな点で生じうる．しかし，ここでは，2 つの状況の間で消費者の集合には何ら異同はないものと仮定する．もしこの点で違いがあるとすれば，2 つの状況の厚生水準を消費者の観点から比較することはできなくなるからである．そのような比較を行うことが，「貿易と厚生」にかかわる諸問題を解くために必要であり，本章の狙いも，実はその一般的，統一的定式化にある．この狙いへの布石として，まず 2 つの状況の厚生比較の基準を導入することにしよう．本章では 2 つの状況をそれぞれの均衡において比較するが，状況 S' に対応する均衡ベクトルやその他の記号にシングルプライム(′)を付け，状況 S'' に対応するそれにダブルプライム(″)を付して両者を区別する．（前節で均衡ベクトルの上に付したバーは以下では省略する．）また，状況 S，所得分配 V に対応する均衡ベクトル$(p_c, x, \ldots)$の集合を $E(S, V)$ で表そう．

定義 2. 3　(厚生比較の基準)

あらゆる有意味な所得分配 V' および V''，またあらゆる均衡ベクトル $(p'_c, x', \ldots){\in}E(S', V')$ および $(p''_c, x'', \ldots){\in}E(S'', V'')$ について，条件

$$p''_c x'' \geq p''_c x'$$

が成り立つとき，状況 S'' は，状況 S' にくらべて厚生比較上優れている(もしくは劣っていない)．

ここで「有意味な所得分配」という概念について注釈を加えておく．いかなる経済的状況においても，ある所得分配が有意味かどうかは，すなわち分配政策上考慮の対象となるかどうかは，個人間の効用比較を含む社会的価値判断

に依存する問題である．そのような価値判断があらかじめ与えられていない場合には，実現可能な所得分配はすべて有意味な所得分配と考えるべきであろう．逆に，有意味な所得分配は実現可能な所得分配でなければならない．この場合，上記の厚生比較基準は，サミュエルソン＝ケネディ流の基準と一致する（Samuelson（1950），Kennedy（1954））．この基準がみたされるとき，いかなる所得分配 V'（ないし V''）に対しても，状況 S'' において各消費者の効用水準が状況 S' の水準を超えることなく，少なくとも誰か一人の効用水準が状況 S' の水準を及ばないような所得分配 V''（ないし V'）を実現することはできない．この意味で．本章の厚生比較基準は補償原理の立場に背反しないものである．

他方，状況に応じて，実現可能な所得分配の集合を順序づける一定の社会的価値観があらかじめ与えられ，それにしたがって政府がつねに最適な分配を実現する措置を講じているものとすれば，有意味な所得分配の集合は最適な所得分配の集合に一致するであろう．

さらに，状況 S'' において実現可能な所得分配の集合が状況 S' で実現可能なそれを包含する場合，上記の厚生比較基準は，状況 S' から状況 S'' への移行が厚生の減少をもたらさないための十分条件を与えるものと見ることができる．この場合の一つの理想型として，原点に対して強い意味で凸の社会的無差別曲線の存在を仮定してみよう．そこでは，個々の消費者という概念は捨象され，社会的消費集合 X と社会的選好 $\succsim^k$ だけですべて事足りる．本章の厚生基準は，状況 S' から状況 S'' への移行による強い意味での社会的厚生の増加を保証するものとなる．この点を証明するため，逆に，$x' \succ x''$ と仮定すると，無差別曲面の強凸性から $\lambda x'+(1-\lambda)x'' \succ x''(0<\lambda<1)$ という関係を得る．しかし，$p_c''x'' \geq p_c''x'$ という基準がみたされている以上，$x'' \succsim^k \lambda x''+(1-\lambda)x'$ となって状況 S'' における消費の均衡条件と矛盾する結果を導く．

以上の準備に基づいて，いよいよ 2 つの状況 S', S'' の厚生比較の一般定理の導出に進もう．自然な方針としてパーシェ指数（Paasche index）の意味で実質所得の変化を測る $p_c''(x''-x')$ という指標をいくつかの構成部分に分解する．まず，超過需要の定義によって

$$e = x-y-a \tag{2.8}$$

である．次に(2. 1), (2. 2), (2. 3)式を状況 S'' に適用すれば，

$$p_c'' = q''(I+T'')(I+C''), \tag{2. 9}$$

$$p_r'' = q''(I+T'')(I+R'') \tag{2. 10}$$

という関係を得る．(2. 8), (2. 9), (2. 10)式から

$$p_c''(x''-x') = q''(e''-e')+q''T''(e''-e')+q''(I+T'')C''(x''-x') \\ +q''(I+T'')[(y''-y')+(a''-a')] \tag{2. 11}$$

と書くことができる．ところが，(2. 1), (2. 3)式から

$$q''(I+T'') = p'' = p_r''-p''R'' \tag{2. 12}$$

という関係があるので，結局

$$p_c''(x''-x') = q''(e''-e')+q''T''(e''-e')+p''C''(x''-x') \\ +p''R''(y'-y'')+p_r''(y''-y')+p''(a''-a') \tag{2. 13}$$

の分解を得る．厚生比較基準の定義と組み合わせることにより，次のような結果を導くことができる．

定理 2. 1　(厚生比較の一般定理)

あらゆる有意味な所得分配 V' および V'' について，またすべての均衡ベクトル $(p', x', \ldots)\in E(S', V')$ および $(p_c'', x'', \ldots)\in E(S'', V'')$ について，条件

$$q''(e''-e')+q''T''(e''-e')+p''C''(x''-x') \\ +p''R''(y''-y')+p_r''(y''-y)+p''(a''-a') \geq 0 \tag{2. 14}$$

が成り立つとき，状況 S'' は状況 S' にくらべて厚生比較上優れている(もしくは劣っていない)と判定される．

(2. 14)式の左辺各項は，状況 S' から状況 S'' への移行にともなう実質所得の変化の要因を示している．第1項は，国際収支の支払い超過の増分をパーシェ基準で表し，第2, 第3, 第4項は，それぞれ貿易，消費，生産に対する政府の課税・補助金から生じるネットの収入の増分を同じ基準で表している．同様に，第5, 第6項は，それぞれ生産者の利潤，初期保有から生じる所得の

増分に対応している．厚生比較の一般定理は，このように実質所得の変化をそれぞれの素因に分解して解釈することにより，経済的状況の構造変化の厚生的意義の解明に一つの有用な基礎を与えようとするものである．

2.4　貿易と厚生――応用例

前節で導いた厚生比較の一般定理は，広く貿易と厚生をめぐる諸問題に適用可能である．本章の基礎をなす Ohyama (1972) では，①一国から見た貿易利益，②交易条件の有利化と価格乖離，③開放経済下の経済政策，④経済成長とトランスファー問題，⑤幼稚産業保護論，⑥関税同盟理論，⑦世界の貿易利益など，広範囲にわたるトピックスを考察しているが，本章ではその一端を取り上げ一般均衡の厚生分析の方法を例解することにしよう．

まず，「貿易は自給自足にまさる」という古典的主張を考察する．この分野では，すでに言及した Samuelson (1939) の自由貿易命題がよく知られているが，これはのちに Kemp (1962) によって，「関税によって制限された貿易は自給自足にまさる」という命題に拡張されている．サミュエルソンもケンプも輸出入に対する補助金をともなう貿易と自給自足との厚生比較を試みていない．この点を考慮して，彼らの結論をさらに一般化することができる．そのため，「自己採算的関税」(self-financing tariff) という新しい概念を導入する．

定義 2.4 （自己採算的関税）

自己採算的関税とは，ネットの関税収入を非負の値に維持するような関税制度のことである．

あるいは，輸出あるいは輸入税の収入で輸出入補助金をまかなえる関税制度と言ってもよい．

命題 2.1 （自己採算的関税下の貿易利益）

自己採算的関税のもとでの貿易は，自給自足よりも厚生比較上優れているか，少なくとも劣っていない．

証明　一般定理の中の状況 S' を自給自足に，状況 S'' を自己採算的関税下の貿易に対応するものと考えよう．国内の消費や生産に対する課税・補助金がなく($C''=R''=0$)，外国からの移転受取がなく($b''=q''e''=0$)，さらに2つの状況の間で初期保有に異同がない($a'=a''$)ものとすれば，定理の条件(2. 14)は

$$q''T''e''-p''e'+p''_r(y''-y')$$

と書き直せる．第3項は，生産者の利潤最大化の条件(2. 4)によって非負であり，第2項は閉鎖経済の市場均衡の条件(2. 6)によって同じく非負である．第1項は一国のネットの関税収入を表すが，これも自己採算的関税の仮定によって非負でなければならないので，結局定理の条件がみたされることがわかる．(証明終)

これはこの分野で従来得られていたどの命題よりも包括的かつ一般的なものである．サミュエルソンやケンプの命題もその系として直ちに導かれる．

国際交易条件の有利化はしばしば貿易利益の増加を示す指標として注目されるが，これについて現代的な検討を加えたものに Krueger and Sonnenschein (1967)がある．彼らが得た結論を本章のフレームワークの中で再考しよう．

命題 2. 2　(交易条件の有利化)

自由貿易のもとで，一国の交易条件の有利化はその国の経済厚生の増加をもたらす．

証明　関税・補助金がなく，また関税もない自由貿易の状況を考える．今ラスパイレスの意味での交易条件の有利化以前の状況を S'，有利化以後の状況を S'' と見なして一般定理を適用しよう．このとき，定理の条件は $q''e''=q'e'=0$ より

$$q''(e''-e')+p''_r(y''-y')=(q'-q'')e'+p''_r(y''-y')\geq 0$$

と書ける．ラスパイレスの意味での交易条件の有利化の仮定により，第1項は正でなければならない．したがって，定理の条件は強い不等号でみたされる．(証明終)

関税や国内課税・補助金が行われている場合，交易条件の有利化が厚生増加をもたらすとは必ずしも一義的には言えない．そのための条件は形式的には一般定理から容易に求めることができるが，ここでは立ち入らない．

貿易利益や交易条件の議論は，政府の課税・補助金政策に直接かかわるものではない．その意味では，命題2.1，2.2は，狭義の経済政策の策定に直ちに役立つものとは見なされないかもしれない．しかし，厚生分析の方法的基礎である厚生比較の一般定理は開放体制下の種々の最適経済政策の処方に応用可能である．たとえば，政府が各財の貿易量を自由貿易のレベルとは異なる一定の水準に維持するため，課税・補助金を用いる場合を考えよう．この目的に合致する最適な政策のあり方については，Johnson (1964)に適切な分析があるが，ここではその結果を本章の一般的なモデルに拡張してみよう．

命題 2.3 （**貿易量の規制**）

価格受容国にとって，各財の輸入量（ないし輸出量）を一定の水準に規制する目的に対しては，対象とする財に課税ないし補助金を設定することが他のいかなる政策よりも効率的である．

証明　状況 S'' が与えられた目的のために関税が課せられている開放経済 $(T''\neq 0)$ に対応するものとして，状況 S' が同じ目的のためにその他の政策手段が用いられている事態であるとしよう．どちらにしても与えられた目的が滞りなく達成されるとすれば，$e''=e'$ を仮定できる．状況 S'' では国内課税・補助金は用いられない $(C''=R''=0)$ とすれば，定理の条件は

$$q''(e''-e')+q''T''(e''-e')+p_r''(y''-y')=p_r''(y''-y')\geq 0$$

となる．利潤最大化の条件によって右の不等号が成立する．（証明終）

同様にして，各財の国内消費量や投入・産出量を一定水準に抑えることが望ましい場合，最適な政策は消費，生産に対する課税・補助金であることがわかる．こうして，多くの論者が取り上げ，Bhagwati (1971)によってまとめられた「最適政策の理論」を統一的，包括的に理解することが可能になる．

2.5　要約と結論

厚生比較の基本定理の応用例は以上で尽きるわけではなく，すでに述べたように広範囲にわたるが，応用の類型を示すには，このくらいでも十分足りると思われる．ただし，ひとこと補足を要するのは，定理の記述が一国の観点に立っていることの意味についてである．いうまでもなくこれは，2.2 に記した一国経済モデルの性格に由来する制約であるが，再解釈することによってこの定理を多数国経済の分析に応用することができる．実際，定理は多数国の場合でも，国々の間に関税がなく，それぞれの国内に消費に対する課税・補助金がないかぎり，国際的所得再分配の前提のもとで適用可能である．したがって，関税同盟の理論や世界全体としての貿易利益の研究もその射程に置いて考えることができる．

本章のモデルが従来貿易でしばしば用いられた少数財のモデルにくらべてきわめて一般的なものであることを改めて強調しておこう．とりわけ，中間財・生産要素の国際取引やレジャーのような非貿易財の存在を排除していないことが重要である．財 i が非貿易財であるとすれば，超過需要ベクトルの第 i 元素は恒等的にゼロである．また，財 i が国内で消費されないとすれば，消費ベクトルの第 i 元素はゼロ，それが国内で生産されないとすれば，生産ベクトルの第 i 元素は非正というように考えればよい．その意味で本章の方法で得られる多くの命題は，そのまま「貿易と厚生」をめぐる従来の定理の拡張となる．こうして，同一の方法の適用により，「貿易と厚生」の領域に，一つの透徹した視野を切り開くとともに過去の業績を一般化することが可能になる．

[参考文献]

Bhagwati, Jagdish (1971), “The Generalized Theory of Distortions and Welfare,” in J. Bhagwati et al., eds., *Trade, Balance of Payments and Growth*, Amsterdam: North-Holland.

Johnson, Harry G. (1964), “Tariffs and Economic Development: Some Theoretical Issues,” *Journal of Development Studies*, 1, 3–30.

Kemp, Murray C. (1962), "The Gains from International Trade," *Economic Journal*, 72, 803-819.

Kennedy, Charles (1954), "An Alternative Proof of a Theorem in Welfare Economics," *Oxford Economic Papers*, 6, 8-9.

Krueger, Ann O. and Hugo Sonnenschein (1967), "The Terms of Trade, the Gain from Trade and Price Divergence," *International Economic Review*, 8, 121-129.

Leontief, Wassily W. (1933), "The Use of Indifference Curves in Analysis of Foreign Trade," *Quarterly Journal of Economics*, 47, 493-503.

Meade, James Edward (1952), *A Geometry of International Trade*, London: George Allen and Unwin.（岡田睦美訳『国際貿易の幾何学』文雅堂，1963年）

Meade, James Edward (1955a), *The Theory of Customs Unions*, Amsterdam: North-Holland.

Meade, James Edward (1955b), *Trade and Welfare* (The Theory of International Economic Policy, II), Oxford: Oxford University Press.

Ohyama, Michihiro (1972), "Trade and Welfare in General Equilibrium," *Keio Economic Studies*, 9(2), 37-73.

Samuelson, Paul A. (1939), "The Gains from International Trade," *Canadian Journal of Economics and Political Science*, 5, 195-205.

Samuelson, Paul A. (1950), "Evaluation of Real National Income," *Oxford Economic Papers*, 2(1), 1-29.

Samuelson, Paul A. (1956), "Social Indifference Curves," *Quarterly Journal of Economics*, 70, 1-22.

Samuelson, Paul A. (1962), "The Gains from International Trade Once Again," *Economic Journal*, 72, 820-829.

Scitovsky, Tibor (1942), "A Reconsideration of the Theory of Tariffs," *Review of Economic Studies*, 9, 89-110.

第Ⅱ部

マクロ経済

第Ⅱ部は，マクロ経済のモデルについて論じる．

第3章　労経交渉のマクロ経済学

労働組合と経営者の間での賃金と雇用についての交渉をモデル化し，そこでの「交渉均衡」をマクロ経済モデルに導入する．これによって留保賃金の上昇や労働組合の危険回避度の低下（賃金選好の強まり）といったコストプッシュ要因によるスタグフレーションの調整プロセスが分析できる．これは短期的にも長期的にも物価上昇と雇用・生産の縮小をもたらすことがわかる．

第4章　乗数理論と公共財——混合体制下の一般均衡

不況時の需要不足を補足する政策として財政支出が用いられる場合，その効果として乗数効果が強調されてきたが，公共財への支出としての役割が欠落している．そこで財政政策の民間財・公共財への支出という2財マクロモデルを提案する．その枠組みのもとでは，公共財の支出の雇用拡大効果と公共財の有益性の双方を考慮して社会的最適政策を考えることができる．

第5章　貨幣・所得・分配のマクロ経済学

消費者や生産者の最適行動を考慮した *IS–LM* モデルの再構築を行う．現在と将来の2期間からなる動学モデルを出発点として，時間の経過とともにこれが繰り返されて行くようなモデルで，経済取引の決済には必ず貨幣が必要とされる貨幣経済モデルである．不完全雇用のもとで，貨幣供給の増加が国民所得の増大と社会厚生の増大をもたらすことが確認される．有効需要が極端に不足している場合には，名目利子率をゼロにしても完全雇用の実現が不十分になることがある．その場合，非伝統的政策，とりわけインフレ目標政策が有効になる可能性を確認する．完全雇用達成のみならず，恒常状態での総消費最大化のために必要な目標インフレ率が実質利子率から予想成長率を引いたものであることを確認する．

第3章　労経交渉のマクロ経済学

3.1　はじめに

マクロ経済の理論モデルはケインジアン(ケインズ学派)によるものとマネタリスト(貨幣学派)によるものがよく知られている．両者は多くの点で異なっているが，特に労働の需給分析の定式化において対照的である．ケインジアンの標準的なモデルでは，貨幣賃金が所与とされ，古典派の第一公準，すなわち労働はその限界生産物価値が所与の貨幣賃金に等しくなるところまで雇用されるという仮説が採用されている．物価が与えられれば，労働の雇用量，ひいては国民総生産はそれに応じて決まる．所与の賃金・物価のもとで労働市場の需給がバランスする保証はない．これに対して，マネタリストの標準的なモデルは，物価予想を所与として労働市場の需給が均等化するように貨幣賃金が伸縮的に調整される．したがって，物価予想がはずれた場合にのみ労働の需給が事後的にアンバランスになる可能性がある．ケインジアンとマネタリストの労働市場観はこのように隔っているが，両者に共通の要素もある．それは市場が競争的であり，いかなる主体も賃金水準を左右する力をもっていないとしている点である．ケインジアンの場合には，貨幣賃金は何らかの理由で所与であり，企業も労働者もその前提のもとで労働の需給を決定する．したがって，需給は一般に一致しない．マネタリストにあっても，労働の需給が貨幣賃金の関数とされる点に変わりはない．ただし，貨幣賃金は所与ではなく，需給をバランスさせる水準に決められる．

こうした競争的労働市場の仮定は現実的なものとは言えない．現代の社会では，労働者は労働組合によって組織され，賃金や雇用量に対して無視しえない影響力をもつことが多い．また，企業も関心のある労働者グループに対して需要独占的な立場に立つことが少なくない．日本の企業と企業内組合との関係はその典型的な事例である．欧米の企業と横断的労働組合との関係もそのような構図の中でとらえることができる．そうであれば，ケインズ学派とマネタリストに共通の競争的労働市場の仮定を修正してマクロ経済モデルを再構成することが必要であろう．本章はそのような一つの試みである．

本章で，企業の経営者と労働組合とのかかわり合いをゲーム論的な視角からモデル化する．このような観点に立つ研究としては McDonald and Solow (1981) が先駆的である．雇用にくらべて賃金は一般に粘着的(sticky)であり，「景気」要因の影響を受けることが少ないと言われる．彼らは経営者と労働組合の交渉モデルに Nash (1950) 等の協力解を適用することによってこの事実を理論的に説明しようとしている．しかし，そこでは労経間の交渉力は所与，あるいは均等とされ，その変化が賃金，雇用の決定に及ぼす影響は検討されていない．また，労働組合の目的関数のシフトの影響も等閑視されている．マクロ経済学の観点からすると，これらはいずれも見逃すことのできない重要な問題である．本章では McDonald and Solow (1981) の分析を拡張し，それに一般化されたナッシュの交渉解の概念を適用してこれらの問題を考察する．

本章のもう一つの狙いは経営者と労働組合の間の「交渉均衡」を前提としてマクロ経済モデルを定式化することである．交渉均衡では，短期的な物価予想を所与として貨幣賃金と雇用量が取り決められる．このうち，貨幣賃金は短期的に硬直的であり，物価予想がはずれた場合には雇用量が適当に調整されるものとする．これが供給サイドのモデルである．他方，需要サイドのモデルは種々のものが考えられるが，ここではケインズ派の IS-LM モデルを用いる．これらを総合することによりマクロ経済の一般モデルを作り出すことができる．

以下，3.2 では経営者と労働組合の賃金，雇用をめぐるゲーム理論的モデルを作成し，その非協力解について考察する．3.3 では同じモデルで一般化されたナッシュの交渉解を定式化し，その性質を調べる．3.4 では，労経間の交渉均衡を供給サイドの要点としたマクロ経済のモデルを提示する．人々の物価予想が適応的に修正されるものとして，このモデルにより外生変数の変化にともなう経済の動学的調整過程を分析する．特に，マネーサプライや政府支出など外生的な需要増大によるインフレーションと労働組合の危険回避度の低下(賃金選好の強まり)によるスタグフレーションの動態を見る，人々がどの程度適応的に物価予想を修正するかで，物価や国民総生産は定常均衡に単調に収束することも，そのまわりを循環的に変動することもありうる．このモデルはケインズ派的な部分とマネタリスト的な部分を併せもっている．最後に3.5で主要な分析結果を要約し，結論を述べる．

3.2　経営者と労働組合のゲーム

本節では，企業の経営者と労働組合の間の賃金，雇用をめぐる対立を簡単なゲーム理論的モデルによって表現し，その非協力解について考察する．これは次節以降の分析の準備的作業である．そのためには，経営者と労働組合がいかなる目的をもっているかを明確にすることから始めなければならない．

労働組合の目的については定説があるとはいえない．ここではDunlop (1966)，McDonald and Solow (1981)等の伝統を考慮して，その目的関数が

$$u=\frac{N}{\bar{N}}(\omega-\underline{\omega})^{\alpha} \tag{3.1}$$

と表されるものとしよう．ただし，Nは雇用者数，$\bar{N}$は組合が供給できる労働総数(組合員数)，ωは雇用労働者が受け取る実質賃金，$\underline{\omega}$は留保賃金(reservation wage rate)である．留保賃金とは労働者が許容する賃金の下限である．実際に受け取る賃金がそれよりも高いか低いかに応じて，労働者の雇用時の効用は失業時よりも高くなるか，あるいは低くなる．留保賃金を受け取るような状況では労働者の効用は雇用されてもされなくても同じになる．いうまでもなく，$\omega, \underline{\omega}$はいずれも一般物価でデフレートされた実質賃金でなければならない．労働者は一般に「危険回避的」(risk aversive)であるものとして，$0\leq\alpha\leq1$と仮定する．αの上昇は危険回避度の低下(ないし賃金選好の増大)を意味する．ただし，$N\leq\bar{N}$という制約があることにも注意しよう．

これに対して，経営者の目的は企業利潤の最大化とされることが多い．ここでもそのように考えよう．簡単化のため，企業の生産関数は，

$$Y=AN^{\beta} \tag{3.2}$$

という形をとると仮定しよう．ここで，Yは生産量，βは技術水準を示す正の定数であり，労動の阻界生産力が逓減するものとして$0<\beta<1$と仮定する．企業の利潤関数は

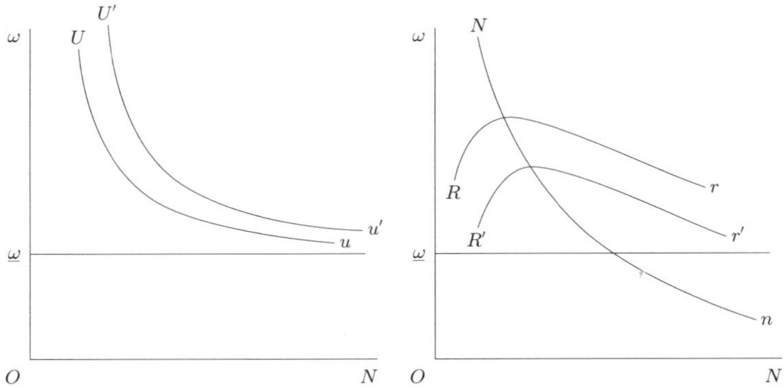

図 3. 1　労働組合と経営者の無差別曲線

$$R = pAN^{\beta} - \omega N \qquad (3.3)$$

とする．ただし，p は製品価格を一般物価でデフレートした価格である．企業は競争的な製品市場で p を所与として行動するものとする．

労働組合の無差別曲線は，(3. 1)で u の値を一定とする，ω, N の可能な組み合わせの軌跡である．その傾きは

$$\left.\frac{d\omega}{dN}\right|_{u=\bar{u}} = \frac{\underline{\omega} - \omega}{\alpha N} \qquad (3.4)$$

によって与えられる．**図 3. 1(a)**の $Uu, U'u'$ 等で例示されているように，それは賃金が留保水準を下回らず，雇用量が $\bar{N}$ を超えない範囲で定義される．$\omega \geq \underline{\omega}$ の範囲では，それは右下がりで原点に凸の形状をもつ．$\omega = \underline{\omega}$ のときには，それは $\underline{\omega}$ の高さをもつ水平線となる．

企業の等利潤線は(3. 3)で R を一定としたときの，ω, N の可能な組み合わせの軌跡である．その傾きは，

$$\left.\frac{d\omega}{dN}\right|_{R=\bar{R}} = \frac{\beta pAN^{\beta-1} - \omega}{N} \qquad (3.5)$$

となる．**図 3. 1(b)**の $Rr, R'r'$ として示したように，それらは 1 つのピークをもった山形の曲線である．そのピークの軌跡 Nn は右下がりとなる．いうまでもなく，これは企業が労働市場で価格受容者として行動する場合の労働需要曲線である．

上述した経営者と労働組合のゲームを考えよう．ゲームは経営者と労働者がそれぞれ何を戦略変数として用いるか，そして誰が先導者になるかによって異なった様相を呈する．ここでは先導者が賃金を，追随者が雇用量を戦略変数として用いるゲームについて見ることにしよう．そして，以下では労働組合が先導者になる場合と経営者が先導者になる場合の2つのケースを順に見ることにしよう．

労働組合が先導者として賃金を設定し，経営者が追随者として雇用量を決定するシュタッケルベルグ均衡を考える．**図3.1**の Nn は，この場合の経営者の反応曲線である．シュタッケルベルグ均衡は労働組合の目的関数が Nn 上で最大値をとる点で示される．労働組合の無差別曲線と経営者の反応曲線 Nn との接点 S_1 に対応する ω, N の値をそれぞれの ω_1, N_1 とする．

命題3.1　（労働組合先導のシュタッケルベルグ均衡）

労働組合が先導するシュタッケルベルグ均衡では

$$\omega_1 = \frac{1}{1-\alpha(1-\beta)} \cdot \underline{\omega}, \tag{3.6}$$

$$N_1 = \left\{ \frac{\beta pA[1-\alpha(1-\beta)]}{\underline{\omega}} \right\}^{\frac{1}{1-\beta}} \tag{3.7}$$

となる．

図3.2において，$N_1 \leq \bar{N}$ のとき，シュタッケルベルグ均衡は点 S_1 で示される．$N_1 > \bar{N}$ のときにはコーナー解となり，横軸上 $\bar{N}$ を通る垂直線と曲線 Nn との交点 $\tilde{S}_1$ で示される．この点に対応する $\tilde{\omega}_1, \tilde{N}_1$ は

$$\tilde{\omega}_1 = \beta pA\bar{N}^{\beta-1}, \tag{3.8}$$

$$\tilde{N}_1 = \bar{N} \tag{3.9}$$

となる．$\omega_1, \bar{\omega}_1$ はいずれも明らかに留保賃金より高い．したがって，$\tilde{N}_1 < \bar{N}$ の場合には失業した労働者は現行の賃金のもとで雇用されることを希望するであろう．この意味で，非自発的失業が発生することになる．

次に経営者が先導者として賃金を設定し，労働組合が追随者として雇用量を提案するシュタッケルベルグ均衡を考察しよう．**図3.3**で労働者の反応関

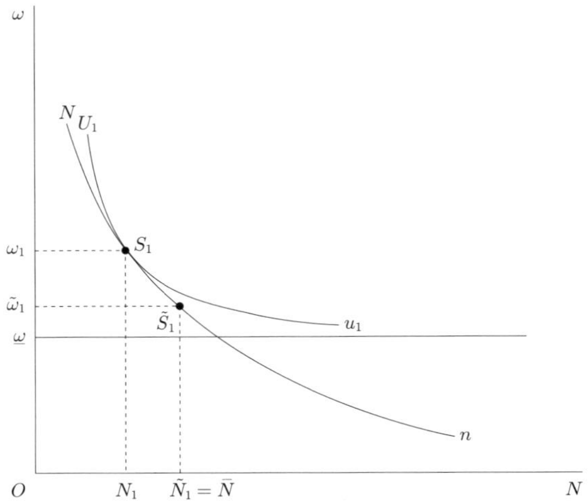

図 3. 2　労働組合が先導者となるシュタッケルベルグ均衡($N_1 > \bar{N}$ のケース)

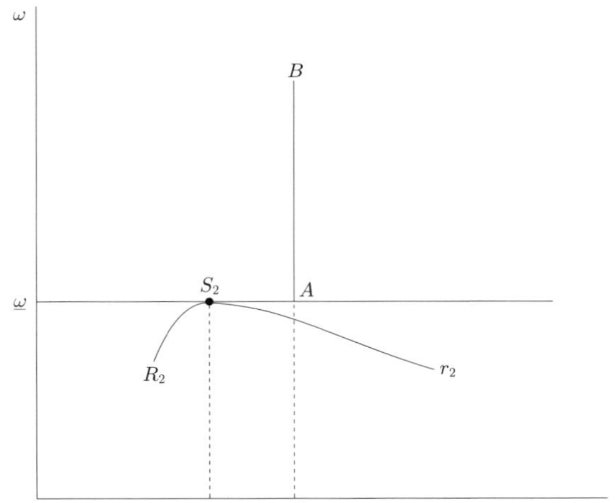

図 3. 3　経営者が先導者の場合のシュタッケルベルグ均衡($N_2 < \bar{N}$ のケース)

数は折線 $O\underline{\omega}AB$ で示される．シュタッケルベルグ均衡は経営者の目的関数が $O\underline{\omega}AB$ 上で最大値をとる点である．**図 3. 3** の点 S_2 はその例である．この点に対応する ω, N の値を ω_2, N_2 とすると

命題 3. 2　（経営者先導のシュタッケルベルグ均衡）

経営者が先導者となり労働組合が追随者となるシュタッケルベルグ均衡では

$$\omega_2 = \underline{\omega}, \tag{3. 10}$$

$$N_2 = \left(\frac{\beta\pi A}{\underline{\omega}}\right)^{\frac{1}{1-\beta}} \tag{3. 11}$$

と表される．

これを労働者が先導者のケースの内点解と比較すると，明らかに $\omega_1 > \omega_2$, $N_1 < N_2$ となる．この場合，労働者の効用は雇用されてもされなくても変わらないので，失業は非自発的なものとは言えない．

図示していないが，$N_2 > \bar{N}$ のときには，シュタッケルベルグ均衡はコーナー解となり，それに対応する ω, N の値を $\tilde{\omega}_2, \tilde{N}_2$ とすると

$$\tilde{\omega}_2 = \underline{\omega}, \tag{3. 12}$$

$$\tilde{N}_2 = \bar{N} \tag{3. 13}$$

となる．

3.3　交渉均衡とその性質

以上に考察した経営者と労働組合のゲームでは，両者のうち賃金を戦略変数として用いる方が先導者となり，雇用量を戦略変数として用いる方が追随者となるシュッタケルベルグ均衡が一義的に存在することが示された．これらは労働組合による供給独占的，あるいは経営者による需要独占的均衡にほかならない．どちらの場合にも，均衡はパレート最適とはならない．**図 3. 4** の曲線 Cc は，労働組合の無差別曲線と経営者の等利潤曲線との接点の軌跡であり，契約曲線(contract curve)と呼ばれる．契約曲線上の各点は，両者の満足が最大限

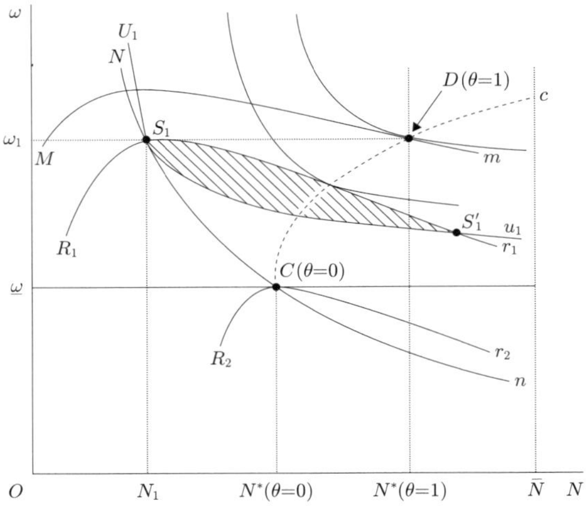

図 3. 4　交渉均衡の図解

充足されるパレート最適点であるが，それから離脱した労働組合の供給独占的均衡も経営者の需要独占的均衡も両者の満足を高める余地がある．

命題 3. 3　（協働の失敗）

労働組合の供給独占的均衡，経営者の需要独占的均衡は「協働の失敗」(co-ordination failure)を引き起こす可能性がある．

協働の失敗が起こるような場合，政府が何らかの規制，あるいは所得政策を通じて市場に介入することが正当化されるかもしれない．そのような介入によって，**図 3. 4** の点 D（労働組合の供給独占），あるいは点 C（経営者の需要独占）を排除し，両者がともにより高い満足を達成できる斜線領域のパレート最適点に誘導できるからである[1)]．

これに対して，雇用量を戦略変数として用いる方が先導者となり，賃金を戦略変数とする方が追随者となるシュタッケルベルグ均衡は不決定となり，両者がともに追随者となるナッシュ均衡は存在しない．こうした非協力解の均衡は

1)　たとえば，日本政府はしばしばそのような介入を実施してきた．アベノミクスの労使に対する説得工作はそれにあたる．

まったくありえないことではないが，経営者と労働組合の関係，両者による賃金と雇用量の決定を一般的かつ適切に近似するものとは思われない．

そこで，以下ではNash (1950)の交渉解を拡張解釈して，経営者と労働組合が共同してそれぞれの目的関数が複合された共同の目的関数を最大にするように協力し，労働契約を結ぶ事態を考えよう．ナッシュの交渉解を労働契約に適用した例としては，McDonald and Solow (1981)の先駆的業績がよく知られている．しかし，ナッシュの交渉解は当事者の交渉力(bargaining power)が均等であるとする制限的な仮定に立脚している．ここではOhyama (1989)に基づいて，経営者と労働組合の交渉力が均等でない場合にもあてはまるようにナッシュの交渉解を一般化する．

労働組合と経営者の個別の目的関数はこれまで通り，それぞれ(3. 1), (3. 3)によって与えられる．両者の共同の目的関数はそれらを複合したもので，

$$c = u^{\theta} R^{1-\theta} \tag{3. 14}$$

と表されるものとしよう．ただし，θ は労働組合の経営者に対する交渉力の指標で，$0 \leq \theta \leq 1$ と仮定する．労働組合が経営者に対して圧倒的な交渉力をもつ場合には $\theta=1$，逆に経営者が労働組合に対して圧倒的な交渉力をもつ場合には $\theta=0$ となる．両者の間の交渉均衡は，共同の目的関数 c が ω, N に関して最大化される状態である．ω, N の最適値を $\tilde{\omega}^*, \tilde{N}^*$ と書くことにしよう．

命題 3. 4 (交渉均衡)

労働組合と経営者の非協力ゲームで，失業を含む内点解は

$$\tilde{\omega}^* = \frac{\theta+(1-\theta)\beta}{(1-\alpha)\theta+(1-\theta+\alpha\theta)\beta} \cdot \underline{\omega}, \tag{3. 15}$$

$$\tilde{N}^* = \left\{ [(1-\alpha)\theta+(1-\theta+\alpha\theta)\beta] \left(\frac{pA}{\underline{\omega}} \right) \right\}^{\frac{1}{1-\beta}} \tag{3. 16}$$

と表される．

交渉均衡の内点解 $\tilde{\omega}^*, \tilde{N}^*$ がモデルのパラメターにいかに依存しているかを見よう．(3. 15), (3. 16)を θ について偏微分すると，

$$\frac{\partial \tilde{\omega}^*}{\partial \theta} = \frac{1}{\Delta^2} \cdot \alpha\beta(1-\beta)\underline{\omega} > 0, \tag{3. 17}$$

$$\frac{\partial \tilde{N}^*}{\partial \theta} = -(1-\alpha)\Delta^{\frac{\beta}{1-\beta}} \left(\frac{pA}{\underline{\omega}}\right)^{\frac{1}{1-\beta}} < 0 \tag{3. 18}$$

を得る．ただし，$\Delta=(1-\alpha)\theta+[1-(1-\alpha)\theta]\beta>0$．これから直ちに次の結論が導かれる．

命題 3. 5 （労経の交渉力と交渉均衡）

内点均衡では，労働組合の経営者に対する交渉力が強くなれば，賃金が上がり，雇用量が増加する．

系（端点均衡）

$\theta=1$ の場合，

$$\omega^* = \frac{1}{1-\alpha(1-\beta)} \cdot \underline{\omega},$$
$$N^* = \bar{N}.$$

$\theta=0$ の場合，

$$\omega^* = \underline{\omega},$$
$$N^* = \left(\frac{\beta pA}{\underline{\omega}}\right)^{\frac{1}{1-\beta}}$$

となる．

他のパラメターの変化の効果も同様に調べることができる．たとえば

$$\frac{\partial \tilde{\omega}^*}{\partial \alpha} = \frac{1}{\Delta^2} \cdot (1-\beta)\theta[\theta+(1-\theta)\beta]\underline{\omega} > 0, \tag{3. 19}$$

$$\frac{\partial \tilde{N}^*}{\partial \alpha} = -\Delta^{\frac{\beta}{1-\beta}} \cdot \left(\frac{pA}{\underline{\omega}}\right)^{\frac{1}{1-\beta}} < 0 \tag{3. 20}$$

を得る．これより，労働組合の危険回避度$(1-\alpha)$が高まれば，賃金が低下し，

雇用量が減少することがわかる．また，留保賃金 $\underline{\omega}$ の上昇が賃金の比例的上昇と雇用量の減少をもたらすことは(3.17)，(3.18)から直ちに読みとれる．労働者の財産の蓄積や失業保険制度の充実は一般に留保賃金を高めるので，間接的に賃金の引き上げ，雇用量の減少を引き起こすであろう．ただし，$\Delta=(1-\alpha)\theta+[1-(1-\alpha)\theta]\beta>0$．これから直ちに次の結論が導かれる．

製品価格 p や技術水準を表すパラメター A の上昇の影響も容易に推論できる．それらは雇用量の増大をもたらすが，賃金に対しては何の効果も及ぼさない．ただし，この最後の帰結は生産関数(3.2)の特定化によるもので，一般性があるとは言えない．

交渉均衡が労働組合と経営者の間のパレート最適点であることはいうまでもない．パレート最適点では労働組合の無差別曲線と経営者の無差別曲線(等利潤曲線)の傾きは等しくなっているので，(3.4)，(3.5)から

$$\omega=\frac{\underline{\omega}-\alpha\beta pAN^{\beta-1}}{1-\alpha}$$

が成立している．これより，契約曲線の傾きは

$$\frac{d\omega}{dN}=\frac{\alpha\beta(1-\beta)pAN^{\beta-2}}{1-\alpha} \tag{3.21}$$

と求められる．これは α, p, A 等の増加関数である．特に興味深いのは α との関係である．契約曲線は，$\alpha=0$ のときには水平，$\alpha=1$ のときには垂直，$0<\alpha<1$ のときには右上がりとなる．

図3.4 の Cc は，$0<\alpha<1$ の範囲で契約曲線を図示したものである．これは $\omega<\underline{\omega}$ では存在せず，$N>\bar{N}$ は達成できない．利潤が正の場合の等利潤曲線は1つのピークをもつ山形の曲線であるが，利潤がゼロの場合のそれは右下がりの曲線となる．この利潤ゼロの等利潤曲線 Mm と契約曲線が交わる点を D としよう．負の利潤が許されないとすれば，契約曲線の許容可能な範囲は曲線 Mm の下方に限定され，CD によって示される．交渉均衡は CD 上の一点である．労働組合の交渉力が圧倒的に強い場合($\theta=1$)の交渉均衡は点 D で，経営者の交渉力が圧倒的に強い場合($\theta=0$)のそれは点 C で示される．労働組合の経営者に対する交渉力が増大する(θ がゼロから1に増える)につれて交渉均衡は C から D に移動していく．

前節で調べた非協力ゲームの均衡と交渉均衡を比較してみよう．労働組合先導－経営者追随型のシュタッケルベルグ均衡は経営者の反応曲線 Nn と労働組合の無差別曲線との接点 S_1 で示される．労働者による供給独占的均衡は明らかにパレート最適ではない．労働組合の無差別曲線はこの点で経営者の無差別曲線(等利潤曲線)と交わっている．S_1 を通る両者の無差別曲線に囲まれたフットボール上の領域 S_1S_1' の内部に移ることにより労働組合と経営者の満足をともに高めることができる．$\theta=0$ のとき，交渉均衡点 C の賃金 $\underline{\omega}$ は留保水準にあり，雇用量 $N^*(\theta=0)$ は交渉均衡の水準を下回っている．これに対して，経営者先導－労働組合追随型のシュタッケルベルグ均衡は高さ $\underline{\omega}$ の水平線に等利潤曲線が接する点 C で示され，$\theta=0$ のときの交渉均衡と一致する．

交渉均衡の賃金は富の蓄積，失業保険，最低賃金などを反映する留保賃金に比例し，生産技術や労働組合の危険回避度や交渉力に依存して決まる．しかし，それは一般物価や相対価格の変動によっては影響を受けない．代表的企業の交渉均衡で決まる賃金は「自然賃金」(natural wage rate)と呼ぶことができよう．それは古典派以来さまざまなニュアンスで論じられてきた「労働の自然価格」(natural price of labor)に一つの現代的解釈を与えるように思われるからである．自然賃金に対応する失業率 $1-N^*/\bar{N}$ は，必ずしも Friedman (1968)が「自然失業率」(natural rate of unemployment)と命名した概念と一致しているとは言えない．フリードマンの場合，自然失業が非自発的失業を含むものかどうかは必ずしも明確でない．しかし，$\theta>0$ のときには，交渉均衡の賃金は留保水準を超えるので，この場合に発生する失業は事後的には非自発的なものである．

3.4　自然賃金・物価予想・経済変動

3.1 でも指摘したように，代表的企業の労経間の交渉で決まる賃金は自然賃金，すなわち社会の技術的・制度的条件，さらには労働組合の賃金，雇用の選好や交渉力に応じて決まる「自然な」報酬率と考えることができる．それはその社会の「平均的な」賃金が回帰する「目標」となるものである．しかしそのような目標が与えられたとしても，それが「平均的にも」直ちに実現されるとは限らない．現実の労経間交渉で決められるのは実質賃金ではなく貨幣賃金である．しかも，交渉には相当の時間を要するため，その絶え間ない変更は生産活動を著しく阻害することから，貨幣賃金は中長期的にはともかく，短期的には多少とも硬直的とならざるを得ない．したがって，実際に支払われる実質賃金は一定の予想物価のもとでは自然賃金に照準を合わせたものとなっていても，予期せざる物価変動とともに変動し短期的に自然水準から乖離する可能性がある．

以上のような認識に基づいて，労経間の交渉均衡のモデルを伝統的な IS-LM 分析に接合し，マクロ経済の変動を説明するモデルを構築する．代表的企業を想定し，貨幣賃金が一定の物価予想のもとで交渉均衡の賃金を目標として決められ，短期的に固定されるものとする．仮に物価予想が完全に的中すれば，自然賃金とそれに対応する自然失業率が実現する．しかし，物価予想は一般に完全ではありえない．そのため，自然賃金も自然失業率も短期的には実現しないかもしれない．このような交渉均衡のモデルは雇用，生産といったマクロ経済の供給サイドに一つの定式化を与えるものである．これに対して，伝統的な IS-LM モデルは財市場，貨幣市場の需給バランスといったマクロ経済の需要サイドの模型になっている．以下では，これらを総合することにより，賃金，雇用，物価の短期的な決定，中期的な変動，そしてそれらの長期均衡を論じる．

代表的企業の期間モデルを考えよう．t 期の期初に労経交渉が行われ，期中の予想物価 p_t^e に基づいて，貨幣賃金率 w_t が

$$w_t = \omega^* p_t^e$$

をみたすように決められる．ただし，ω^* は自然賃金(交渉均衡の賃金)であり，とりあえず所与とする．t 期に実現する物価を p_t，実質賃金を ω_t とすれば，事後的に

$$\omega_t = \frac{w_t}{p_t} = \frac{p_t^e}{p_t}\omega^* \tag{3.22}$$

という関係が成立する．$p_t \neq p_t^e$ のときには $\omega_t \neq \omega^*$ となって，自然賃金は実現されない．この場合，経営者はどのように行動するであろうか．ここでは，労働組合との交渉を直ちにやり直すのではなく，期初に決められた貨幣賃金をそ

のまま維持し，したがって事後的に実現した実質賃金率を所与として，改めて労経共同の目的関数 $c_t = u^\theta R^{1-\theta}$ を最大にするように雇用量 N_t を決定するものとしよう．ただし，簡単化のために代表的企業の製品の相対価格 p_t は一定で p とする．

経営者の最大化行動から

$$\omega_t = \frac{p_t^e}{p_t}\omega^* = [\theta+(1-\theta)\beta]pAN_t^{\beta-1} \tag{3.23}$$

という関係が導かれる．両辺の対数をとると，

$$\log p_t - \log p_t^e = (1-\beta)\log N_t - \log\{[\theta+(1-\theta)\beta]pA/\omega^*\} \tag{3.24}$$

となる．これはさらに

$$\begin{aligned}\log p_t - \log p_{t-1} &= (1-\beta)\log(1-\nu_t)\tilde{N} \\ &\quad - \log\{[\theta+(1-\theta)\beta]pA/\omega^*\} + \log p_t^e - \log p_{t-1}\end{aligned} \tag{3.25}$$

と書き直すことができる．ただし，ν_t は t 期の失業率である．これは，物価期待を考慮して「拡張されたフィリップス曲線」(augmented Phillips curve) と呼ばれる関係を表している．つまり，予想物価上昇率を所与とするとき，そしてそのときにのみ，現実の物価上昇率と失業率との間には安定した右下がりの曲線で示されるような関係が生じる．一定の予想物価上昇率と失業率に対応する現実の物価上昇率は，自然賃金が高ければ高いほど，労働組合の交渉力が強ければ強いほど，また生産性が低ければ低いほど高くなる．

このフィリップス曲線の関係は，一定の物価予想上昇率のもとで各期の失業率が実際の物価上昇率に対応していかなる水準に決まるかを示している．その意味で，マクロ経済の供給サイドをモデル化したものと見ることができる．これに対して，需要サイドは伝統的な IS-LM 分析から導かれる，総需要関数

$$\log Y_t^D = \eta \log \frac{M_t}{p_t} + \log G_t \tag{3.26}$$

で特定化しよう．ここで，Y_t^D は財市場と貨幣市場の需給バランスをみたす国民総生産，G_t は政府支出，M_t は名目貨幣残高である．η は正の定数とする．Y_t^D が実際に実現するためには

$$Y_t^D = Y_t = AN_t^{\beta} \qquad (3.27)$$

となっていなければならない．上2式から

$$\beta \log N_t = \eta(\log M_t - \log p_t) + \log G_t - \log A \qquad (3.28)$$

を得る．これを(3.24)に代入し，(3.15)，(3.16)を用いて整理すると

$$\begin{aligned}\beta \log p_t^e = {} & [\beta+(1-\beta)\eta] \log p_t + (1-\beta) \log N^{*\beta} \\ & -(1-\beta)(\eta \log M_t + \log G_t - \log A) \qquad (3.29)\end{aligned}$$

のようになる．ただし，N^* は交渉均衡の雇用量である．

ここで人々の予想物価が時間を通じて適応的に修正されるものとして，

$$\log p_t^e - \log p_{t-1}^e = \gamma(p_{t-1} - \log p_{t-1}^e), \quad \gamma > 0 \qquad (3.30)$$

と仮定しよう．(3.29)を(3.30)に代入して整理すると

$$\begin{aligned}[\beta+(1-\beta)\eta] \log p_t = {} & [\beta+(1-\beta)(1-\gamma)\eta] \log p_{t-1} - (1-\beta)\gamma \log Y^* \\ & +(1-\beta)[\log G_t + \eta \log M_t - (1-\gamma)(\log G_{t-1} + \eta \log M_{t-1})] \\ & \qquad (3.31)\end{aligned}$$

という関係が導かれる．ただし，Y^* は交渉均衡の国内総生産($=AN^{*\beta}$)である．(3.26)，(3.27)，(3.31)からさらに

$$\begin{aligned}[\beta+(1-\beta)\eta] \log Y_t = {} & (1-\beta)\gamma\eta \log Y^* + [\beta+(1-\beta)(1-\gamma)\eta] \log Y_{t-1} \\ & +\beta\{\eta(\log M_t - \log M_{t-1}) + \log G_t - \log G_{t-1}\} \qquad (3.32)\end{aligned}$$

という関係も成立する．

(3.31)，(3.32)は，t 期の短期均衡で物価と国内総生産がいかに決定されるかを示している．$t-1$ 期の諸変数を歴史的与件とすれば，t 期の物価と国内総生産はどちらも交渉均衡のマネーサプライ，政府支出などに依存して決まる．交渉均衡の政府支出が増加すれば，物価は低下し，国内総生産は増加する．また，$t-1$ 期のマネーサプライや政府支出が増加すれば，t 期の物価は低下し，国内総生産は増加する．

政府支出とマネーサプライが時間を通じて一定に保たれるものとして，経済の動学的調整がどのように進められるかを考えてみよう．$M_t = M_{t-1} = M$，$G_t = G_{t-1} = G$ と置くと，(3.31)，(3.32)は

$$[\beta+(1-\beta)\eta]\log p_t-[\beta+(1-\beta)(1-\gamma)\eta]\log p_{t-1}$$
$$=(1-\beta)\gamma(\eta\log M+\log G-\log M^*) \tag{3. 33}$$

$$[\beta+(1-\beta)\eta]\log Y_t-[\beta+(1-\beta)(1-\gamma)\eta]\log Y_{t-1}$$
$$=(1-\beta)\gamma\eta\log Y^* \tag{3. 34}$$

と書き直される.

(3. 33), (3. 34)は，それぞれ物価，国内総生産に関する1階の線形差分方程式である．物価の定常均衡値を p^* とすると，(3. 33)から

$$p^*=\left(\frac{G}{Y^*}\right)^{\frac{1}{\eta}}\cdot M \tag{3. 35}$$

となる．これは一種の貨幣数量方程式であるが，マネーサプライが一定のときでも，政府支出の増加，交渉均衡での雇用量ないし国内総生産の減少は長期的に物価を押し上げる要因となる．国内総生産の定常均衡値はいうまでもなく交渉均衡値 Y^* に一致する．

差分方程式(3. 33), (3. 34)の定常均衡が安定であるための必要十分条件は

$$\gamma<2\left(1+\frac{\beta}{1+(1-\beta)\eta}\right) \tag{3. 36}$$

である．これは物価予想の修正係数 γ があまり大きくなければみたされる．たとえば，いわゆる「静態的期待」(static expectations)の場合には $\gamma=1$ となり，定常均衡は安定である．また，経済の変動経路は

$$\gamma>1+\frac{\beta}{(1+\beta)\eta}\quad \text{または}\quad \gamma<1+\frac{\beta}{(1+\beta)\eta} \tag{3. 37}$$

に応じて，定常均衡に単調に収束するか，そのまわりを振動することになる．

図 3. 5 はマネーサプライの一回かぎりの増加の効果を単調収束のケースについて例示したものである．横軸には時間 t が測られている．当初物価は p^*，国内総生産は Y^* の定常均衡値が実現されていたとして，時点 t_0 でマネーサプライが増やされたと仮定しよう．**図 3. 5(a)**の点 A から始まる矢印の曲線は，時点 t_0 以降の物価の変動経路，**図 3. 5(b)**の点 B から始まる矢印は国内

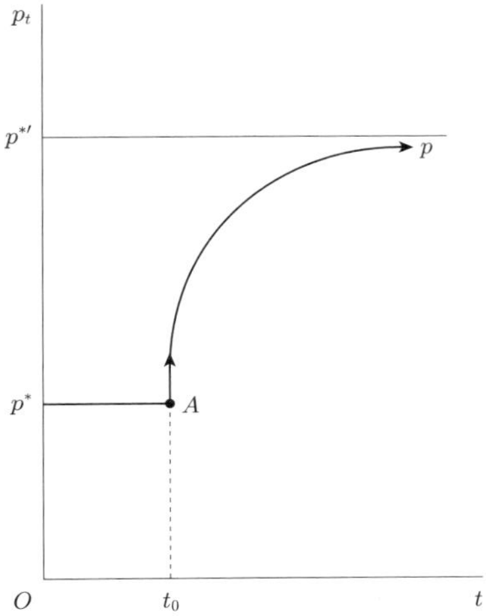

(a) 物価の変動経路

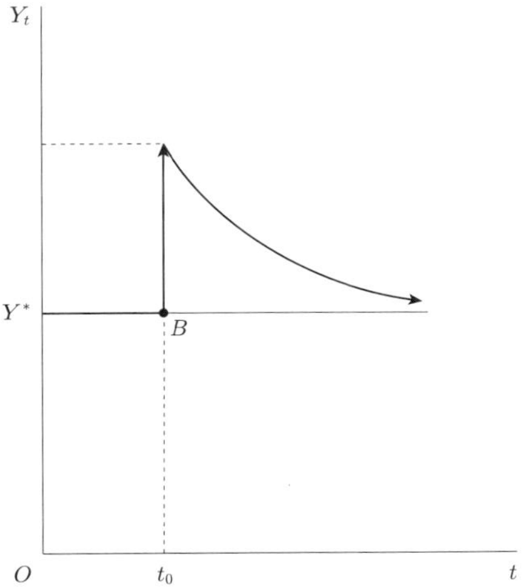

(b) 国内総生産の変動経路

図 3. 5　需要増大の効果

総生産のそれである．時点 t_0 では，物価はマネーサプライ増加率ほどには上昇しないが，その後緩やかな上昇を続けて，ついにはマネーサプライの増加に見合う水準に近づいていく．他方，国内総生産は一時的に増加するが，その後逆に減少して，元の水準に回帰していく．

これは，定常均衡で非自発的失業が存続する場合にも実現するという意味で古典派ともケインズ派とも異なる帰結である．**図 3. 5(a)**，**(b)**から次の命題が得られる．

命題 3. 6 （デマンドプルとインフレーション）

本章の設定のもとで，マネーサプライの増加は短期的に物価の上昇と生産の増加を引き起こす．しかし，中期的には物価の上昇は徐々に緩やかになり，生産の増加は反転して減少に転じる．長期的には，生産は定常水準に回帰し，物価はマネーサプライの増加に見合った水準に高止まる．消費の増加など，他の一時的なデマンドプル要因の効果も同様である．

図 3. 6 は，労働組合の危険回避度の低下（賃金選好の増大）ないし留保賃金

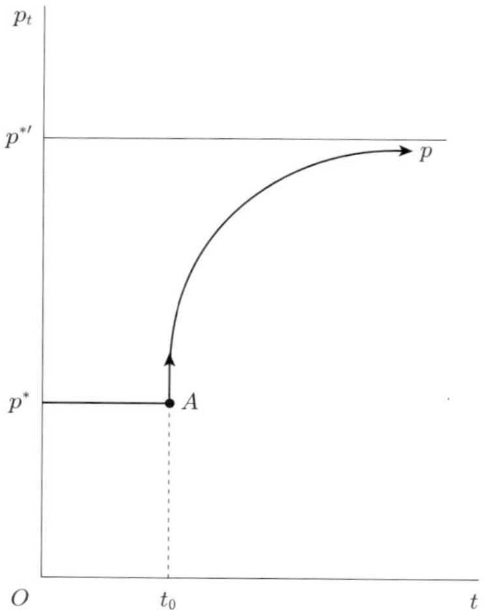

(a) 物価の変動経路

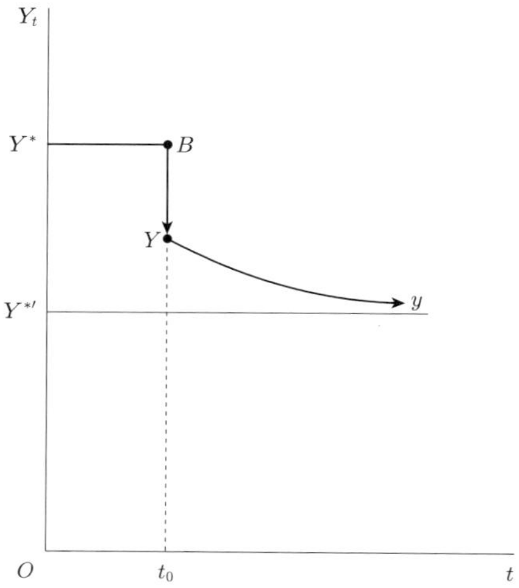

(b) 国内総生産の変動経路

図 3.6　コストプッシュの効果

の上昇によるコストプッシュ要因の効果を同様に図解したものである．時点 t_0 でそのような変化が生じると，即座に物価はある程度上昇し，生産はある程度減少する．しかし，その後も物価は徐々に上昇し，生産は徐々に減少して，新しい定常均衡値 $p^{*\prime}, Y^{*\prime}$ に近づく．このプロセスは物価の上昇と同時に，生産(そして雇用)減少が併行するもので，いわゆるスタグフレーション(stagflation)のモデルとなる．これより次の命題が導かれる．

命題 3.7　(コストプッシュとスタグフレーション)

本章の設定のもとで，自然賃金の上昇は短期的に物価の急激な上昇と生産の急激な減少を引き起こす．しかし，中期的には物価の上昇，生産の減少は緩慢になる．長期的には賃金も物価もそれぞれの定常水準に収束する．資源価格の上昇など，他の一時的なコストプッシュ要因の効果も同様である．

3.5　要約と結論

本章では，賃金水準と雇用水準が企業経営者と労働組合のゲーム理論的な相互作用を通じて決まるという設定のもとで，両者の間の非協力的な均衡と協力均衡（交渉均衡）の性質を解明し，マクロ経済変動の分析に適用した．主要な狙いは，経済主体の合理的行動を前提として非自発的失業が存在しうることを明らかにするとともに，総需要の増加やコストプッシュ圧力の増大がマクロ経済に及ぼす影響を解明することである．

企業経営者と労働組合が非協力的に行動するとするモデルでは，賃金，雇用の決定に現実的な説明を与えることは困難である（命題3.1〜3.3）．そこで，本章ではナッシュ流の交渉均衡の概念に基づいて，両者の交渉力に差異がある場合に拡張して用いた．交渉均衡で決まる賃金，雇用は，労働者の留保賃金，危険回避度，経営者に対する交渉力，国内総生産に依存している．交渉均衡の賃金は留保賃金に正比例し，労働者の危険回避度の減少関数，交渉力の増加関数である．雇用量は留保賃金の減少関数，国内総生産，交渉力の増加関数である．交渉均衡では，留保水準を超える賃金のもとで失業が発生する可能性がある．その意味で，それは（事後的な）非自発的失業を許容するものとなっている（命題3.4）．

代表的企業を想定することにより，交渉均衡の概念をマクロ経済の供給サイドに適用した．古典派以来の伝統にならって，交渉均衡の賃金は「自然賃金」と呼ぶ．労働組合と経営者は毎期の期初に交渉し，自然賃金とそれに対応する雇用量を実現することを目指す．しかし，実は一定の物価予想のもとで自然賃金に見合う貨幣賃金を取り決めるにすぎない．予想が的中すれば目論見通りになるが，的中しない場合には自然賃金は実現せず，雇用量も修正を余儀なくされる．このような供給サイドの仕組みと IS-LM 分析を接合することで，マクロ経済変動を記述するモデルを作り出すことができる．

このモデルによれば，マネーサプライや政府支出の増加は短期的には生産・雇用の拡大をもたらすものの，長期的には物価の上昇と実質貨幣残高の減少を通じて完全に相殺される．これは，因果関係を逆にとってPigou (1943)がケインズを批判して指摘した一時的な需要要因の落ち込みによる不況の自動回復メカニズムを示唆するものとも解釈できる（命題3.5）．また，留保賃金の上昇，労働組合の危険回避度の低下といったコストプッシュ圧力の増大は短期的にも長期的にも物価の上昇，雇用・生産の縮小を引き起こす．前者の関係は需要要因によるインフレやデフレの説明として，後者の関係はコストプッシュ要因によるスタグフレーションの説明として，それぞれ有意味である(命題3.6)．

労働組合の経営者に対する交渉力の増大はしばしばコストプッシュ型のインフレーション，あるいはスタグフレーションの元凶と目される．しかしここでは，それは交渉均衡の賃金を高めるとともに雇用，ひいては生産を増やし，物価に対してはむしろ抑制的にはたらく．非自発的失業が存在するような状況ではむしろ好ましい効果とも言える．労働組合の危険回避度の上昇(賃金選好の低下)は賃金の低下と雇用・生産の拡大，したがって失業の減少をもたらす．従来，日本の失業率が欧米にくらべて低いと言われてきたのは，こうした労働組合の選好を反映するものかもしれない．

本章のモデルは多くの単純化のための仮定に依拠している．いうまでもなく，そのすべてが主要な結論の導出に必要とされるわけではない．たとえば，企業の生産関数や費用関数は最も単純なものが考えられている．とはいえ，これらの単純化は主として計算の便宜のためのものであり，結論を本質的に歪めるものではない．これに対して，本章で採用されている物価予想に関する適応的期待の仮説は問題を含んでいる．人々が将来の物価を完全に予見できるとすれば，実質賃金や雇用量が本章で定義した交渉均衡の水準から乖離して変動することはありえない．他方，不完全予見をいかに定式化するかについては今のところ定説がない．

[参考文献]

Dornbusch, Rudiger and Stanley Fischer (1987), *Macroeconomics*, 4th ed., New York: McGraw-Hill. (廣松毅，R.ドーンブッシュ，S.フィッシャー『マクロ経済学』全2冊，シーエーピー出版，1998-99年)

Dunlop, J. Thomas (1966), *Wage Determination under Trade Unions*, New York: Augustus Kelley. (桜林誠，宇田川璋仁，石原孝一共訳『団体交渉下の賃金決定』東洋経済新報社，1956年)

Fischer, Stanley (1988), "Recent Developments in Macroeconomics," *Economic Journal*, 98, 294-339.

Friedman, Milton (1968), "The Role of Monetary Policy," *American Economic Review*, 58, 1-17.

Hall, Robert E. and David M. Lilien (1979), "Efficient Wage Bargains under Uncertain Supply and Demand," *American Economic Review*, 69, 868-879.

McDonald, Ian M. and Robert M. Solow (1981), "Wage Bargaining and Employment," *American Economic Review*, 71(5), 896-908.

Nash, John F. (1950), "The Bargaining Problem," *Econometrica*, 18, 155-162.

Ohyama, Michihiro (1987), "Unemployment and Inflation: Natural Wage Rate Hypotheis," *Keio Economic Studies*, 24, 11-26.

Ohyama, Michihiro (1989), "Bargaining with Differential Skills," *Keio Economic Studies*, 26, 1-4.

Pigou, Arthur C. (1943), "The Classical Stationary State", *Economic Journal*, 80, 343-351.

第 4 章　乗数理論と公共財
——混合体制下の一般均衡

4.1　はじめに

20 年以上にわたって日本政府の財政支出は膨らみ続けてきたが，日本の景気は一向に好転せず，失業率も高い水準から抜け出せなかった．国債残高が累増する中で，財政支出を増やして国民経済全体の生産，雇用を増やそうとするフィスカル・ポリシー(fiscal policy)[1] の効果に大きな疑問符が付けられた．1930 年代の世界恐慌のもとで構想された乗数理論はフィスカル・ポリシーの基礎としてどんなマクロ経済学のテキストにも最初に出てくる定番の理論である．それは政府支出 1 単位の増加が国民所得をその 4 倍も 5 倍も増やす効果があると大いにもてはやされ，当初は「ケインズ革命」の象徴として大いに喧伝された．しかし，最近ではいろいろな実証研究から乗数効果がそれほど大きくないことがわかってきた．それだけでなく，フィスカル・ポリシーは財政規律の弛緩を通じて資源の浪費を招くと批判されている[2]．

乗数理論の問題点の一つは，国民生産物を同質的な，市場で取引される民間財(private goods)と見なしていることである．そこでは，政府が関与する公共財(public goods)が事実上無視されている．そもそもケインズがフィスカル・ポリシーの対象として念頭に置いていた典型的な公共事業は，本来公共財を供給する事業であり，公共財は市場を媒介せずに政府によって一般市民に一括提供される非市場財である．民間財の需給が市場で価格ないし所得の変化を通じて調整されるのに，公共財は市場を通さずに政府の判断で直接調達される点に大きな違いがある．1936 年に出版された Keynes (1936)の『一般理論』ではこのことが明確に論じられなかったが，当時としては無理もないことであ

1)　フィスカル・ポリシーとは，政府の収入・支出を操作して国民所得と総雇用の安定化を実現しようとするマクロ経済政策を言う．公共財の提供やその財源調達を目的とする財政政策とは異なる概念である．

2)　最近の日本経済の経験については，浅子(2000)，深尾(2012)を参照．

った．現代的な公共経済学の嚆矢とされるSamuelson (1954)の「公共支出の純粋理論」が公刊されたのはずっと後のことであり，当時は公共財やその非市場性に関する学術的認識が十分にあったわけではない．しかも，半世紀以上を経た現在でも公共財が乗数理論に対してもつ意味が本当に理解されているとは言えない．

乗数理論のもう一つの問題点は，政府支出の景気効果を重視するあまり，その厚生効果を曖昧にしたことである．景気が良くなり失業が軽減されること自体経済厚生の改善をもたらすのは自明と考えられ，それ以上の効果は度外視された．実際には，失業していた労働を活用して公共財を生産すれば景気効果を超える厚生効果が得られる可能性がある．仮に公共財に固有の厚生的効果が無視可能だとしても，政府支出の景気効果によって経済厚生の重要な指標である国民所得それ自体が十分大きく増加すると考えられた．政府が赤字国債を発行して得た紙幣を古い甕に詰め込み，廃坑に埋め，掘り出すという一見何の役にも立たない事業を民間企業に委託するものとしよう．ケインズによれば，このような馬鹿げた事業でさえ，役に立たないどころか乗数効果を通じて失業を減らし国民所得を元々の政府支出の何倍もの規模で増やす[3]．この有名な「穴掘り事業」の寓話は乗数理論のエッセンスを示すものとして繰り返し引用されたが，同時にさまざまな誤解と批判を招くことになった．

その中で最も大きな争点となったのは，赤字国債発行による公共事業の実施が本当にその何倍もの国民所得の増加をもたらすかという問題である．赤字国債を発行すれば，政府はその利子と元本を返済しなければならず，そのためには将来増税することが必要になる．国民の立場から見れば，現在の増税を免れるとしても将来国債の元利合計額に相当する増税を受け入れなければならない．そう考えれば政府支出が増税によってまかなわれようと国債増発によってまかなわれようと国民のネットの長期的負担は同じであるから，冷静な見通しに立てば消費に及ぼす影響は理論的には同じになるはずである．近年では，これはリカード＝バローの「中立命題」(neutrality proposition)，あるいは「等

---

3) Keynes (1936), p. 129. この設例について，ケインズは「浪費的な」公共支出は，差引勘定をすると結局世界を富ませる，ピラミッドの建設，地震，そして戦争さえもが富の増進に一役買うかもしれないと述べている．

価定理」(equivalence theorem)としてかなり広く認識されるようになった[4]. 単純な乗数理論はこの定理のメッセージを無視している. 日本では, 1990 年代はじめのバブル崩壊以来の「失われた 20 年」の間に多くの公共事業が行われたが, この定理の予言を裏書きするかのように, 有効需要の回復ははかばかしくなく, 長続きしなかった. しかも, 無駄なダムや箱モノと呼ばれる公共施設を乱造することで自然を破壊し環境問題を悪化させ, 社会的厚生を損なうと批判された. その間に政府の財政収支は悪化を続け, 膨大な債務残高が積み上げられた. 21 世紀に入ると, ギリシャを発端として全世界に広がったソブリン・リスクは累積した国債の元利返済の重圧と各国政府が行う財政政策への不信感からグローバルな景気後退の要因となっている.

以下, 公共財(public goods)を含む簡単なマクロ経済の実物モデルを用いて, フィスカル・ポリシーの効果を再検討する. 日本のように, 民間の消費, 投資などの有効需要が労働人口にくらべて少なく技術革新が伸び悩む経済では, 利子率がゼロまで引き下げられても失業が生じる可能性がある. 現在のモデルは Hicks (1937)によって「流動性の罠」と呼ばれた事態を実物モデルで近似したものである.

4. 2 では, 市場で民間財のみが企業と消費者との間で物々交換される最も簡単な基本モデルを考える. 民間発の革新が途絶え, 貨幣政策が無効になる「大不況」型の経済に焦点を当てるためである. この設定は深刻な大不況の原因とその打開策を経済の実物的側面に集中して考えるのに役立つ. そこには政府も貨幣も公共財も存在せず, したがって物価や貨幣政策の概念は意味をもたない. この事態を打開するために考えられることは, 企業の創意工夫による投資, 家計の積極的な消費, それらに影響する労使交渉の改善などに限られている. だが, それらがままならないことこそ大不況の本質的な原因である. ここで考察する実物経済は貨幣政策が実効性を失った「流動性の罠」のモデルの極限形である[5].

4. 3 では, 前節の設定を修正して, 政府が国民に課税して公共財を提供する

4) リカードのアイデアは, McCulloch (1888)に所収の “Essays on the Funding System” に記されている. Barro (1974, 1979)は, それを明確に定式化し現代に復活させた.

5) Ohyama (2004, 2007)は, 社会的効用関数を組み込みミクロ的基礎がある IS-LM モデルを示し, 流動性の罠をその特殊ケースとして位置づけている.

財政乗数のモデルに拡張する．ただし，リカード＝バローの中立性定理を踏まえて政府は均衡予算を堅持するものと明示的に仮定する．つまり，政府はいつも税収によってトランスファーを含む財政支出をまかなうとする．公共財の調達は政府によって一括的に行われるが，民間財(公共財の生産に使われる労働サービスを含む)の需給は市場で所得の調整を通じて実現する．この場合，民間財で表示される国民可処分所得は課税水準の如何にかかわらず一定となることが示される．また，政府支出の乗数はいつも1，すなわち1単位の財政支出が1単位の民間財の増加とそれにともなう雇用の増加をもたらすが，政府税収の乗数は政府から民間へのトランスファー支出の分だけ1よりも小さくなる．雇用面では，これはいわゆるワークシェアリングの効果と同等になる．労働人口一人当たりの民間財の単位で表示した可処分所得は減少するが，増税で新たに雇われた労働者が有用な公共財・サービスを生産すれば，国民の厚生は高まる可能性がある．このような公共事業を十分大規模に行えば，失業が消滅し，完全雇用が達成される．

4.4では，民間財・公共財の全体像を明確に視野におさめた2財マクロモデルを展開する．不完全雇用のもとでは，政府支出の増加は公共財の生産の増加をもたらすが，国民可処分所得には影響しない．しかし，有意義な社会的効用関数に照らして公共財が役に立つものであれば，経済厚生が明確に高まることを示す．さらに，公共財が民需を刺激するようなものであれば，乗数効果が強められることを明らかにする．ひとたび完全雇用が達成されると，さらなる政府支出の増加＝公共財の生産増加はいわゆる「クラウディングアウト」を引き起こし，民間財生産の縮小をもたらす．つまり，公共財の機会費用はゼロではなく正となる．

4.5では，完全雇用のもとでのマクロ経済政策の効果を追究する．この局面では，公共財の増産が有用であっても財政規模の拡大は国民の厚生を高めるとは限らない．完全雇用のもとでは政府支出を縮小することが望ましくなるかもしれない．社会的に最適な政府支出の規模が生産フロンティアの上でどこにあるかに依存して決まる．政府は適切な財政政策・所得政策の運用によって完全雇用を達成し維持するだけでなく，公共財の最適供給を実現することを求められる．これはSamuelson (1955)によって命名された新古典派総合の概念に似ているが，4.6 で論じたように公共財の供給は効率的な資源配分政策としてだけでなく，失業から脱却するための雇用対策としても不可欠である．その意味で新ケインズ派(あるいは混合体制派)総合と呼ぶべきであろう．

以上では，財政政策の如何にかかわらず，消費関数や生産関数は不変と仮定してきた．4.7 では，公共財の供給が生産関数に影響を及ぼす可能性があることに着目して，それが不完全雇用下の乗数効果を高め，完全雇用下の生産フロンティアを拡大する成長効果をもつことを示す．

4.2　有効需要の原理

まず，1 つの財だけが存在する最も簡単なマクロモデルを考える．それは市場で取引される民間財で，現在の消費，生産だけでなく将来の生産のための資本財の生産(投資)にも用いられる．わかりやすくするため，消費，生産に不可欠の基本財という意味合いを込めてこれをコメになぞらえ，簡単化のため，コメ 1 単位が同質的な労働 1 単位で生産されるものと考えよう．代表的労働者は一定の余暇時間をもち，民間財で測られた所得と余暇の効用を比較検討して，まったく働かないか，社会の慣行によって与えられる標準労働時間 h だ

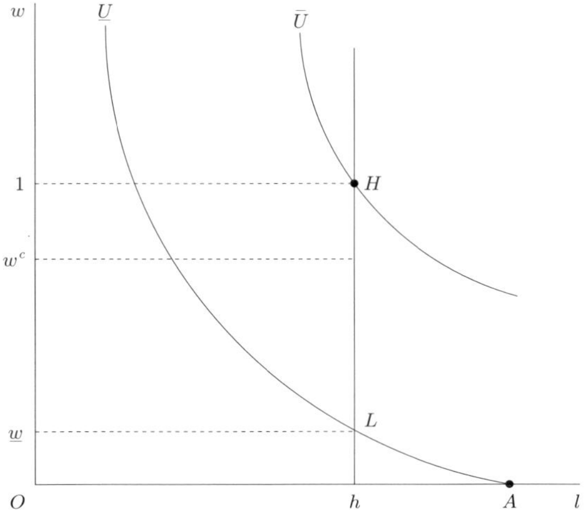

図 4.1　標準労働時間と留保賃金

け働くものとする．その選択は労働の報酬として与えられる賃金の水準に依存する．**図 4. 1** では，縦軸に賃金 w を，横軸に余暇時間 l を測り，代表的労働者の無差別曲線を用いて，標準労働時間に対応するその選択を図示している．横軸上の点 A を通る無差別曲線 $\underline{U}$ は，労働者がまったく働かず，すべての時間を余暇に充てる(すなわち失業する)場合に享受する効用に対応している．労働者が標準労働時間(簡単化のため 1 とする)だけ働いたときに得られる効用を失業時のそれと同一水準に保つような賃金 $\underline{w}$ は留保賃金(reservation wage rate)と呼ばれる．それは労働者が働くために最低限要求する賃金であり，コメ 1 単位を超えないとする．説明を単純にするために，同型の代表的企業と同質的な労働者を想定する．企業横断的な労使の交渉に基づいて決められる契約賃金(contract wage rate) w^c がとりうる範囲は

$$\underline{w} \leq w^c \leq 1$$

となる．契約賃金の概念については大山(1990)および本書 3. 3 参照.

図 4. 2 はこの関係を示したものである．縦軸には民間財の単位で測った実質賃金 w，横軸には労働量 N が示されている．契約賃金 w^c が留保水準 $\underline{w}$ に等しいかそれを上回るものとすれば，労働人口は社会全体の労働者数 $\bar{N}$ に一致する．社会全体の財の供給量は企業数と労働人口 $\bar{N}$ によって制約される.

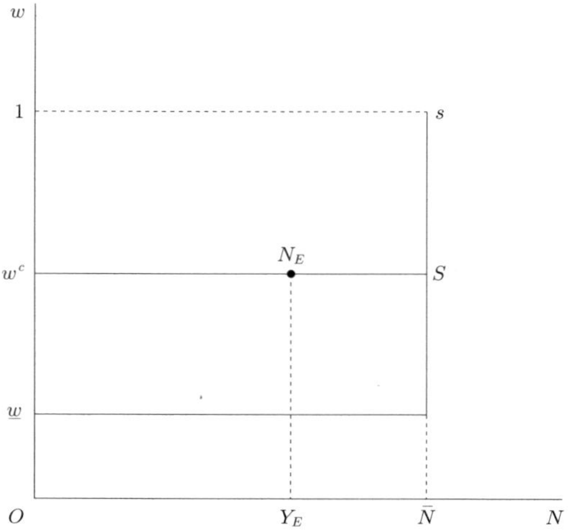

図 4. 2　労働供給曲線

とりあえず，ここでは労働者が失業している不完全雇用経済を想定する．具体的には，大不況時のように何らかの理由で経済が短期的に深刻なデフレ状態に陥っている状態，もしくは一定の生産技術と消費嗜好が継続する静態のもとで社会の資本蓄積が行き尽くした長期の定常状態を考える．

社会的に需要される民間財の数量はどのように決まるであろうか．政府を捨象した現在の設定のもとでは，国民所得は民間財の生産量 Y と同一になる．民間財の消費需要量は，民間財の単位で測られた契約賃金 w^c，国民所得 Y，資本ストック K に依存し，消費関数

$$C = c(w^c, Y, K) \tag{4. 1}$$

によって表されるものとする．一般に，所得の増加にともなう消費の限界的増加は限界消費性向と呼ばれ，正で $(0, 1)$ の間の値をとる．契約賃金 w^c は企業(資本家)と労働者との所得分配の指標となる．仮に賃金所得からの限界消費性向が資本所得からのそれよりも大きいとすれば，一定の国民所得のもとで w^c の上昇は経済全体としての消費を増やすようにはたらくであろう．資本ストック K は国民が全体として所有する実物資産であり，国民所得とは別に消費の増加要因と考えられる．現在の資本ストックは歴史的与件とし，投資 I は簡単化のため外生的に所与とする．このとき，不完全雇用のもとでの財市場の均衡は，国民所得，すなわち民間財の生産量 Y が

$$Y = c(w^c, Y, K) + I \tag{4. 2}$$

の関係をみたすときに実現する．**図 4. 3** で均衡生産量は 1 よりも小さい正の傾きをもつ需要曲線 Dd と 45 度線との交点 Y_E で示される[6)]．ここで，再び**図 4. 2** に戻り，労働市場の均衡 N_E が横軸に示した財市場の均衡生産量 Y_E (=労働需要量)を通る垂直線と労働供給曲線との交点で達成されることを確認しよう．この場合，$N_E S$ に相当する「失業」が存在する．**図 4. 3** に示したように，これは財市場では $Y_F Y_E$ に相当する「デフレギャップ」となる．**図 4. 3** は通常のケインジアン・クロスと呼ばれる不完全雇用の図解と同じものである．

6)　Keynes (1936), p. 25．そこで「総需要関数と総供給関数の交点での総需要関数の値を有効需要と呼ぶことにする」(間宮訳 37 ページ)．この均衡点は文字通りケインズのいう「有効需要の原理」(the principle of effective demand)を表している．

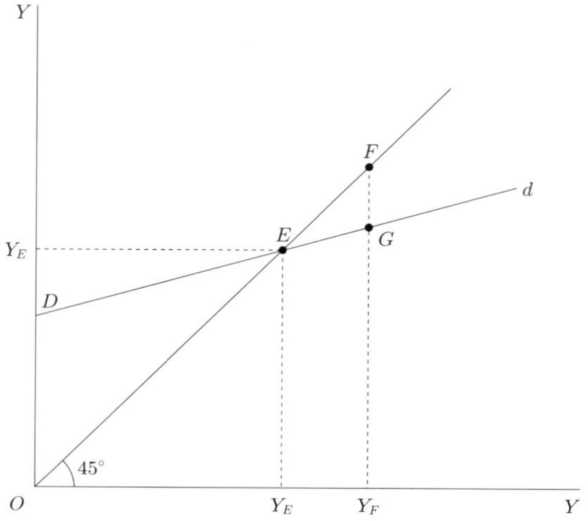

図 4.3　有効需要の原理

ここに示される失業はかならずしもケインズ的な非自発的失業ではない．それが非自発的失業となるのは実際の賃金が留保水準よりも高く設定される場合だけである．現在のモデルは 1 種類の民間生産物のみを想定し貨幣を捨象した実物モデルとして定式化されている．留保賃金は標準労働時間の慣行に基づいて決まる実質賃金であり，貨幣賃金の硬直性を意味するものでも，それから導かれるものでもない．契約賃金率が留保水準よりも高く設定される場合には非自発的失業が発生する可能性がある．失業の圧力のもとで契約賃金が留保水準まで抑圧されるとすれば，労働者の一部が失業するとしても，それはもはや非自発的なものとは言えなくなる．いずれにしても，この設定は実質賃金が労働市場の需給に応じて自由に変動することを制限するものである．そこで不完全雇用均衡が継続するのは，本質的に民間財の需要不足による．労働者の一部が雇われずに非自発的に失業するのは労働者の効用の損失と希少な資源(労働)の遊休を意味するので社会的に望ましいものではない．民間財の質の向上や将来不安の軽減などの理由で消費性向が高まるか投資が増加すれば，**図 4.3** の曲線 Dd は上方にシフトし，デフレギャップは縮小し失業は減少する．

4.3　民間財と公共財の一般均衡

ここで，民間財と公共財を区別し，民間部門と政府部門からなる一般均衡モデルを考える．民間部門は従来通り民間財を生産・消費する．政府部門はフィスカル・ポリシーの主体として市場で定額の税金を徴収し民間財の買い付けを行う．政府が市場で買い付ける民間財(労働を含む)は公共財の生産に用いられるが，公共財それ自体は市場取引の対象とならない非市場財である．政府が受け取る税金はまた，生活保護，年金などの名目で政府から民間へ対価を求めずに給付されるトランスファーとして還付される可能性もある．

簡単化のため，民間財や公共財の生産に用いられる可変的な生産要素は労働のみとする．ケインズにならって，とりあえず実物資本が所与とされるような「短期」を考える．労働者は同質的で，1 単位の民間財が 1 単位の労働で生産できる．前節で論じたように，標準労働時間が制度的に与えられているものとすると，賃金は労経の交渉を通じて留保水準 $\underline{w}$ 以上で 1 未満の値に決まる．有効需要の低迷により，実質利子率がゼロに下がっているものとする．政府は民間財の形で受け取る税収の一定割合を公共財の生産に従事する労働者(公務員)への賃金支払いにあて，同時に残余を民間へのトランスファーにまわす．政府が公務員に民間企業の賃金と同一の賃金を支払う．

有効需要の原理

公共財の考察はとりあえずあとまわしにして，投資，財政などが国民所得，すなわち民間財の生産量 Y に及ぼす乗数効果を取り上げよう．政府税収を T，支出を G，民間部門へのトランスファーを R，国民可処分所得を Z とする．これらの変数はどれも消費財の単位で測られている．税収が民間財の購入に用いられる割合を α，トランスファーに用いられる割合を $1-\alpha$ とする．これらの関係は

$$T = G+R, \tag{4.3}$$
$$G = \alpha T, \tag{4.4}$$
$$R = (1-\alpha)T, \tag{4.5}$$
$$Z = Y-T+R = Y-\alpha T \tag{4.6}$$

によって示される．民間部門の消費関数は政府の導入によって可処分所得 $Z(=Y-\alpha T)$ に依存するように修正され

$$C = c(w^c, Y-\alpha T, K) \tag{4.7}$$

となる．契約賃金 ω^c，政府税収 T，民間投資 I，消費関数を所与とすると，民間財の需給均衡式

$$Y-\alpha T = c(w^c, Y-\alpha T, K)+I \tag{4.8}$$

から，均衡所得 Y_E，ひいては均衡可処分所得 $Z_E(=Y_E-\alpha T)$ が決定される．これは，民間財の需給は市場で所得を調整因子として調整されることによるものである．消費関数を所与とすると，上式から国民可処分所得 $Y_E-\alpha T$ は契約賃金 w^c，独立投資 I，資本ストック K に依存して決まることに注意しよう．**図 4.4** を見ると，契約賃金，独立投資，資本ストックを所与とすると，均衡可処分所得は，有効需要関数 $c(w^c, Z, K)+I$ の不動点として決定されることがわかる．

独立投資の増加が均衡国民総生産と可処分所得に及ぼす効果は

$$\frac{\partial Y_E}{\partial I} = \frac{\partial Z_E}{\partial I} = \frac{1}{1-c_Z} \tag{4.9}$$

と表される．ただし，c_Z は可処分所得からの限界消費性向で，仮定によって 1 よりも小さい正の値だから，投資の増加は何倍も大きい生産効果，ひいてはそれにともなう雇用効果をもたらす．これはよく知られた投資乗数の理論と本質的に同じ結論であって，特に新しい知見を含むものではない．契約賃金 w^c の引き上げの効果は必ずしも明確でないが，通常想定されるように消費を増やすように働くとすれば，均衡所得の増加をもたらすと言えるであろう．

政府支出の効果はどうであろうか．とりあえず，政府は民間財への支出を増やすが，それを何の役にも立てず単に浪費するとしよう．これはケインズの「穴掘り事業」の寓話で用いられた想定である．均衡予算のもとで，T の増加が均衡生産量 Y_E に及ぼす効果は

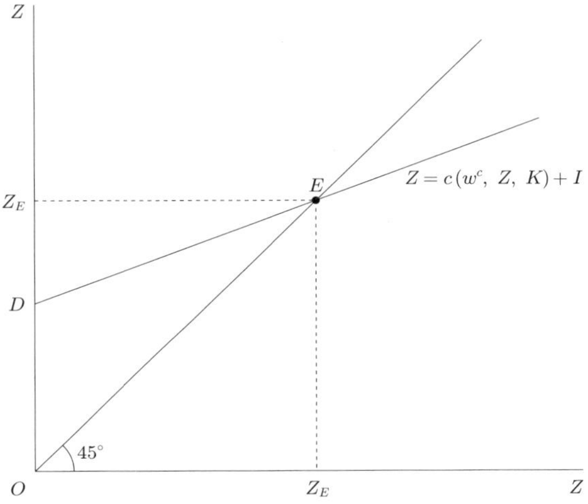

図 4. 4　均衡可処分所得の決定

$$\frac{\partial Y_E}{\partial T} = \alpha \tag{4. 10}$$

念のため，均衡予算の仮定(4. 4)式から政府支出の乗数効果は 1，すなわち

$$\frac{\partial Y}{\partial G} = 1 \tag{4. 11}$$

となっていることに注意しよう．いうまでもないが，均衡可処分所得への効果は

$$\frac{\partial Z_E}{\partial G}\left(= \frac{\partial Z_E}{\partial T}\right) = 0 \tag{4. 12}$$

と表される．

命題 4. 1　（均衡予算乗数）

民間へのトランスファーが税収の一定率 $1-\alpha$ に定められるとき，失業が存在するものとすると政府税収 1 単位の増加は民間財の均衡生産量を α 単位だけ増加させる．つまり，政府税収の乗数は α，政府支出の乗数は 1 となる．このとき，均衡可処分所得は税収（支出）の規模にかかわらず一定で変化しない．

マクロ経済学の教科書では「均衡予算乗数は1である」としている．ここでは，政府の総予算にトランスファー支出の占める割合が $1-\alpha$ ならば，増税による所得増加の乗数は1よりも小さくなるとしている．もちろん，トランスファーがゼロのとき($\alpha=1$ のとき)には通常の均衡予算乗数が成立する．現在の定式化では，トランスファーの割合がゼロから大きくなるほど乗数が小さくなり所得増加の効果が小さくなる．ついでながら，可処分所得も α の増加とともに減少することに注意しよう．これらの結論はトランスファーの総需要効果がゼロとする暗黙の仮定によるものである[7]．現実には，トランスファー支出は社会保障関連のものが多く，高所得者から低所得者への所得再分配をもたらす．低所得者の支出性向が高所得者よりも高いとすれば，政府のトランスファー支出は乗数効果を高めるであろう．この点は最近日本でさかんに行われている税制と社会保障の一体改革をめぐる論争の重要な論点の一つである．

ここでもう一点注意を要するのは，政府税収ないし支出の変化がいずれも国民可処分所得にまったく影響しないということである．言いかえれば，可処分所得 $Y_E-\alpha T$ は政府税収から独立に一定となる．これは，T の増加が Y_E/α の等しい増加をもたらすことによる．

増税による政府支出の拡大はその対象となる公共財の供給増加，したがって政府の労働雇用の増加をもたらすが，民間部門の雇用や所得には何の足しにも引きにもならない．それは公共財が民間財と違って市場を通じて需給が調整されるものでなく，政府によって与えられるものだからである．政府が税金を使って増やした雇用や所得はそのまま政府部門に滞留し，民間部門に流出することはない．いわば，カエサルのもの(彼が労働者に支払ったカネ)は増税を通じてカエサルに返されるのである．

他方，雇用労働者一人当たりの可処分所得は減少する．これは増税による財政拡大が，標準労働時間を短縮して総雇用を増やすと同時に各人の所得を減らすワークシェアリングと同様な効果をもつことを意味している．このとき，国民全体の可処分所得(したがって国民一人当たりの可処分所得)は一定に維持されるので，国民の経済厚生が減少するとはかぎらない．雇用の増加，ひいて

7) 消費者は同質的という単純化に由来する．

は雇用確率の上昇によって，国民一人当たりの期待所得が上昇するからである[8)]．いずれにしても，均衡予算下での増税は経済全体としてのワークシェアリングを実現する有効な手だてとなる．

命題 4. 2　(政府支出増加のワークシェアリング効果)

政府支出の増加は，それが民間財の調達に向けられる割合 α に比例する大きさで国民総生産の増加と総雇用の増加をもたらす．

ここで総雇用というのは民間部門と政府部門をあわせた雇用の合計という意味である．これは政府支出に労働サービス(それ自体は民間財)への支出を加えていることによるものである．トランスファーの割合 $1-\alpha$ が大きければ，したがって政府が民間財の調達に向ける割合が小さければ，可処分所得が減少しワークシェアリングの程度も低くなる．当然のことであるが，所得分配の変化を通じて有効需要の純増につながらない単純なトランスファーは何らの景気浮揚効果ももたない．そのようなトランスファーは国民経済全体としてはワークシェアリング効果を減殺するのみで望ましいものではない．すでに繰り返し指摘したように，現実には景気の観点から望ましいと考えられるトランスファーもありうる．トランスファーが限界消費性向の低い所得階層からそれが高い階層への所得移転を狙いとするものであれば，有効需要の純増をもたらす可能性がある．日本経済が長期不況に苦しんでいた 1980 年代から 2000 年代にかけて，そのような根拠から高所得の高齢者層から低所得の若年者層へのトランスファーが一部の論者によって強く推奨された．

4. 4　混合体制の 2 財マクロモデル

ここで，政府の民間財への支出が「何でもあり」，つまりまったく役に立たず浪費されるだけでもよい効果をもつとする解釈を修正することにしよう．多

8)　もう一つの解釈は国民総所得が増加すれば，国民が全体として所得を共同利用することにより失業保険など，政府による公助，失業者を支える近親者・友人などの共助の余地が拡大すると考えられることである．

くのケインジアンはこのような戦略的な虚構のもとで赤字財政拡大の意義を誇張してきた．それ自体はたとえ浪費的な支出増加であっても数倍の国民総所得の増加をもたらすことで十分に正当化されるというのである．しかし，政府が財政赤字の累増に苦慮する現代では，このような虚構は有用どころか有害でさえある．冒頭にも述べたように，ケインズ均衡では民間財と公共財が明確に区別されず，政府支出の中で公共財という重要な生産物の存在が度外視されてきた．この思い込みを捨てて，民間部門と政府部門が混在する混合体制の最も簡単なマクロモデルを考えてみよう．

公共財とフィスカル・ポリシー

前節と同様に，政府部門は民間から定額の税金を徴収して民間財を買いあげるが，それをトランスファーにあてるだけでなく，公共投資と公共サービスを供給するためにも用いる．公共投資は道路，港湾，公園，堤防，軍備などの公共資本ストック(社会的共通資本)への投資，公共サービスは公共資本ストックを利用して提供されるサービスのフローである．どちらも政府から民間へ一括供給され，市場取引の対象とならないという点では共通するものがある．ここでは公共財を狭くとらえてフローの公共サービスを指すものとし，公共投資や公共資本ストックとは区別する．つまり，ここでいう公共財とは，道路，港湾，公園，堤防，軍備などの公共資本ストック(Uzawa (1974)の社会的共通資本 social common capital)を適切に利用，維持，管理することによって国民がその恩恵を享受できるようにするサービスを意味する．公共投資，公共資本ストックの経済的意義については次節でさらに敷衍する．

国民総生産 Y は，民間財と公共財の生産量の集計値として定義される．簡単化のために，政府支出の対象となる民間財は公共財の生産に用いられる労働サービスであるものとする．民間財の総生産量を Y，民間で使われる民間財の数量を X，政府が購入する民間財の数量を G とすると，民間財の需給均衡式は

$$Y = X+G = c(w, Z)+I+G \tag{4.13}$$

となる．ここで民間財 1 単位が労働量 1 単位で，公共財 1 単位が労働量 a 単位で生産されるとする(ただし，a は正の定数)．このとき，経済全体で必要な

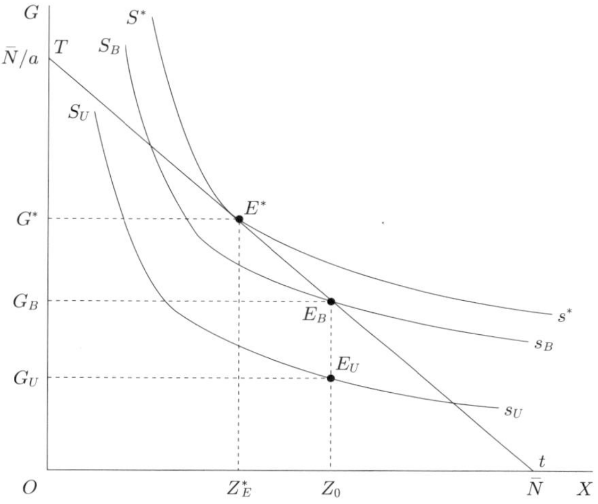

図 4. 5　完全雇用点を過ぎて公共財の供給を減らすべきケース

労働量 N は民間と政府が雇用する労働量の合計に等しく

$$N = X + aG \tag{4.14}$$

と表される．上記の分析から，消費関数，民間投資，政府税収，トランスファー配分率などが与えられると，民間財の均衡需要量 X_E，均衡供給量 Y_E，民間可処分所得 Z_E が決まる．均衡で失業が存在するとき，均衡雇用量 N_E は

$$N_E = X_E + aG < \bar{N} \tag{4.15}$$

と書くことができる．**図 4. 5** は，G, X をそれぞれ縦軸，横軸にとり，政府が公共財の供給を決定する役割を担う混合体制の均衡を不完全雇用の局面と完全雇用の局面に分けて示したものである．右下がりで $-1/a$ の勾配をもつ Tt は，(4. 13)式の関係を満たし，完全雇用を達成する G, X の組み合わせを表す生産フロンティアである．点 E_U は，政府の財政支出が G_U の水準にあり，デフレギャップと失業が存在する局面でのケインズ的な不完全雇用均衡を例示している．そこでは有効需要の不足によって失業が発生している．均衡予算下の増税の効果を考えよう．増税にともなう政府支出の拡大は公共財生産の増加を通じて国民総所得と総雇用を増やす．このとき，政府支出が臨界値 G_B を超えなければ失業は存続し，国民可処分所得は当初の水準 Z_0 に維持され，し

たがって雇用労働者一人当たり可処分所得は減少する．ここでも政府支出の拡大はワークシェアリングと同様の効果をもつといえる．線分 $E_U E_B$ は不完全雇用均衡がたどる拡張経路を示す．

増税による政府支出の拡大が国民の経済厚生に及ぼす影響について何が言えるであろうか．総所得と総雇用が増えれば，希少資源(労働)の浪費(失業)が軽減され，同時に公共財の生産量が増える．まず，国民可処分所得が一定に維持される場合でも，潜在的労働者の期待効用は雇用確率の上昇によって高められる可能性がある．加えて，有用な公共財の生産増加は国民の効用を高めるであろう．公共財の生産量がすでに過大な水準に達しているような場合でも，増税が経済厚生の増加に資すると言えるであろうか．この点を明確に分析するために，国民の経済厚生 W は民間財，公共財の総利用量に依存するものとして，次のような社会的効用関数の形で表されると仮定しよう．

$$W = f(Z, G), \quad f_Z > 0, \quad f_G > 0 \tag{4. 16}$$

f_Z, f_G はそれぞれ民間財消費，公共財利用の限界効用を表し，どちらも正の値をとると仮定する．**図 4. 5** で，右下がりの曲線 $S_U s_U, S_B s_B$ はそれぞれ不完全雇用均衡 E_U，境界均衡 E_B を通る社会的効用関数の射影，すなわち社会的無差別曲線である[9]．失業が存在する局面では，増税による政府支出の拡大は G を増やすが Z を一定に保つので，拡張経路 $E_U E_B$ に沿って均衡を移動させ経済厚生を高めていく．

命題 4. 3 （不完全雇用均衡下の拡張経路の性質）

経済が不完全雇用の局面にあるとき，増税による財政拡大は公共部門の生産と雇用の増加をもたらすが，可処分所得と民間部門の雇用には影響しない．財政拡大とともに，混合体制の均衡は完全雇用に向かう拡張経路 $E_U E_B$ に沿って移動し，その過程で経済厚生は高まっていく．

失業が存在する場合，赤字国債発行による政府支出の拡大はその乗数倍の国

9) 議会制民主主義のもとでは，公共財の最適供給は，事実上議会での討論と投票によって決められる．社会的無差別曲線はそのような議会の行動を単純化して，公共財の供給が社会的選好と整合的に行われることを仮定するものである．

民所得の増加をもたらすが，増税によるそれは高々等倍の所得増加をもたらすにすぎないとするケインズ派の主張は将来に先送りされる税負担を考慮すれば妥当なものとは言えない．政府支出に関する現在の税負担を重視する一方，国債発行にともなう将来の税負担を度外視する担税錯覚に陥っている．この主張の問題点はそれだけではない．政府支出の所得効果のみに注目して，厚生効果をゼロとする偏見にとらわれている．実際には，不完全雇用のもとでの増税は所得と雇用の増加を機会費用ゼロで実現し，何がしかのプラスの厚生効果をもたらすのである．

民需補完的な財政支出

フィスカル・ポリシーの手段としてこれまで注目してきたのは，公共財(サービス)の提供であった．具体的には，道路，港湾，公園など既存の公共資本ストックを活用するのに必要な行政サービスや原燃料などの資材である．簡単化のために捨象してきたが，公共財の中には民間の消費や投資と補完的に作用し，民需の引き上げに貢献するものがある．たとえば，政府による介護・保育サービスの提供は余暇時間の利用効率を改善することを通じて家事労働を軽減し，間接的に家計の消費性向を高める．また，道路，港湾の整備はビジネスチャンスを拡大し，企業の投資を増やすように働く．このような場合には，家計の消費は賃金 w^a，国民所得 Y，資本ストック K だけでなく，政府支出 $G(=\alpha T)$ にも依存する関数

$$C = c(w^a, Y, \alpha T, K) \tag{4. 17}$$

として書き直され，投資も定数ではなく同じく政府支出に依存する関数

$$I = i(\alpha T) \tag{4. 18}$$

となる．このとき，不完全雇用下の民間財の需給均衡式(4. 8)は次のように修正される．

$$Y-\alpha T = c(w, Y-\alpha T, \alpha T)+i(\alpha T) \tag{4. 19}$$

したがって，財政(税収)拡大の国民所得への効果，すなわち均衡財政乗数は

$$\frac{\partial Y_E}{\partial T} = \alpha\left(1+\frac{c_G+i_G}{1-c_Z}\right) \tag{4. 20}$$

と α より大きくなり，可処分所得への効果は

$$\frac{\partial Z_E}{\partial T} = \alpha\left(\frac{c_G + i_G}{1 - c_Z}\right) \tag{4.21}$$

とプラスの値になる．ここで c_G, i_G は政府支出に関する消費関数，投資関数の微係数でいずれも正の値をとると仮定している．

命題 4.4 （民需補完的な政府支出）

政府税収の増加が消費性向ないし投資性向を高める効果をもつならば，均衡予算乗数は α よりも大きくなり，それにともなって政府支出が均衡可処分所得に及ぼす効果もプラスとなる[10]．

そもそも有効需要が落ち込んで景気が低迷し失業が蔓延するのは，人々が消費や投資に対する意欲を感じなくなることにあり，さらにさかのぼればそのような，自然環境を含む民需補完的な公共財が不足しているためと言えるかもしれない．

4.5　完全雇用下の資源配分

完全雇用が達成されても混合体制の資源配分の課題が残されている．不完全雇用のもとでは公共財の生産は失業のプールから補給される労働を用いて機会費用なしに実現できたが，ひとたび完全雇用が達成されると，それは民間財の生産を犠牲にするという意味での機会費用をともない，部門間の労働移動を必要とする．**図 4.5** の E_B を通る無差別曲線 $S_B s_B$ は生産フロンティア Tt を左上から右下に切る形で交わっている．公共財の利用がまだ過小であり，その増加によって社会的効用はさらに向上する余地があるということである．社会的に最適な均衡は無差別曲線 $S^* s^*$ が Tt と接する点 E^* で示される．したがって，政府支出をさらに拡大することが望ましい．しかし，完全雇用のもとでは

10）　ここでは，公共財の増加が民間需要の増加をもたらす効果のみに注目したが，労働効率の上昇を通じて労働（民間財）供給の増加をもたらす可能性もある．本章のモデルではこのような供給側の革新は不完全雇用下の短期的な調整経路には影響しない．根岸（1980）は本章とは異なるモデルで公共財の供給増加が不完全雇用下の国民所得に正，または負の効果を及ぼす可能性があると論じている．公共投資（公共資本ストックの増加）がもたらす長期的な効果については本章第 5 節で論じる．

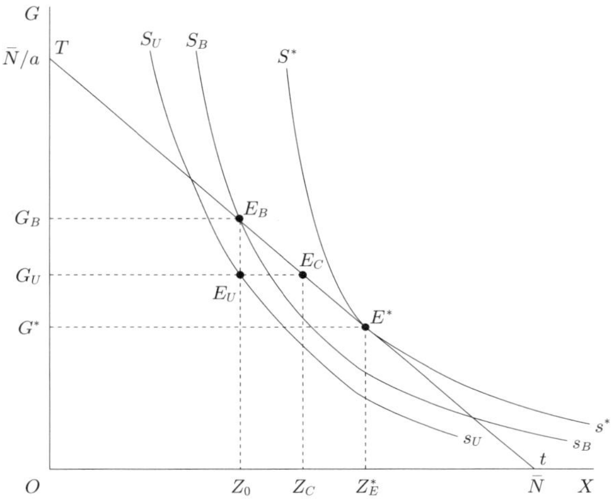

図 4. 6　完全雇用点を実現しても公共財の供給を減らすべきケース

公共財の生産を増やすためには民間財の生産を減らす必要がある．政府支出の増加とともに労働が民間財部門から公共財部門に移動していけば均衡点は Tt に沿って E_B から E^* に向かって動き，その間に民間財の生産は公共財の生産によって置き換えられていく．

図 4. 5 から読み取れるように，完全雇用均衡の拡張経路 E_BE^* を通じて公共財の生産は増加するが民間財の生産は減少し，経済厚生は増大し続ける．部門間の自発的な労働移動を進めるためには公共部門の賃金は民間部門よりも高めに設定される必要がある．完全雇用を維持するための政府の支出政策と併せて，適切な所得(賃金)政策，すなわち公共財部門への雇用補助金と民間財部門への雇用税といった課税・補助金政策の実施が求められるかもしれない．

図 4. 6 は社会的に最適な均衡点の公共財生産が不完全雇用の均衡水準にくらべて過大なケースを描いている．不完全雇用の局面では政府支出の増加が民間財の生産を一定に保ちながら公共財の生産と雇用の増加をもたらすことは同じであるが，完全雇用が達成されるとそれから先は公共財の生産を減らして民間財の生産に置き換えることが必要になる．完全雇用均衡の拡張経路 E_BE^* を通じて公共財の生産を減らす財政政策と公共部門の賃金を民間部門よりも低

目に維持し，部門間労働移動を容易にする賃金政策が求められるであろう．

命題 4.5 （完全雇用均衡の拡張経路）

政府支出の完全雇用水準 G_B が社会的最適水準 G^* と異なる場合には，生産フロンティア上の拡張経路 E_BE^* に沿ってさらなる調整が必要になる．$G^*>G_B$ の場合，政府支出と公共財生産をさらに増やすことが望ましく，逆に $G^*<G_B$ の場合には，逆に政府支出と公共財生産を減らすことが望ましい．完全雇用均衡の拡張経路を通じて経済厚生は単調に高まる．

民間と公共財の2財モデルで，フィスカル・ポリシーがマクロ経済に及ぼす効果を民間の独立投資の効果と比較してみよう．民間財のみが存在するモデルと同様に，失業がある場合の独立投資の効果は(4.9)式で示され，「1−限界消費性向の逆数」となるから，当然これまで考察してきた均衡予算乗数よりも大きい．自己採算による民間独立投資の増加は政府支出の増加を超える強力な景気浮揚効果を生み出すと言える．民間発の独立投資が十分大きくなれば経済は生産フロンティアに到達し，完全雇用が実現するであろう．**図 4.5** では完全雇用点 E_B に到達してから，民間財の生産を減らして公共財の生産を増やす調整がさらに必要になる．**図 4.6** では，逆に E_C では公共財の生産が過大であり，民間財の生産を減らす調整を行うことが望ましい．

4.6 新古典派総合と新ケインズ派総合

政府の適切な財政政策によって完全雇用が実現すれば，民間財の資源配分は市場メカニズムを通じてパレート最適となるように達成されるであろう．公共財が存在しない最も簡単なモデルでは，民間財が多数存在する場合でも，完全雇用，完全競争などの条件のもとで一般均衡がパレート最適になるとする「厚生経済学の基本定理」があまりにも有名である．ケインズ革命が浸透したと思われる1950年代はじめ，Samuelson (1955) は政府のマクロ政策によって完全雇用が保証されれば，残余の資源の効率的な配分は「古典派」の学者たちが教えたようなミクロ的な市場の力で達成されるというアイデアを構想した．

この考えは，当時ケインズ派と古典派をつなぐ「新古典派総合」(neoclassical synthesis)として一世を風靡した[11]．現在の民間財と公共財の 2 財モデルに照らして，この構想はどのように解釈できるであろうか．

経済が不完全雇用の状態に陥っていること自体が資源(労働)の浪費であり，この事態を克服するためにはとりあえず財政支出の拡大，すなわち公共財の生産に必要な民間財(労働)の調達が必要である．ここでいう公共財とは何らかの公共的な利益に資するものである．たとえば，大震災からの復興，今後起こりうる災害の防止に必要な住宅の建設，道路の整備，瓦礫・ごみの処理・除去，教育・医療・介護などのサービスなどが思い浮かぶ．一般にはありとあらゆる公共性のある財・サービスで，政府が購入し国民に一括して提供するものを指している．厳密には，政府は労働を市場で調達し，適当な公共財に仕上げて国民に一括提供すると解釈できる．その費用をすべて増税によってまかなうとしても，このオペレーションは失業を削減し雇用を増やすという意味で，少なくとも国民全体としてのワークシェアリングあるいはインカムシェアリングに等しい効果をもち，提供される公共財の有用性に応じて国民の経済厚生をさらに高めると言える．公共財の範囲を広くとれば，有用な政府規制の策定と実施，不要な規制の緩和と撤廃，消防，安全，国防など，市場外で提供される有意義な政府・民間の非営利事業が含まれる．これは新古典派総合とも言えなくはないが，政府が不況の克服のために必要な公共財の確保に責任をもつことを求められるという意味でむしろ新ケインズ派(あるいは混合体制派)総合と呼ぶべきであろう．

命題 4.6 （新ケインズ派総合）

資源賦存，生産技術，消費選好などが一定の静態で純投資・貯蓄がともにゼロ，利子率も自然水準で一定となる定常状態を想定し，民間財市場での完全競争，外部経済の不在など，公共財が存在しない場合に厚生経済学の基本定理が厳密に成立するすべての条件がみたされるものと仮定しよう．**図 4.5，4.6** に

11）簡単化のために通常の外部経済は存在しないものとしてきたが，その代わりに政府が適切な課税・補助金政策によって外部経済の内部化を実現するものとしてこの命題をさらに拡張することは容易であろう．大山(1979)参照．

示したように，政府の財政政策の適切な運用によって完全雇用が実現され，公共財の最適供給が確保されるならば，すべての資源の効率的な利用，すなわち新古典派総合を超える新ケインズ派(あるいは混合体制派)総合が達成される．

4.7　投資その他の革新による需要創出と成長促進(成長戦略)

政府支出の中には公共投資と呼ばれるものがある．これは道路，港湾など公共資本ストックの建設や改善に投入される支出であり，将来の生産性，生活環境の改善に役立つ．公共投資とならんで，民間投資も機械，工場などの民間資本ストックの増加を通じて有効需要や生産性の向上に資すると考えられる．公共投資も民間投資も短期的に有効需要の増加をもたらすだけでなく長期的に国民経済の成長を促進する効果をもつ．こうした政府と民間の投資行動を考慮して現在のモデルを見直す必要があろう．政府支出 G を政府消費 G_C と公共投資 G_I に分け，前者は行政サービスを生み出すが，後者は公共資本ストック K_G の拡大を通じて公共財生産の能率を高めるとしよう．同様に，民間投資 I は民間資本ストック K の拡大を通じて民間財の生産性を高めるであろう．公共投資，民間投資のどちらも単に機械，建物などのハードウエアの革新だけでなく，システムや組織の革新に向けての人材の投入も含まれる．これらの関係を踏まえると，経済全体の雇用制約式(4.14)は

$$N(K, K_G) = X + a(K_G)G \qquad (4.14')$$

と改められる．ここでは a は K_G の減少関数と仮定する．公共投資の積み増しによる公共資本ストックの増加は公共財生産の効率を上げる(a を下げる)と考えられるからである．また，$N(K, K_G)$ は効率単位で測った労働が民間資本ストック K と公共資本ストック K_G の増加関数であることを示している．各部門の資本ストックの拡大はさまざまな体化された物的・知的革新を通じて労働生産性の上昇をもたらす．

図 4.7 はこのような性質をもつ公共投資ないし民間投資が生産フロンティアに及ぼす効果を図解している．現在の生産フロンティアは直線 Tt によって示される．一定の公共投資が行われ，それが道路，港湾，環境，教育など，民

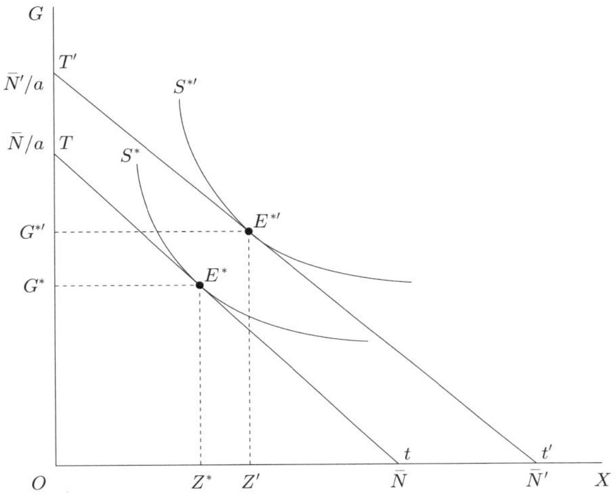

図 4. 7　民間財の生産性上昇

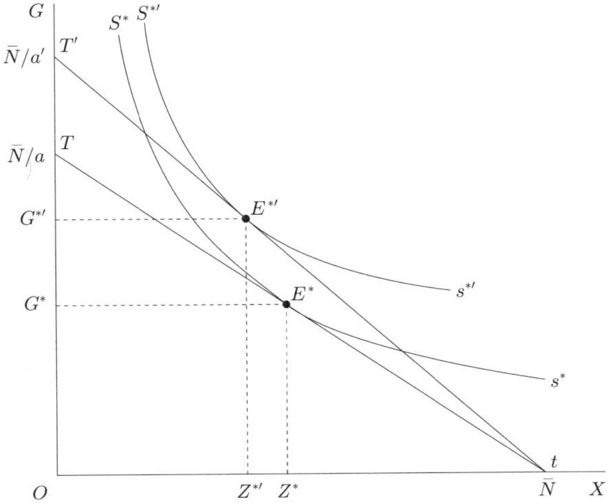

図 4. 8　公共部門の革新

間部門の生産性に好影響を与える将来の公共資本ストックを増加させるならば，効率単位で測った総労働量が増加し，(予想される)将来の生産フロンティアはたとえば $T't'$ の位置まで平行に上方シフトするであろう．この間に社会的無差別曲線が変わらず，民間財も公共財も社会的消費において劣等財ではないとすれば，社会的無差別曲線と現在および将来の生産フロンティアとの接点 $E^*, E^{*\prime}$ によって示されるように，将来の民間財と公共財の最適生産量はともに増加するであろう．同様に，**図 4. 8** は公共投資が将来の公共資本ストックを高めることにより，生産フロンティアがどのように変化するかを示している．公共投資が適切に行われるならば公共財の生産性の上昇，すなわちその労働係数 a の減少をもたらす．このとき，効率単位で測った総労働量が変わらず，したがって最大限生産可能な民間財の数量が変わらないとすれば，生産フロンティアは現在の Tt から将来の $T't$ へと非対称的に上方シフトする．将来の公共財の民間財に対する相対コストは低下するので，社会的最適点は E^* から $E^{*\prime}$ へ変わる．その結果，将来の公共財の最適生産量は増加するが，民間財のそれは減少するかもしれない．

命題 4. 7　（成長戦略）

公共投資と民間投資はいずれも，短期的には有効需要の増加を通じて雇用と所得の増加をもたらし，長期的には公民の資本ストックの拡大を通じて経済成長の原動力になる[12)]．

公共投資も民間投資も既存の社会資本ストックを活用する民間財（消費）や公共財（行財政サービス）の支出増加以上に，長期的な国民経済厚生の維持向上に大きく寄与する可能性がある．しかし，現実には内外財政の窮状が物語るように，公共投資はその配分の方向と内容を誤ると膨大な資源の浪費，財政の破綻，成長の停滞をもたらすおそれもある．不要不急な公共投資は過剰な公共資本ストックを積み上げ，場合によっては国民生活の改善どころか自然環境や教育環境の劣化を招き，効率単位で測った総労働量の減少，生産フロンティアの縮小を引き起こすかもしれない．

12）アベノミクスの第 3 の矢とされる成長戦略は，有用な公共投資と並んで規制改革による民間投資環境の改善を主柱とするものである．橋本（2014）はその効果を長期景気循環との関連で論じている．

4.8　要約と結論

以上，ケインズに始まる大不況の経済理論について公共財を考慮して修正・拡充する試みを示した．大きな需給ギャップが存続し，失業率が高止まりし，利子率がゼロ水準まで低下し金融政策の有効性が疑問視される状況をモデル化するため，貨幣の存在を捨象する実物モデルを考え，財政政策に焦点を絞った．伝統的な財政理論では，財政政策の本来の目的は市場で十分に供給できない公共的な財・サービスを提供することとされてきたが，大不況のもとでは需給ギャップを解消し，失業を軽減するフィスカル・ポリシーが重視されるようになった．他方，フィスカル・ポリシーに理論的根拠を与えたケインズ理論はそのための手段として公共事業を考えながら，公共財の概念を曖昧なままにしてきた．本章では，公共財の概念を明確に規定することで伝統的な財政理論とケインズ理論の総合をはかり，あわせてフィスカル・ポリシーの厚生的意義に新しい光をあてた．以下では，その概要を簡単に要約する．

(1) 基本的な設定として，市場内発的な投資も革新も行われず，利子率がゼロ水準まで下がった「長期定常状態」(シュンペーターの「静態」)において有効需要の不足から失業が発生し，存続する可能性があることを簡単なマクロ経済モデルの「不完全雇用均衡」として示した．この均衡は物価や利子率などの価格的要因の調整によってではなく，国民所得の調整によって実現される．このような失業を含む均衡は，政府が公共事業や公共投資を行うことによってのみ打開される．逆に，このような設定に立つことによってのみ，政府の市場介入を合理化することができる．

(2) リカード＝バローの中立性定理と財政規律原則にかんがみ，政府は厳密な均衡予算制約のもとで行動するものとする．この制約条件のもとでも，公共財(サービス)を提供することにより，国民可処分所得を一定に保ちながら政府部門の雇用(民間財)拡大を通じて総雇用を増やすことができる．これを政府支出のワークシェアリング効果と呼ぶ(命題 4. 1，4. 2)．

(3) 公共事業が十分大規模に行われれば，理論的には完全雇用の達成に至るであろう．そのプロセスが時間を通じて徐々に進行するとすれば，そのあいだ政府は公共財(サービス)の供給という形で労働の雇用(民間財の生産)を増やし続けなければならない．公共財が有用なものであれば，国民の経済厚生はワークシェアリングと公共財提供の効果によって必ず増加すると言える．「穴掘り人夫」の寓話のように，この意味での「公共財」が無用の長物であるような場合には，それによって実現される雇用の増加，ひいては完全雇用の達成はワークシェアリングの目的のためには良いとしても，資源の有効利用を実現するものとは言えない(命題 4. 3).

(4) 公共財の供給はそれ自体として経済厚生を高める効果をもつことが望ましいが，それに加えて民間部門の消費性向や投資性向を高める可能性があり，しばしばそのような副次的効果を発揮するように仕組まれる．その場合には，政府税収の増加は公共財だけでなく，その生産に用いられる民間財の生産増加を通じて国民可処分所得の増加をもたらす．したがって，均衡予算乗数下でも，政府支出乗数は 1 よりも大きくなるであろう(命題 4. 4).

(5) 政府支出の拡大が経済厚生の増進という目的に資するためには，まず政府支出の対象となる公共財が有用なものでなければならない．しかし，いくら有用なものであっても，公共財が民間財の機会費用をともなわずに供給できるのは非自発的な失業が存在する場合だけである．ひとたび完全雇用が達成されると，公共財と民間財との間にはトレードオフが生じ，公共財のさらなる供給の増加は必ずしも国民の経済厚生を高めるとは言えなくなる．その最適な供給は，何らかの厚生基準と民間財の機会費用を考慮して決められなければならない．当初に不完全雇用均衡から出発するとして，政府支出による公共財の増加ははじめのうち民間財を減らさずに公共財を増やすという意味で経済厚生を高めるが，必ずしも直線的に社会的最適に導くとは限らない．場合によっては，完全雇用点から公共財の支出を減らすことが必要になるかもしれない．ここでは，社会的無差別曲線が存在し生産フロンティアとの接点で厚生の最大化がはかられるものとして，この点を例解した(命題 4. 5).

(6) かつて Samuelson (1955)は政府支出の調整を通じてひとたび完全雇用が達成されるならば，あとは民間経済のはたらきを通じてパレート最適が実現するとして，いわゆる「新古典派総合」の構想を提唱した．政府の役割は完全雇用の実現までで終わるという考えであるが，公共財の供給を明示的に視野に入れれば，完全雇用に加えて，公共財の最適供給も政府のなすべき仕事に加えられなければならないことは明白である．政府の役割をより広く認める「新ケインズ派総合」(あるいは混合体制派総合)が必要とされる(命題 4. 6)．

(7) 以上の分析は生産技術，要素賦存が与えられ，したがって生産フロンティアが与えられている「短期」に限定されている．政府の公共投資や民間の私的投資は有効需要の増加，失業の減少を通じて与えられた生産フロンティアの制約のもとで短期の失業の救済と経済厚生の増加に寄与するだけでなく，技術革新，資本蓄積を通じて将来の生産フロンティアを拡大するという長期の「成長」効果をもつ(命題 4. 7)．政府による公共投資と企業参入を促す規制改革は，アベノミクスでうたわれるように，政策論的観点から「成長戦略」と呼ぶのがふさわしい．

[参考文献]

浅子和美(2000)『マクロ安定化政策と日本経済』岩波書店．

大山道広(1979)「混合経済の理論的枠組」『経済研究』30(4)，300-310．

大山道広(1990)「労経交渉とマクロ経済」『三田学会雑誌』82(特Ⅰ)，24-39．

大山道広(2004)「ケインズ理論と日本経済」『三田学会雑誌』97(3)，19-34．

大山道広(2010)「貨幣・所得・分配のマクロ経済理論Ⅱ——ケインズ的均衡と流動性の罠」『三田学会雑誌』102(4)，85-108．

根岸隆(1980)『ケインズ経済学のミクロ理論』日本経済新聞社．

橋本脩一(2014)『起業者精神と長期景気循環——「平成の坂の上の雲」は始まっている』日本経済新聞出版社．

深尾京司(2012)『「失われた 20 年」と日本経済——構造的原因と再生への原動力の解明』日本経済新聞出版社．

Barro, Robert J. (1974), “Are Government Bonds Net Wealth?” *Journal of Political Economy*, 82(6), 1095-1117.

Barro, Robert J. (1979), “On the Determination of the Public Debt,” *Journal of Political Economy*, 87(5), 940-971.

Hicks, John Richard (1937), “Mr. Keynes and the Classics: A Suggested Interpretation,” *Econometrica*, 5(2), 147-159.

Keynes, John Maynard (1936), *The General Theory of Employment, Interest and Money*, London: Macmillan.（間宮陽介訳『雇用，利子および貨幣の一般理論』全 2 冊，岩波文庫，2008 年）

Krugman, Paul R. (1998), "It's Baaack: Japan's Slump and the Return of the Liquidity Trap," *Brookings Papers on Economic Activity*, 2, 137–187.

McCulloch, John R. (1888), *The Works of David Ricardo. With a Notice of the Life and Writings of the Author*, London: John Murray.

McDonald, Ian M. and Robert M. Solow (1981), "Wage Bargaining and Employment," *American Economic Review*, 71(5), 896–908.

Ohyama, Michihiro (1987), "Unemployment and Inflation: Natural Wage Rate Hypothesis," *Keio Economic Studies*, 24, 11–26.

Ohyama, Michihiro (2004), "Effective Demand and National Income," *Keio Economic Studies*, 41(2), 1–23.

Ohyama, Michihiro (2007), "The Mundell-Fleming Model Revisited: A Microeconomics," *Keio Economic Studies*, 45, 1–18.

Samuelson, Paul A. (1954), "The Pure Theory of Public Expenditure," *Review of Economics and Statistics*, 36, 387–389.

Samuelson, Paul A. (1955), *Economics,* 3rd ed., New York: McGraw-Hill.（都留重人訳『経済学(新版)』全 2 冊，岩波書店，1981 年）

Uzawa, Hirofumi (1974), "Sur la théorie économique du capital collectif social," *Cahiers du Séminaire d'Économétrie*, 15, 101–122.

第5章　貨幣・所得・分配のマクロ経済学

5.1　はじめに

2008年の秋以来，世界経済はきびしい不況の局面に入り，マクロ経済学の意義が再び問われている．現実に生じた生産の大きな落ち込みと雇用の激減をどう理解し，それにどう対応するのか．経済学はこれらの素朴であるが，基本的な疑問に改めて答える必要がある．この時代の要請に対して，マクロ経済学が蓄積してきた知見を棚卸しすることが求められている．

深刻な不況のモデルとして最もよく知られているのは，もちろん1930年代の大不況を背景に誕生したKeynes（1936）の『一般理論』から発展したケインズ・モデルである．そこでは，「供給が自らの需要を作り出す」というセイの法則が否定され，需要不足が供給を制約するという「有効需要の原理」が唱えられた．財市場では価格メカニズムではなく所得メカニズムによってどうにか需給均衡が弥縫されるが，労働市場では価格メカニズムも所得メカニズムも働かず不均衡が存続する．これに対して，1960年代からはじまる「反ケインズ革命」の流れの中で「価格メカニズム」が基本的には有効に働き，需給均衡が実現するとする均衡理論が再び台頭してきた．詳細は省くが，現実に生産や雇用の「良くない」変動が生じるのは，市場メカニズムに難点があるからではなく，政府の誤ったマクロ経済政策に問題があるからだというのがその主旨である．60年代末に現れたFriedman（1968）の「自然失業率仮説」を嚆矢として，70年代にはその過激な継承者たちによる「合理的期待革命」，80年代には「リアルビジネスサイクル」理論が台頭し，こうした主張を極端に推し進めた．他方，新ケインズ主義者たちは，均衡モデルを前提としながら独占的行動や外部経済によって過小な生産・雇用がもたらされるとして，政府による市場への介入を支持して巻き返しをはかった．その後，現実経済の推移に照らしてマクロ経済政策の有用性がある程度認められるようになったが，旧ケインズ派の不均衡理論と反ケインズ派の不均衡理論との対立は根深く，今なお解消されていない．最近の深刻な世界不況は，それぞれのモデルの立脚点を見直し，その再検討を迫るものである．本章はケインズ派の不均衡理論を当初から代表してきた IS-LM モデルを再構築することを目的としている．そう言っただけで，とっくにお蔵入りした前世紀の異物をなぜ掘り出すのかと訝しみ，直ちにページを閉じる向きもあるかもしれないが，ちょっと待って頂きたい．

このモデルは『一般理論』の刊行直後に Hicks (1937) によって創唱され，その後 70 年余りにわたって大多数のマクロ経済学の教科書で採用されてきた．しかし，反ケインズ革命が一世を風靡した 1970 年代から 80 年代には，その不均衡理論としての基本的スタンスと，ミクロ的基礎を明示しないスタイルによって経済理論の研究者の間では疎んじられ，特にシカゴ学派の影響力が強かったアメリカ中西部では大学院教育からほぼ完全に追放されるにいたった．日本の大学でも事情はさして変わらないが，学部では IS-LM モデルが教えられ大学院では無視されるという非対称性はおそらく欧米以上に顕著であり，現在も続いているようである．こうした経済学教育の分裂は経済学に対する誤解と不信を招く．しかし，1990 年代には「失われた 10 年」と呼ばれた日本経済の長期不振と東アジア通貨危機を経て不況の経済学がふたたび注目され始め，IS-LM モデルもいくばくかの側光を浴びるようになった．2008 年に始まる世界的な大不況はこのモデルが学問的鑑賞に耐えるかどうかだけでなく，はたして使いものになるかどうかを吟味する最後のチャンスになるであろう．IS-LM モデルのミクロ的基礎付け，すなわち消費者や生産者の最適化行動を考慮した再構築はすでに若干の論者によって試みられている．本章もその流れに棹さすものであるが，従来の研究に見られない新機軸はおよそ次の 2 点にまとめられる．

第一に，家計，企業，政府，(中央)銀行という 4 つの経済主体を想定する独特の 2 期間モデルである．これらの主体が活動する時間は当期(現在)と来期以降(将来)という 2 つの長さの異なる期間からなっている．この非対称的な期間構造は，時間の経過とともに繰り返し入れ替わることが予定されている．家計と企業は相互に密接に関係するが，実質的に異なる経済主体である．両者ともこの期間構造の範囲で最適化行動をとるものとしているが，それはもちろん無限期間にわたる最適計画行動と違って「時間整合的」ではない．このような設定を選んだのは，単純化するためだけではなく，人間の将来を見通す能力に限界がある以上自然な遠近法の一つだと思われるからである．

第二に，これらの経済主体の間で行われる経済取引はすべて貨幣によって決済される貨幣経済のモデルである．そのことから，たとえばある期間の企業の売り上げは期末には賃金・利子として家計の収入の源泉になるが，家計がそれを財や債券の購入に使えるようになるのは次の期の期初となる．これと裏腹に，家計は期初の労働契約に基づいて企業に対して労働サービスを提供するが，企業はその報酬を期末，あるいは次の期の期初に支払うことになる(「賃金あと払い」)．この「支払いラグ」の慣行は貨幣経済の期間分析にとって自然であるだけでなく，不可欠の仕組みでもある．これによって，貨幣は企業から家計へと，さらに家計から企業へと時間を通じて循環することがはっきりし，貨幣経済の運行に果たす役割が明確に示される．5.2で示すように，家計や企業の行動が実質利子率だけでなく，名目利子率によっても影響を受けることがわかる．これは貨幣経済と実物経済との違いを際だたせる特徴であるが，「支払いラグ」を明示しないマクロ経済学の教科書では等閑視されるか，曖昧にされている点である．

5.2　モデルの基本構造

現在(当期)と将来(来期以降)という非対称的な2期間モデルを前提として，家計，企業，政府，中央銀行の4主体の行動と相互の関係を説明する．家計と企業は当記の期初に労働契約を結び，国民生産物の生産，販売，消費を行う．家計は貯蓄を運用するために，企業は投資をまかなうために，債券の取引にも携わる．期末には企業は生産物の売り上げから家計に賃金，利子，配当を支払う．家計は前期の期末に得た賃金，利子，配当収入によって当期の財・債券を購入し，政府に税金を納める．政府は税金を公共の目的に役立つ財・サービスの調達に用いる．中央銀行は期初の債券市場に介入して公開市場操作を行う．これらの主体の間の取引はすべて貨幣によって決済される．次期以降にも同様な取引が繰り返され，貨幣は主体間を循環する．

政府はBarro (1974)の等価定理で想定されているように，均衡予算制約に

服するものとする．t 期の政府の支出，税収を G_t, T_t で表すと，政府の予算制約は

$$T_t = G_t \tag{5.1}$$

で示される．t 期の財・サービスの貨幣価格を p_t とすると，政府は期初に家計から p_tT_t の税収を受け取り，期末に p_tG_t の財・サービス支出を行う．中央銀行は貨幣政策を通じて家計が保有する貨幣残高に影響を及ぼす．単純化のために，すべての主体が同じ確定価格債券を保有し，貨幣価格(1 枚 1 円)と同じ利子率で取引するものとする．

家計の行動は代表的消費者の効用関数

$$u_t = C_t^{\gamma} F_t^{1-\gamma}, \quad 1 > \gamma > 0 \tag{5.2}$$

によって記述される．ただし，C_t, F_t はそれぞれ t 期の消費量，t+1 期以降の消費に備える実質購買力を表す．$\gamma/1-\gamma$ は消費者の時間選好率を示す．

t 期の期初に，企業は t−1 期の売り上げから賃金，利子，配当を家計に支払うものとする．t 期の期初に家計が保有する名目貨幣残高は，企業からの賃金，配当などの非利子収入，t−1 期の期末に受け取る利子収入，さらには中央銀行の貨幣政策によって新たに創造される貨幣の純増額 ΔM_t からなる．s 期の期末に家計が保有する債券額を $A_s(s{=}t, t{-}1)$ とすると，その貨幣に対する需要 L_t は

$$L_t = p_{t-1}H_{t-1} + i_{t-1}A_{t-1} + \Delta M_t \tag{5.3}$$

となる．ただし p_{t-1}, i_{t-1} はそれぞれ t−1 期の財・サービス価格，名目利子率，H_{t-1} は非利子収入，$i_{t-1}A_{t-1}$ は利子収入である．貨幣供給の純増加が中央銀行の公開市場操作によるものとすれば，家計の債券保有額がその分だけ減らなければならない．すなわち

$$\Delta M_t + \Delta B_t = 0 \tag{5.4}$$

となるはずである．t 期の期初に家計が保有する債券額 B_t は

$$B_t = A_{t-1} + \Delta B_t \tag{5.5}$$

と表される．(5.3), (5.4), (5.5)から

$$M_t = p_{t-1}H_{t-1} + (1+i_{t-1})A_{t-1} \tag{5.6}$$

を得る．ここで，各時点で資産(ストック)の取引は財・サービス(フロー)の取引にくらべて時間を要せず，瞬時的に行われるという認識に基づいて t−1

期に家計が保有する金融資産額 L_t+B_t は貨幣市場の「瞬時的均衡」(instantaneous equilibrium)で貨幣残高 M_t と均等化するものとし，

$$L_t+B_t = M_t \tag{5.7}$$

と仮定する．$t-1$ 期に M_t は先決されているので，公開市場操作によっては影響を受けない．

5.3　家計の行動

代表的家計の異時点間の効用最大化を基礎として，それがマクロ経済に対してもつ意味を解明することにしよう．(代表的消費者の概念とその厚生分析への応用については第 1 章を参照．)

代表的消費者は，期間 t に企業と政府から得た貨幣所得を使って消費 C_t を行い，税金 T_t を支払い，さらには将来の消費 F_t に備える．期間 t の予算制約は

$$p_t(C_t+T_t)+A_t-A_{t-1} = p_{t-1}H_{t-1}+i_{t-1}A_{t-1}+\Delta M_t+\Delta B_t \tag{5.8}$$

と表される．ここで，ΔM_t は期初に中央銀行が家計に新たに追加する貨幣供給，ΔB_t は家計から新たに入手する債券額である．他方，家計が $t+1$ 期以降に備えて留保する実質購買力 F_t は

$$F_t = H_t+J_{t+1}+\frac{A_t}{p_t} \tag{5.9}$$

と定義される．ただし，H_t は期間 t に契約され期間 $t+1$ に支払われる実質基礎所得(賃金・配当)，J_{t+1} は $t+1$ 以降に支払われる実質基礎所得の当期割引価値(有限値と仮定)である．

(5. 8)，(5. 9)から A_t を消去し，(5. 7)を考慮すると，

$$C_t+\frac{1}{1+i_t}F_t = \frac{M_t}{p_t}-T_t+\frac{1}{1+i_t}(H_t+J_{t+1}) \tag{5.10}$$

という関係を得る．ここで i_t は t 期の名目利子率で，左辺は t 期以降の消費の割引価値，右辺はその間に使える実質購買力の価値と解釈できる．上記のように，家計は予算制約(5. 10)のもとで C_t および F_t を決定する．効用最大化の第 1 次条件からその解は

$$C_t = \gamma\left[\frac{M_t}{p_t} - T_t + \frac{1}{1+i_t}(H_t + J_{t+1})\right], \tag{5. 11}$$

$$F_t = (1-\gamma)\left[(1+i_t)\left(\frac{M_t}{p_t} - T_t\right) + H_t + J_{t+1}\right] \tag{5. 12}$$

と導かれる.

この経済は有効需要の不足によって名目利子率がゼロにまで下がっても完全雇用が達成されず，Hicks (1937)が考えた「流動性の罠」の状態にあるとする[1]. 債券需要の実質価値 A_t/p_t は家計が t 期に保有したい「資本」と解釈できる. それは，企業が家計から借り入れた資金で蓄積してきた実物資本に対する請求権という意味をもつからである. (5. 9)と(5. 11)から，その値は

$$C_t = \gamma\left(Y_t - T_t + \frac{J_{t+1}}{1+i_t}\right), \tag{5. 13}$$

$$F_t = (1-\gamma)\left(Y_t - T_t + \frac{J_{t+1}}{1+i_t}\right)(1+i_t) \tag{5. 14}$$

と表される. 家計が正の「資本」を保有しようとするのは，将来に残しておきたい額が将来の計画支出額を上回る場合である.

簡単化のため，政府・中央銀行は所与の生産技術と資源賦存のもとでの定常状態を見通し，そこでの利子率 i_t をゼロに設定するものとしよう. その場合，(5. 10), (5. 11), (5. 12)はそれぞれ次のように修正される.

$$C_t = \gamma(Y_t - T_t + J_{t+1}), \tag{5. 15}$$

$$F_t = (1-\gamma)(Y_t - T_t + J_{t+1}), \tag{5. 16}$$

$$\frac{A_t}{p_t} = (1-\gamma)\left(\frac{M_t}{p_t} - T_t\right) - \gamma(H_t + J_{t+1}). \tag{5. 17}$$

ここでは，(5. 14)および(5. 15)によって示されるように，t 期および $t+1$ 期以降の消費は，当期の可処分所得 $Y_t - T_t$ および当期以降に見込まれる可処分所得の当期割引価値 J_{t+1} の線形関数となる.

これから，増税は一般に当期以降の消費を比例的に抑制する効果をもつことがわかる. 時間選好率が正で 1 より小さければ，限界消費性向も正で 1 よ

1) 本章と若干異なるモデルで流動性の罠を定式化した Ohyama (2004)も参照されたい.

りも小さいと言える．Keynes (1936)は消費関数のこのような性質を「基本的な心理法則」(fundamental psychological law)と呼び，後段で明確にするケインズ均衡の安定条件として重視した．利子率(名目および実質)の低下は異時点間限界代替率の低下を通じて J_{t+1} の減少をもたらし，消費の増加を引き起こす．この性質は後段で伝統的な金融政策のみならず，非伝統的なインフレ目標政策の効果を検証するために重要となる．

現在のモデルでは，企業は家計から借り入れることによって貨幣資本を獲得する．(5.16)で示されるように，家計が保有する「金融」資本が正となるための必要十分条件は，当期の金融資産残高が将来の消費にあてるべき資金の当期現在価値を上回ることである．これは資本主義体制の存続のための不可欠の条件である．金融資本は企業が保有する生産設備などの実物資本に対する請求権としての意味をもつ．(5.16)はこの意味での家計の資本保有が当期に家計が保有する金融資産の増加とともに増加し，将来の予想可処分所得の増加とともに減少することを示している．

5.4　*IS*-*LM* 均衡

本節では，財・サービスおよび金融資産の市場を対象とするマクロ経済の均衡を考える．財・サービスの市場については第4章で採用した実物モデルを基本的に踏襲する．ただし，簡単化のために公共財についてはその役割を最小化してその有用性を捨象することにする．ケインズ均衡の条件は，とりあえず

$$C_t+I_t+G_t=Y_t \tag{5.18}$$

とする．ただし，

$$C_t=\gamma\left(Y_t-T_t+\frac{J_{t+1}}{1+i_t}\right) \tag{5.19}$$

はすでに導入済みの消費関数を再出，I_t は民間投資(自生的とする)，G_t は政府支出である．(5.18)は国民生産物の有効需要がそれ自身の供給を決定するとするいわゆるケインズ法則を図式化したもので，貯蓄と投資の均衡を意味するところから，通常 *IS* 均衡と呼ばれる．

これまでのところ，貨幣に対する需要を取引動機だけで説明し，いわゆる投

機的動機は無視してきた．貨幣は t 期のはじめにその期の消費，投資，および政府支出を弁ずるために，そしてそのためにのみ用意されるものとしてきた．しかしここで，ケインズが『一般理論』で論じた投機的動機を明示的に導入する必要がある．それは名目利子率 i_t の減少関数 $L_2(i_t)$ として表示される[2)]．これによって，貨幣の需給均衡条件は

$$L_1(C_t+I_t+G_t)+L_2(i_t) = \frac{M_t}{p_t}, \quad L_2{}'(i_t) < 0 \tag{5. 20}$$

と表される．この関係は，通常 LM 均衡と呼ばれるものである．(5. 18)を(5. 20)に代入することにより

$$\frac{M_t}{p_t} = L_1(Y_t)+L_2(i_t) \tag{5. 21}$$

を得る．(5. 18)と(5. 20)はいわゆる IS-LM 均衡の方程式体系である．それは不完全雇用のもとでのマクロ経済均衡の条件として標準的な教科書で用いられているものの原型である．ミクロ的基礎がないとしてしばしば批判されるが，ここに示した IS-LM 体系は貨幣経済の取引構造と家計の最適化行動という「ミクロ的基礎」の上に立っていることを強調しておきたい．この体系の外生変数は γ, M_t, G_t および J_{t+1} である．これに対して，4 つの内生変数の候補，すなわち i_t, p_t, C_t および Y_t がある．古典派の体系では，労働市場で賃金が伸縮的に変化することを通じて完全雇用が達成され，国民所得は完全雇用水準に誘導される．この前提のもと，p_t, i_t は財・サービスの市場と貨幣市場の均衡水準に決定される．他方，典型的なケインズ体系では，労働市場は貨幣賃金の硬直性によって均衡せず，それに代わって国民所得が財・サービスの市場均衡を実現する役割を果たす．標準的なマクロ経済学の教科書にならって，貨幣供給 M_t は中央銀行によって決められ，利子率 i_t は貨幣市場の均衡水準に調整される．

以上のような短期ないし中・長期の分析にとどまらず，ここでは国民経済に賦存する資源，利用可能な技術，実物および金融資本が与えられたものとし

2) Tobin (1958)はこうしたケインズの投機的動機による貨幣需要の概念を不確実性のもとでの最適化行動に基づいて合理的に説明した．不確実性を捨象した現在のモデルではこの概念をケインズにならって貨幣需要関数の特性として仮定するにとどめる．

て，政府が完全予見をもって貨幣利子率 i_t をゼロ水準に設定し，長期定常状態の到来を遠望するものとする(4.1参照).

5.5　短期均衡と変化の法則

不完全雇用のもとでの IS-LM 均衡を考えよう．(5.18), (5.19)を組み合わせることにより

$$Y_t = T_t + \frac{1}{1-\gamma}\left(\frac{\gamma}{1+i_t}J_{t+1} + I_t\right), \tag{5.22}$$

$$\frac{M_t}{p_t} = L_1(Y_t) + L_2(i_t) \tag{5.23}$$

という方程式体系を導くことができる．$T_t, I_t, M_t/p_t$ を所与として，この連立方程式は国民所得 Y_t と利子率 i_t を説明するものと解釈できる．**図5.1** は，ヒックスのいわゆる「変化の法則」，すなわちケインズ均衡が経済の構造変化に対してどのように法則的に変化するかを絵解きしようとするものである．縦軸に利子率を，横軸に所得を測る座標上で，(5.22), (5.23)をみたす (i_t, Y_t) の軌跡をそれぞれ右下がりの IS, LM 曲線として描いている．両曲線の交点 E が IS-LM 均衡を表すことはいうまでもない．ここでは，最も簡単な練習問題として貨幣供給の増大が及ぼす効果について見よう．それは曲線 LM の LM' への右方移動，均衡点 E の E' への変異をもたらすであろう．

以上の結果として，利子率は i_{tE} から i'_{tE} に下落し，所得は Y_{tE} から Y'_{tE} に増加する．

命題5.1　**(貨幣供給の増加)**

不完全雇用，物価一定のもとにある IS-LM 均衡で，貨幣供給の増加は利子率(名目および実質)の下落と国民所得の増加をもたらす．

いうまでもなく，これは短期の部分均衡分析にすぎず，財・サービス市場の不均衡や失業を解明するものではない．まして，中・長期経済への動学的変化を予測するものでもない．この地点から先に行くには IS-LM 均衡を超えて

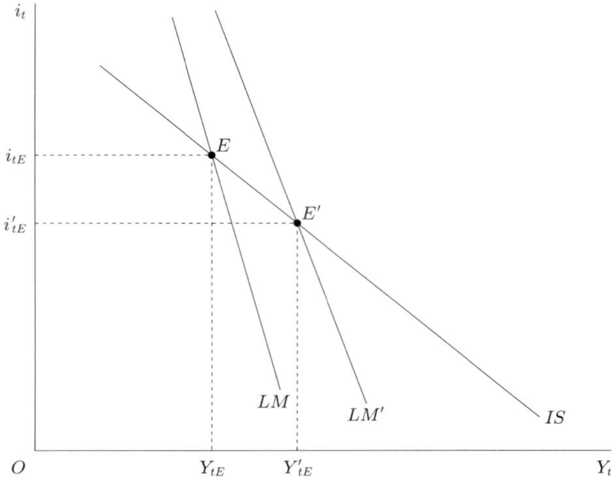

図 5.1　IS-LM 均衡と変化の法則

一般均衡モデルによる動学的分析に向かわなければならない.

5.6　中・長期の一般均衡

本節では，IS-LM 分析の結果を念頭に置きながら第 4 章で準備した財・サービスの需給均衡モデルへの道筋に沿って，貨幣を含むより一般的なモデルの研究に進む．1 単位の公共財が a 単位の財 1 (a 人の労働)を用いて生産されるものとしよう．このとき，雇用労働者の総数 N は

$$N = aG + X \tag{5.24}$$

で表される．ただし，X は民間財の生産量，G は公共財の生産量とする．**図 5.2** は，政府が財政政策の一環として公共財の生産に必要な民間財(労働量)を購入し貨幣供給を調整して雇用の改善をはかる均衡を描き出している．縦軸に政府の支出 G_t，横軸に民間部門の支出額 X_t (労働者の雇用量でもある)を測る．ケインズ流のマクロ均衡は

$$Y_{tE} = aG_t + X_{tE} \tag{5.25}$$

となる．ただし，X_{tE} は民間部門の民間財の需要量である．これを労働の需給面でとらえると

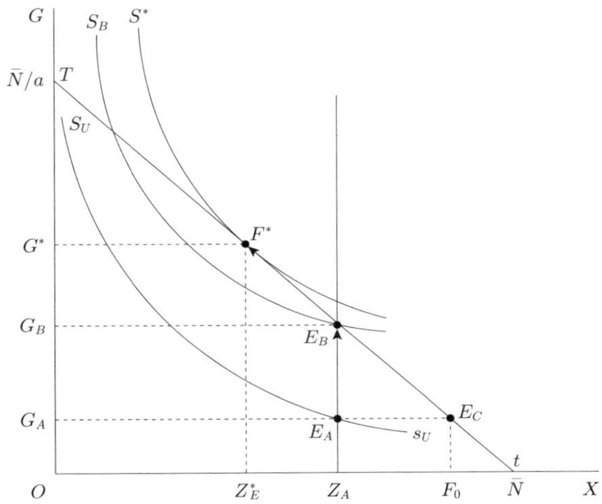

図 5. 2　伝統的金融政策からインフレ目標政策へ

$$N_{tE} = X_{tE} + aG_t \tag{5. 26}$$

とも書ける．したがって，

$$N_{tE} = X_{tE} + aG_t < \bar{N} \tag{5. 27}$$

のとき，これは失業を含む不完全雇用均衡を意味する．

図 5. 2 において，労働係数 a が一定という単純化の仮定のもとで，G と X との間の生産フロンティアは線形の変形曲線 Tt として与えられる．G と X との間の社会的選択は右下がりの無差別曲線群として示される．ここでは，公共財の生産に用いられる労働需要の限界効用が民間財の消費量を一定として逓減すると仮定している．

民間財に対する政府支出が G_A に固定され，それに対応して民間部門の民間財需要量が Z_A に決まるような社会的無差別曲線を $S_U s_U$ としよう．上記の分析で，貨幣供給の増加は $Z_A + aG_A$ から $Z_A + aG_B$ への国民所得の増加をもたらすことがわかった．このとき，社会的効用がどうなるかを知るためには，社会的厚生関数

$$W = u(G, X), \quad u_G, u_X > 0 \tag{5. 28}$$

を導入する必要がある．ただし，u_G, u_X はそれぞれ公共財と民間財の社会的限界効用を表す．これによって，貨幣供給の増加が均衡点を拡張経路 $E_A E_B$

に沿って移動させ，社会的厚生を高めることがはっきりする．

命題 5.2 （伝統的貨幣政策の効果）

不完全雇用のもとで，貨幣供給の増加は国民所得と民間雇用の増加をもたらし，したがって社会的厚生を明確に高める．

物価 p_t が所与，物価 p_{t+1} が静態的に予想されるような不完全雇用経済のもとでは，貨幣供給の増加は失業を緩和するための標準的な短・中期の政策手段であると言える．一般に，それは景気安定化政策として財政政策よりも迅速で融通が利く方策と考えられている[3]．しかし，中央銀行が名目利子率をゼロまで下げても，有効需要が極端に弱い場合には完全雇用は実現しないかもしれない．そのような状況下で政府はいったい何ができるであろうか．

次のステップとして政府・中央銀行ができることは Krugman (1998) が提唱したインフレ目標政策の採用である．これはインフレ予想を高めることを通じて実質利子率を引き下げ，需要を刺激しようとするものである．最近では，日本のアベノミクス「第 3 の矢」のように投資や消費を容易にするための規制緩和・優遇税制などの施策との合わせ技が推奨されることが多い．t 期の実質利子率 r_t は Fisher (1977) の裁定式

$$1+r_t = \frac{1+i_t}{1+\mu} \tag{5.29}$$

によって定義される．ただし，μ は $t+1$ 期以降の予想インフレ率で，簡単化のため一定値をとるものとする．$t+\tau+1$ 期の予想物価を $p^e_{t+\tau+1}$ として

$$\mu = \frac{p^e_{t+\tau+1}-p_{t+\tau}}{p_{t+\tau}} \quad (\tau = 0, 1, 2, \ldots). \tag{5.30}$$

(5.17) を用いて，t 期実質基礎所得の割引価値 J_{t+1} は

$$J_{t+1} = \frac{\gamma(1+\mu)}{1+\gamma_t}\left(\frac{1}{1+i_t}H_t-T_t\right). \tag{5.31}$$

これから，J_{t+1} は t 期の実質利子率 r_t の減少関数，予想可処分所得の増加関

3) Adachi, Nakamura and Osumi (2015) 参照．短中期の景気安定化策として本書とは異なる概念を提唱している．

数となる，あるいは名目利子率を所与として，予想インフレ率の増加関数となることがわかる．

命題 5. 3 （インフレ目標政策）

t 期以降，政府・中央銀行は，経済の資源賦存，生産技術，実物および金融資本が所与であることを完全に予見し，名目利子率をゼロまで引き下げて雇用の最大化をはかるものとしよう．それと同時に予想インフレ率を適切に操作すれば，実際に完全雇用を達成することが可能になる．

図 5. 2 は，不完全雇用のもとにある初期状態から出発して，伝統的貨幣政策と非伝統的なインフレ目標政策の合わせ技によって次第に長期定常状態に移行して行く調整過程を描いている．

伝統的な貨幣政策は貨幣供給を増やして名目利子率を下げることで雇用の増加をもたらすが，下限のゼロ水準まで利子率を押し下げても完全雇用を実現できず，$\overrightarrow{E_AE_B}$ の中間の均衡点までしか行けないかもしれない．このような場合には完全雇用均衡 E_B を達成できるインフレ目標政策への切り替えが必要とされるであろう．

だが**図 5. 2** に例示したように，完全雇用均衡 E_B もまだ社会的に最適な点とは言えないかもしれない．最適点 F^* は E_B の西北にあり，雇用への政府支出が G_B より多くなっている．つまり，最適点の実現には，貨幣政策に加えて支出政策の出動が必要とされるのである．社会的厚生関数(5. 28)を考慮すれば，社会的厚生の実現のためには恒常状態(steady state)での総消費の最大化，すなわち経済成長の黄金律(golden rule of economic growth) $r_t=g$ の達成が求められる(Phelps (1961)参照)．名目利子率ゼロのもとでフィッシャー裁定式を用いれば，黄金律は

$$\mu = -r_t+g \tag{5. 32}$$

と近似できる．これは，目標予想インフレ率が「成長率−実質利子率」に等しく決められなければならないということである．

命題 5. 4 （経済成長の黄金律）

政府・中央銀行が名目利子率をゼロに設定したまま，伝統的貨幣政策を止めてインフレ目標政策に切り替えるものとしよう．完全雇用に加えて資源配分の最適化をはかるためには，長期恒常状態の経済成長率 g を所与とすれば，「黄金律」にしたがう目標インフレ率，すなわち

$$\mu = -r_t + g$$

を採用しなければならない．

政府・中央銀行がこれまで想定してきたように $g=0$ の恒常状態を予想するものとすれば，「黄金律」にしたがう目標インフレ率は $\mu=-r_t$ となる．しかし，予想成長率 g がどうであろうと，t 期の実質利子率 r_t と目標インフレ率 μ を適当に組み合わせることにより黄金律の成長経路を達成できる．何らかの理由で予想成長率が上昇したとき，政府・中央銀行が実質利子率を引き上げるとともに黄金律をみたすように目標インフレ率を引き下げるとすれば，有効需要を減らして長期停滞の到来を遅らせる効果がある．しかし，黄金律をみたすインフレ目標政策がそれだけで最適成長経路を実現する保証はない．第 4 章でも論じたように，$\overrightarrow{E_AF^*}$ で最適成長を実現するためには，支出政策と賃金政策を動員することが必要とされるかもしれない．また，生産フロンティアを外側にシフトするような革新を誘導するためには，有用な公共財を供給する支出政策を導入することが必須であろう．

5.7 要約と結論

第 4 章では，1930 年代の大恐慌や 2008 年のリーマン・ショックによって引き起こされた金融恐慌のように深刻な失業をともなう長期不況の実物モデルを取り上げ，政府の支出政策が果たしうる役割を論じた．本章ではそれに貨幣を導入し，貨幣政策が果たすべき役割をクローズアップする．ここでは，Hicks（1937）の IS-LM モデルを再構築し，流動性の罠と長期停滞の要因を探るとともに，そのような状況に立ち向かう貨幣政策の短期的，長期的効果とその限界について考察する．

(1) 家計，企業，政府(中央銀行と一体とする)が t および $t+1$ 期以降にそれぞれの活動を計画・実行するものとする．これらの主体の間の財・サービスの取引はすべて貨幣を媒介して行われる．

t 期の期初に企業は家計に対して賃金，配当および利子を $t-1$ 期の収入から支払う．家計が期初に保有する名目貨幣残高 M_t は時を置かずその需要 L_t に均等化されるので，LM の均衡が実現する．

他方，IS の均衡は可処分所得を調整因子とする財・サービス総需要と総供給の均等化という形で実現する．p_t を所与として，IS-LM の均衡で名目利子率 i_t と実質所得 Y_t が決定される．

(2) 不完全雇用のもとで，貨幣供給の増加は名目利子率の低下と国民所得の増加をもたらす(命題5.1)．周知の通り，これは伝統的貨幣政策の教科書的な結論にすぎない．しかし，ここで公共財が有用であるとする社会的厚生関数(5.28)の想定を思い起こせば，この結論は強められ貨幣供給の増加が社会的厚生を明確に高めるという重要なメッセージを確立することができる(命題5.2)．しかし，有効需要が極端に不足している場合には，仮に名目利子率をゼロの下限まで引き下げたとしても，完全雇用の実現には十分ではないかもしれない．そのような場合には，第二の手段として非伝統的貨幣政策，とりわけインフレ目標政策に訴えることが望ましいかもしれない．創唱者のKrugman (1998)が強力に主張したように，それは予想インフレ率を引き上げることで実質利子率を引き下げ，消費，投資などを促進しようとする新しい貨幣政策である(命題5.3)．しかし，このような政策をもってしても，完全雇用を実現するには足りないかもしれない．貨幣政策に加えて，財政政策を併用する必要がある．

(3) インフレ目標政策で完全雇用を実現できたとしても，その成果は恒常状態での総消費を最大化するという意味で最適なものではないかもしれない．Phelps (1961)のいう「経済成長の黄金律」(golden rule of economic growth)とは，実質利子率 r_t を予想成長率 g に等しく設定するというもので，目標インフレ率を μ とすれば，$\mu=-r_t+g$ と表すことができる(命題5.4)．つまり，g の上昇は r_t の上昇によって吸収されるということである．予想成長率が高くなれば，黄金律を守るには一定の目標インフレ率を維持しながら実質利子率を高めればよい．その結果，国民所得や労働雇用に及ぼす貨幣政策の当面の効果は弱められるが，長期停滞の到来は先送りされる．アベノミクスの第3の矢として唱導されたように，経済の潜在的成長率を高めるには賢明な財政政策の運用が必須である．

［参考文献］

Adachi, Hideyuki, Tamotsu Nakamura and Yasuyuki Osumi, eds.（2015）, *Studies in Medium-run Macroeconomics: Growth, Fluctuations, Unemployment, Inequality and Policies*, London: World Scientific Publishing Co. Ltd.

Barro, Robert J.（1974）, "Are Government Bonds Net Wealth?" *Journal of Political Economy*, 82（6）, 1095-1117.

Fisher, Irving（1977）[1930], *The Theory of Interest*, Philadelphia: Porcupine Press.（気賀勘重，気賀健三訳『利子論〈近代経済学古典選集 12〉』日本経済評論社，1980 年）

Friedman, Milton（1968）, "The Role of Monetary Policy," *American Economic Review*, 58, 1-17.

Hicks, John Richard（1937）, "Mr. Keynes and the Classics: A Suggested Interpretation," *Econometrica*, 5（2）, 147-159.

Hicks, John Richard（1939）, *Value and Capital An Inquiry into some Fundamental Principles of Economic Theory*, Oxford: Oxford University Press.（安井琢磨，熊谷尚夫訳『価値と資本——経済理論の若干の基本原理に関する研究』全 2 冊，岩波文庫，1995 年）

Keynes, John Maynard（1936）, *The General Theory of Employment, Interest and Money*, London: Macmillan.（間宮陽介訳『雇用，利子および貨幣の一般理論』全 2 冊，岩波文庫，2008 年）

Krugman, Paul R.（1998）, "It's Baaack: Japan's Slump and the Return of the Liquidity Trap," *Brookings Papers on Economic Activity*, 2, 137-187.

Ohyama, Michihiro（2004）, "Effective Demand and National Income," *Keio Economic Studies*, 41（2）, 1-23.

Phelps, Edmund S.（1961）, "The Golden Rule of Accumulation: A Fable for Growthmen," *American Economic Review*, 51（4）, 638-643.

Tobin, James（1958）, "Liquidity Preference as Behavior towards Risk," *Review of Economic Studies*, 25（1）, 65-86.

第Ⅲ部

国際経済

第Ⅲ部は，競争政策の国際貿易モデル分析や WTO の課題等について論じる．

第 6 章　市場構造・国際貿易・経済厚生

伝統的に用いられてきた一般均衡モデルに収穫逓増と不完全競争の可能性を導入して，市場構造と競争政策が経済厚生や国際貿易にいかなる意味をもつのかを解明する．このモデルの市場構造は各産業の競争度とマークアップ比率という 2 つのパラメターで表現され，政府は反トラスト政策と参入政策を通じてそれぞれ競争度とマークアップ比率をコントロールできるとする．そのもとでは，伝統的な競争均衡分析のすべての結論が成立するだけでなく，競争政策が経済厚生の増大や自由貿易の利益をもたらす可能性がある．本章は，様々な応用経済分析の目的に利用可能な，従来のこの種のモデルに比べてより一般的な枠組みを提供するものである．

第 7 章　品質改善型技術進歩と国際貿易

簡単な国際貿易モデルを用いて，標準的な教科書で扱われてきた費用削減型技術進歩とあまり注目されてこなかったが重要である品質改善型技術進歩の効果の違いを明確にする．よく知られているように，自国の輸出産業に生じた費用削減型技術進歩は自国の交易条件の不利化をもたらし外国の経済厚生を高めるが，自国の経済厚生が低下する窮之化成長を引き起こす可能性がある．一方，自国の輸出産業の品質改善型技術進歩は自国の経済厚生を高めるが，外国の窮乏化を引き起こす可能性がある．これは費用削減型技術進歩の効果と対蹠的なものであり，貿易利益の国際的な分配に関して重要な意味をもつ結論である．

第 8 章　雁行型発展の理論——特殊要素モデルを中心として

最も基本的な小国 2 産業の国際貿易モデルを用いて，経験的法則として知られる雁行形態型経済発展(輸入→国内生産→輸出→直接投資→逆輸入)の可能性を再検討する．標準的な教科書で教えられるヘクシャー＝オリーン・モデルよりも，一般には語られることの少ない特殊要素モデルの方が，仮定と現実の状況との適合性，主体の行動を導く誘因との整合性が高く，輸出→直接投資→逆輸入の展開までも自然に説明できるなど，より豊かな分析結果を導く．これは，赤松要博士が雁行型発展を弁証法的過程として「理論的に」解釈しようとしたのに対して，仮説的演繹的体系としての理論モデルを用いたいっそう厳密な理論化を与えるものである．

第 9 章　加工貿易の理論——リカード型モデル

自国，外国の 2 国が消費財とその生産に必要な原料を生産するという最も簡単な2国2財のリカード型加工貿易モデルを示し，そこでの国際分業と貿易利益を詳しく考察する．はじめに，消費財の生産に用いられる原料と労働が代替不可能で，すべての投入係数が固定的である場合について，両国の間の自由貿易均衡の性質を明らかにする．固定投入係数の場合には，製品輸出国か原料輸出国のどちらかが不完全特化の状態にとどまる可能性が高いこと，そして完全特化した国だけが貿易利益を得ることができることが示される．次に，消費財の生産において原料と労働が代替可能であり，投入係数が可変的である場合を取り上げる．この場合には，両国が完全特化し，両国とも貿易利益に預かる可能性が大きくなる．特に，原料輸入国の貿易利益は，総生産費に占める原料費の割合が小さいほど，また要素代替の弾力性が小さいほど大きくなることが指摘される．

第10章　自由貿易協定と経済厚生

地域的自由貿易協定(RFTA)が世界中で締結されるようになり，グローバルな貿易自由化を推進するGATT/WTOとの整合性，ひいては世界の資源配分に及ぼす影響が議論されている．有名なケンプ＝ワン定理は，関税同盟が域外諸国の経済的厚生を損なうことなく域内諸国の経済厚生を改善するための十分条件を明らかにし，この議論に一つの出発点を与えた．しかし，現在行われているRFTAの多くは参加諸国が対外関税や数量制限を独自に設定する自由貿易地域ないし特恵関税協定であり，ケンプ＝ワン定理をそれらに適用する際にいかなる修正が必要かについては明確にされていない．第10章では，そのような取り決めが域外国に悪影響を及ぼすことなく域内各国の経済厚生を高めるためにみたすべき新しい有意味な十分条件を示す．

第11章　WTOと世界経済

GATT/WTOは国際貿易の自由化と世界経済の成長に貢献してきた．しかし，近年にいたって，WTOはいくつかの大きな課題に直面し，転機に立っている．一つは，地域的に限定されたFTA（自由貿易協定)が世界中に蔓延し，無差別で多角的な貿易自由化を標榜するGATT/WTOの基本原則をないがしろにしているように見えることである．もう一つは，グローバリゼーションにともなって，従来は国内問題と見なされてきた環境問題と労働問題が世界の問題としてクローズアップされてきたことである．第11章では，カイル・バグウェルとロバート・ステイガーによる「市場アクセス保証論」の考え方に立って，WTOがFTA問題や環境・労働問題などにいかにかかわっていくべきかを論じ，WTOのあるべき姿を構想する．

第6章　市場構造・国際貿易・経済厚生

6.1　はじめに

近年，経済理論の研究は収穫逓増の現象やそれに付随して起こる不完全競争の分析に大きな注意を払ってきた．その結果，企業行動や市場構造が産業の生産，国際貿易，さらには経済厚生に及ぼす影響について多くの知見が得られた．この方面の研究は分析を単純化するために部分均衡モデルが採用されることが多い．1950年代から60年代に一般均衡理論があれほど重視されたことからすると，大変な様変わりと言える．アロー＝デブリュー＝マッケンジー流の一般均衡理論モデルは均衡の存在を証明するためには適切であるが，実際的な経済問題を分析するためには，完全競争の仮定のもとでさえ一般的すぎるからである．まして不完全競争の仮定のもとでは，一般均衡モデルにこだわるかぎり均衡の存在以外に何らかの明確な結論を導くことは難しい．Negishi (1961)，Nikaido (1975)などは不完全競争の要素を取り入れた巧妙な一般均衡モデルを構築したが，そのままの形では比較静学や比較動学の分析に簡便に適用することはできない．

収穫逓増や不完全競争の現実が重要であるとしても，部分均衡的なモデルで分析するだけで満足すべきではない．よく知られているように，部分均衡モデルでは所得効果が無視され，産業間の資源配分が明確にされないという問題がある．さらに言えば，部分均衡モデルの枠組みにとどまるかぎり，伝統的な一般均衡・完全競争モデルで得られた重要な分析結果がいかなる関連や意義をもつかがはっきりしない．そのため，不完全競争のもとでの「革新的な」結論がもてはやされる半面，従来の結論が不当に否定されることになりかねない．かつて，今をときめくKrugman (1987)は，収穫逓増と不完全競争を取り入れた国際貿易の「新理論」が「旧理論」にとって代わり，自由貿易論はもはや旧来の意味では支持しがたいと主張した．このような断定はたぶん言い過ぎであり，クルーグマン自身も認めているように，長期の一般均衡モデルの文脈では多少とも割り引いて再評価する必要がある．従来の完全競争モデルを批判するのはいいが，盥の水と一緒に赤子まで流してしまってはいけない．

本章の目的は，伝統的に用いられてきた比較的簡単な一般均衡モデルに収穫逓増と不完全競争を導入し，応用経済分析のために利用可能な枠組みを提供することである．それは，複数の最終消費財が労働，資本などの生産要素を用いて生産されるとするモデルで，リカード・モデルやH.O.S.(Heckscher-Ohlin-Samuelson)モデルを特殊ケースとして内包するものである．伝統的モデルは各産業の生産関数が規模に関して収穫不変で，すべての産業で完全競争が行われると想定している．ここでは収穫逓増，不完全競争の可能性をそこに持ち込み，従来通りさまざまな比較静学分析ができるようにしたい．しかも，伝統的モデルでは仮定によって排除されていた問題，すなわち市場構造と競争政策が一般均衡にいかなる効果を及ぼすかという問題を解明できるようにしたい．

本書の主題の一つである国際貿易理論に限っても，このような試みはこれまで少なからず行われてきた．たとえば，Krugman (1979)，Lancaster (1980)，Dixit and Norman (1980)，Helpman (1981)，Das (1982)，Lawrence and Spiller (1983)，Kikuchi (1996)などは一部の財が独占的競争のもとにあるとして貿易パターンの決定と貿易利益の帰属を検討した．他方，Markusen (1981)，Dixit and Norman (1980)，Brander and Krugman (1983)，Helpman and Krugman (1989)，Helpman and Krugman (1985, Chapter 5)などは，一部の財がクールノー＝ナッシュ型の均衡にあるとするモデルで同様な問題を論じた．これらの文献はいずれも不完全競争を主要な特徴とするモデルを取り上げながら市場構造を規定する貿易政策の効果や意義についてはほとんど考察していない．これは惜しむべき欠陥と言わなければならない．筆者は従来から競争政策が国際貿易に及ぼす影響に関心があり，大山(1991)，Ohyama (1997)において参入政策の経済厚生や貿易パターンに対する含意を論じてきた．Helpman (1984)は不完全競争と収穫逓増を組み込んだ貿易モデルをサーベイしている．Helpman and Krugman (1985)は種々の市場構造のもとでの国際貿易の在り方を体系的に論じた研究書，啓蒙書として名高い．また，国際貿易のモデルではないが，2財2要素のH.O.S.モデルを用いて参入制限政策の効果と厚生的意義を論じたものにKonishi, Okuno-Fujiwara and Suzumura

(1990)がある．

これらの文献に共通する問題点は，一つには産業や生産要素の数が1つあるいは2つに限られていることや生産関数や効用関数についてきわめて制限的な仮定を置いていることである．産業や生産要素の数の限定は分析の単純化のためにやむをえない場合もあるが，問題によっては必ずしも必要ではない．また，不完全競争モデルを組みながら反トラスト政策を論じないのは，画龍点睛を欠くものと言わざるをえない．本章では，さまざまな応用経済学の目的のために利用可能な，過度に特殊ではなく，かといってあまり一般的ではない一般均衡モデルとその応用例を示すことにしたい．

6.2　企業と産業均衡

まずある代表的な産業について産業均衡を定義し，その重要な性質を見ることにしよう．産業内の企業はすべて同一の生産関数をもち，l 個の生産要素を用いて1個の財を生産するものとする．その生産関数を

$$Y = f(X_1, \ldots, X_l) \tag{6.1}$$

と書くことにしよう．ただし，Y は財の生産量，X_i は生産要素 i の投入量である．この段階では経済に複数の産業が存在することを意識する必要はないので，産業を表す添字は省略する．この生産関数は2回連続微分可能で，正の偏微係数をもち，同次的(homogeneous)であるものとする．しかし，伝統的な新古典派の生産関数とはちがって，規模に関して収穫不変とはしない．一般に，労働のような生産要素の分業効率は投入規模の増大につれてはじめのうちは上昇するが，一定の限度を超えると横ばい，あるいは低下する．したがって，そこから導かれる平均費用曲線は典型的にはL字型，あるいはU字型となる．

ここで，企業とは効率を下げることなくそれ以上分割することのできない最小単位として定義される．複数の企業がカルテルを組み，あるいは合併することによって，共同利潤の最大化をはかるものとする．以下では，これを企業連合と呼ぶことにしよう．産業内の企業の総数を n とし，その中で m 個ずつの企業が対称的な企業連合を組む．各企業連合は生産要素市場では価格需要者と

して，財市場では他の企業連合の生産量を一定として共同利潤を最大にするように，つまりクールノー＝ナッシュ型の寡占者として行動するものとする[1]．財の実質生産者価格を p^r，生産要素の実質生産者価格を w_i^r とすると，対称的な寡占均衡の条件は

$$\gamma p^r f_i = w_i^r \quad (i=1,\ldots,l) \tag{6.2}$$

と表される．ただし，f_i は生産要素 i の投入量 X_i に関する偏微係数，γ は産業の競争度(degree of competition)であり，$\mu(=m/n)$ を産業の集中度，η を需要の推定価格弾力性(perceived price elasticity of demand)の逆数として，

$$\gamma = 1-\mu\eta \tag{6.3}$$

と定義される．ここで，$\mu\eta$ は産業組織論の教科書で独占度(degree of monopoly)と呼ばれる概念である．需要法則がみたされるとき，明らかに

$$1-\eta \leq \gamma \leq 1$$

となる．Negishi (1961)にならって，各企業連合は共通の需要関数を想定し，需要弾力性 $1/\eta$ を推定しているものと仮定する．後で見るように，経済全体の一般均衡では，均衡需給量はすべての産業の競争度に依存して決定され，各企業が想定する主観的需要関数はそれと整合的なものでなければならない．しかし，主観的需要関数が客観的需要関数と完全に一致する必要はない．

主観的に推定される需要の価格弾力性は，一般にさまざまな財の価格や需要量に依存していると考えられる．しかし，以下の多くの分析では，政府は企業連合に参加する企業数 m を指定することにより，産業の競争度 γ を間接的にコントロールできると仮定する．換言すれば，政府は競争度を目標変数として，企業連合内の企業数という手段変数を制御する．このような政策は正しく反トラスト政策と呼ぶことができよう．この場合，γ は政策パラメターとして外生化されるので，企業がどのような主観的需要関数を想定するかは分析結果に影響しなくなる．

産業内の企業数 n は短期的には一定と考えていいが，長期的には企業の参入と退出によって決定される．伝統的な完全競争均衡のモデルでは，企業は利潤がゼロになるところまで参入すると考えられている．現在のモデルでも，完

---

1) ここでいう企業をプラント，企業連合を複数のプラントをもつ企業と解釈してもよい．

全な自由放任のもとでは企業の利潤は長期的には消滅する．つまり，財の生産者価格の単位費用に対する比率として定義されるマークアップ比率(markup ratio)は長期的には 1 になる．しかし，以下では政府がマークアップ比率を目標変数として，産業内の企業数という手段変数を操作する参入政策をとるものとする．この政策は政府の競争政策(あるいは産業政策)の重要な一環と考えられる．マークアップ比率を ρ とすると，

$$\rho = \frac{p^r Y}{\sum w_i^r X_i} \tag{6.4}$$

という関係が成立する．マークアップ比率が 1 を下回れば，企業は参入する誘因を失うので $\rho \geq 1$ である．(6. 1), (6. 2), (6. 4)から

$$\frac{f_i}{f_1} = \frac{w_i}{w_1} = \omega_i \quad (i = 2, \ldots, l), \tag{6.5}$$

$$\beta \sum f_i \omega_i = f(X_1, \ldots, X_l) \tag{6.6}$$

という 2 つの重要な関係が導かれる．ただし，$\omega_1 = 1, \beta = \gamma\rho$ とする．長期的には，β は企業が直面する外在的な行動制約を示す係数と解釈できる．というのは，γ は企業が市場から受ける競争圧力の指標であり，ρ は企業が最小限達成しなければならないマークアップ比率だからである．

さて β と $\omega_2, \ldots, \omega_l$ を所与とすると，(6. 1), (6. 5), (6. 6)の $l+1$ 個の方程式から，$Y, X_1, \ldots, X_l$ の $l+1$ 個の未知数が決定される．利潤最大化の 2 階の条件と生産関数が同次関数であるという仮定を用いると，均衡生産量 Y は行動制約係数 β だけの増加関数であることがわかる．これは

$$Y = y(\beta), \quad y'(\beta) > 0 \tag{6.7}$$

と書くことができる[2)]．また，均衡要素投入量 X_i は β の増加関数，ω_i の減少関数であり，

$$X_i = x_i(\beta, \omega_2, \ldots, \omega_l), \quad x_{i\beta} > 0, \quad x_{i\omega_i} < 0 \tag{6.8}$$

と書ける．生産要素 i の投入係数を a_i とすると，定義から

2)　Ohyama (1999, Appendix B)参照．以下，本章で用いられる諸関係の性質はすべてこの論文の Appendix にある．

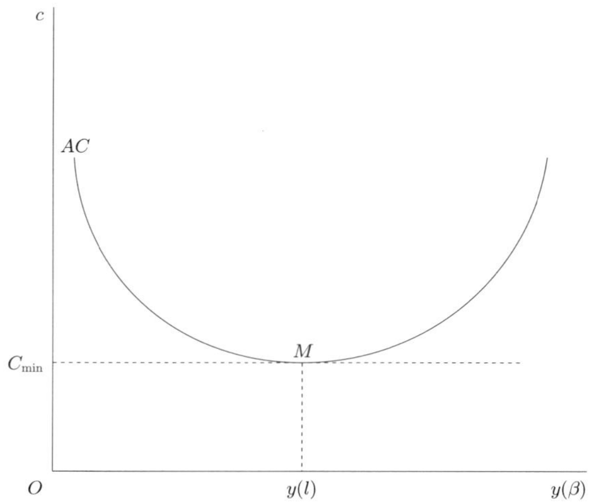

図 6. 1　産業均衡と平均費用曲線

$$a_i = \frac{X_i}{f(X_1, \ldots, X_l)}$$

である．したがって，a_i はやはり β と $\omega_1, \ldots, \omega_l$ の関数となる．a_i は ω_i の減少関数で，β が 1 より大きいか小さいかに応じて β の増加関数，もしくは減少関数となることが確かめられる．このことは

$$a_i = a_i(\omega_2, \ldots, \omega_l, \beta), \quad a_{i\beta} < 0 (> 0) \text{ if } \beta < 1 (> 1), \quad a_{i\omega_i} < 0 \qquad (6.9)$$

と表される．ところで，この財の平均費用 c は $c = \sum \omega_i a_i$ と定義される．(6. 2)，(6. 5)，(6. 7)を用いると，

$$\sum \omega_i \frac{\partial a_i}{\partial \omega_k} = 0 \quad (i, k = 2, \ldots, l) \qquad (6.10)$$

という関係が導かれる．(6. 9)，(6. 10)から，c は $\beta, \omega_2, \ldots, \omega_l$ の関数であり，

$$c = c(\beta, \omega_2, \ldots, \omega_l), \quad c_\beta < 0 (> 0) \text{ if } \beta < 1 (> 1), \quad c_{\omega_i} = a_i \qquad (6.11)$$

という性質をもつことがわかる．

図 6. 1 は，代表的な企業の平均費用と $y(\beta)$ との関係を示している．生産要素価格 $w_1^r, \ldots, w_l^r$ が与えられているものとして，U 字型の平均費用曲線 AC が描かれている．

6.3　一般均衡

これまでは，単一の産業について寡占のもとでの均衡を定義し，その性質を調べてきた．ここで，同様な産業が多数存在する経済を考え，その一般均衡を表現することを考えよう．全部で k 個の産業が存在し，各産業で複数の企業が同一の生産技術をもち，l 個の生産要素を用いて生産に従事する．各産業の企業連合は，他の企業連合，他産業の総生産量と財価格を所与として，利潤を最大にするように生産量を決め，6.2で考えたようなクールノー＝ナッシュ型の寡占均衡が成り立つものとする．この一般均衡モデルは k 財 l 要素のH.O.S.モデルを収穫逓増と不完全競争の可能性がある場合に一般化することになる．すべての企業が価格受容者としてふるまい，長期的に平均費用曲線の最低点で操業するような場合には，標準的なH.O.S.モデルに一致する．いうまでもなく，リカード・モデルはさらにその特殊ケース，すなわち労働という1種類の生産要素しか存在しないケースとして包含される．

政府は各産業の総生産量を目標として，生産補助金を与えたり，生産税を課す可能性がある．これは生産政策(ないし産業政策)と呼ばれる．産業 j の生産物の何らかの価値標準で表した消費者価格を p_j として，一般に受け入れられた消費者物価指数関数 $p=p(p_1, \ldots, p_k)$ が存在するものとしよう．産業 j にかけられる生産税率を t_j として $\tau_j=1/(1-t_j)$ と書くことにする．簡単化のために一般消費税が存在しないものとすると，産業 j の生産物の生産者実質価格 p_j^r と消費者価格 p_j との間には $p_j^r=p_j/\tau_j p(p_1, \ldots, p_k)$ という関係が成立する．以上の準備に基づいて，この経済の供給側の均衡条件は次のように書くことができる．第一に，各産業のマークアップ比率は，生産者価格の総要素費用に対する比率として定義される．これは

$$\tau_j \rho_j \sum a_{ij}(\omega_2, \ldots, \omega_l, \gamma_j \rho_j) w_i = p_j \quad (j=1, \ldots, k) \qquad (6.12)$$

と表される．所与のマークアップ比率(たとえば1)が実現するところまで企業の参入が続くものとすると，いわゆる産業均衡(industry equilibrium)が達成される．この解釈のもとで，(6.12)は産業均衡の条件と呼ぶことができよう．第二に，生産要素市場で需給が均衡する必要がある．これは，生産要素 i の総

供給量を L_i，産業 j の総供給量を Z_j として

$$\sum a_{ij}(\omega_2, \ldots, \omega_l, \gamma_j \rho_j) Z_j = L_i \quad (i = 1, \ldots, l) \tag{6. 13}$$

と書ける．第三に，各産業の総生産量はそこに所属する企業の主体的均衡と整合的に実現されなければならない．産業 j の総企業数を n_j とすると，この条件は

$$Z_j = n_j y_j(\gamma_j \rho_j) \quad (j = 1, \ldots, k) \tag{6. 14}$$

となる．

供給側の条件(6. 12)，(6. 13)，(6. 14)は，全部で $2k+l$ の独立した方程式から成っている．この方程式体系を生産モデルと呼ぶことにしよう．すでに述べたように，ここでは t_j だけでなく，γ_j, ρ_j も政府によってコントロールされるものと仮定する．また，p_j は本来産業均衡において内生的に決定されるものであるが，この段階では外生的に与えられると見なすことが分析上好都合である．このモデルは少なくとも 2 つの解釈が可能である．一つは，企業の自由参入を通じて，すべての産業でマークアップ比率が所与の水準に収束する長期均衡を記述しているという解釈である．税引き後の利潤がゼロになるところまで企業が参入する場合には，上述のように $\rho_j=1$ となる．したがって，$2k+l$ 個の未知数 w_i, n_j, Z_j の均衡値がこのモデルによって決定される．ここでは，各産業の企業数 n_j が参入・退出を通じて内生的に決まることが特徴である．もう一つの解釈は企業数が一定と見なされる短期均衡を表現しているとするものである．この解釈のもとでは，n_j の代わりに ρ_j が未知数となり，$2k+l$ 個の未知数 w_i, Z_j, ρ_j の均衡値が内生的に決定される．

スペースを節約するため，以下では長期均衡モデルに絞って考察を進める．その重要な特殊ケースは，すべての産業で完全競争が行われ，政府の補助金や課税もない場合，したがってすべての j について，$\gamma_j=1$, $\rho_j=1$ となる場合である．このとき，現在のモデルは k 財 l 要素の H.O.S. 型の小国生産モデルと完全に一致する．この特殊ケースについては，これまでに膨大な文献があり，財価格と要素価格関係を解明するストルパー＝サミュエルソン定理や要素賦存と財生産との関係を確定するリプチンスキー定理をはじめ，多数の豊かな研究成果が存在する[3)]．これまでの分析から明らかなように，この伝統的な H.O.S. モデルから導かれるすべての定理が現在のモデルでも成立する．より

一般的には，各産業の競争度(あるいは独占度)が一定の水準に保たれる．伝統的な国際貿易理論の成果がそのまま現在のモデルでも保存されると言える．これは筆者のような伝統を重んじる者にとっては少なからず喜ばしいことである．しかしながら，もちろん各産業の競争度が一定に保たれるという仮定は重要であり，収穫逓増と不完全競争の影響を限定するものであることはいうまでもない．

供給側の条件(6. 12)，(6. 13)，(6. 14)から，産業 j の総供給量はこのモデルの外生変数に依存して決まるので，

$$Z_j = S_j(p, \rho, \gamma, L) \quad (j = 1, \ldots, k) \tag{6.15}$$

という関数として認識することができる．ただし，p は財価格のベクトル $(p_1, \ldots, p_k)$，ρ はマークアップ比率ベクトル $(\rho_1, \ldots, \rho_k)$ を表している．同様に，γ, L は競争度，要素賦存量のベクトルである．均衡条件(6. 12)，(6. 13)，(6. 14)から明らかなように，$S_j(p, \rho, \lambda, L)$ は財価格 $p_1, \ldots, p_k$ のゼロ次同次関数である．

これまでは経済の供給側に注目してきたが，生産物の均衡価格を決定するためには，需要側の条件にも目を向ける必要がある．通例にならって，消費者は価格受容者であり，予算制約のもとで効用を最大にするように行動するものとする．すべての所得源(要素所得，利潤所得，さらには政府からの移転所得に対する請求権)について，各消費者のシェア(取り分)が与えられているとすれば，産業 j の生産物に対する総需要 C_j は，個別消費者の需要の合計であることから，供給関数と同じ変数に依存し，

$$C_j = D_j(p, \rho, \gamma, L) \quad (j = 1, \ldots, k) \tag{6.16}$$

と書くことができる．この関数もまた生産物価格ベクトル $(p_1, \ldots, p_k)$ のゼロ次同次関数である[4]．

閉鎖経済の場合，財の需給均衡条件は

$$S_j(p, \rho, \gamma, L) = D_j(p, \rho, \lambda, L) \quad (j = 1, \ldots, k) \tag{6.17}$$

と表される．このうちワルラス法則によって独立な方程式は $k-1$ 個であり，

3)　このモデルに関する文献については，Chang (1979)，Ethier (1984)，Takayama (1982) などを参照．

4)　生産者が主観的に想定する需要関数がこの「客観的」需要関数と完全に一致する必然性はなく，一致しない場合でも現在のモデルは適用可能である．

需給関数の同次性から同数の相対価格(たとえば，$p_1=1$ として $p_2,\ldots,p_k$)の均衡値がこれによって決定される．国際経済の場合，各国について(6. 12)，(6. 13)，(6. 14)の関係が成り立つとすれば，その需給関数は(6. 15)，(6. 16)のように財の相対価格と構造パラメターに依存する関数となる．これに加えて，世界全体としての需給均衡条件を導入すれば，同様な手順を経て世界の均衡相対価格が決まる．

ここで，すべての産業で完全競争が行われる上述の特殊ケースを考えてみよう．これは伝統的な完全競争下の世界的一般均衡モデルに対応するものである．各企業は平均費用曲線の最低点で操業し，各産業の総生産量は参入・退出による企業数の変化を通じて調整される．したがって，産業全体の生産量は規模に関して収穫不変，換言すれば，一定の平均費用のもとでその平均費用は一定となる．これは，McKenzie (1959)が一般均衡の存在を証明するために用いた最も一般的なモデルで想定していた構造にほかならない[5]．この場合，産業全体の生産関数は一次同次であっても，各企業の生産関数は規模に関して収穫可変であり，各企業は利潤が最大になるように生産量を決めている．したがって，かつて Samuelson (1947)が指摘した「最も純粋な競争のもとでの不決定性」(indeterminacy in purest competition)[6] という問題はここでは生じない．現在の設定はこの問題に一つの解決を与えるものと言えよう．

6.4 伝統的競争分析の頑健性

6.3 で説明した生産モデルを幾何学的に表現するため，生産実現フロンティア(production feasibility frontier)という概念を導入しよう．いま，すべての産業の生産関数，企業行動制約係数，要素賦存が与えられているものとすると，(6. 13)は要素価格 $w_1,\ldots,w_l$ のあらゆる組み合わせに対して，実現可能な総生産量の組み合わせを表していると見ることができる．この組み合わせの軌跡が生産実現フロンティアである．$L_1,\ldots,L_l$ を所与とすると，生産実

5) マッケンジーは，「(各産業で)自由参入が行われ，企業規模が産業規模にくらべて小さいような状況では，第一次接近として収穫不変モデルを真に一般均衡的なモデルと解釈することは不当ではない」と述べている．

6) Samuelson (1947), pp. 78-80.

現フロンティアは，1 組の $\beta_1,\ldots,\beta_k$ に対してそれぞれ 1 つずつ描くことができる．それは，すべての j について $\beta_j=1$ となるような特殊ケースにおいてのみ，通常生産フロンティア(あるいは生産可能性曲線)と呼ばれている概念に一致する．

生産モデルの均衡は，生産実現フロンティアと財価格超平面を用いて幾何学的に示すことができる．要素価格と各産業の生産関数を所与とすると，初期の価格で評価した実質国民総生産の変化は，(6. 12)，(6. 13)を全微分して用いることにより

$$\sum p_j dZ_j = \sum w_i \sum \tau_j \rho_j dL_{ij} + \sum p_j Z_j \varepsilon_j \hat{\beta}_j \qquad (6.\,18)$$

と表される．ただし，$L_{ij}=n_j X_{ij}$ は産業 j で用いられる生産要素 i の数量，$\hat{\beta}_j$ は β_j の微小変化率 $d\beta_j/\beta_j$ である．また，ε_j は財 j の平均費用 c の β_j に関する弾力性で $\varepsilon_j=-\beta_j/c_j\cdot\partial c_j/\partial\beta_j$ と定義される．(6. 9)から，ε_j は β_j が 1 より小さいときには正，1 より大きいときには負になることに注意しよう．この関係は $k=l=2$ の特殊ケースを見ると理解しやすい．その場合，(6. 18)は

$$\sum p_j dZ_j = (\tau_2 p_2 - \tau_1 p_1) \sum w_i dL_{i2} + \sum p_j Z_j \varepsilon_j \hat{\beta}_j \qquad (6.\,19)$$

と簡単になる．ここで，$\tau_j\rho_j=p_jY_j/\sum w_jX_j$ と表されることに注意しよう．これは企業の売上高を生産者価格の代わりに市場価格で評価した場合の産業 j のマークアップ比率にほかならない．これを(市場価格で評価した)修正マークアップ比率と呼ぶことにしよう．

すべての産業の生産関数と要素賦存が与えられているとき，(6. 18)ないし(6. 19)は，実質国民総生産の変化が 2 つの要因によって生じることを示している．右辺第 1 項は生産要素の産業間再配分による実質国民総生産の変化を表している．すべての産業の修正マークアップ比率が等しく $\tau_1\rho_1=\ldots=\tau_k\rho_k$ となるときには，この項はゼロとなり，任意の 2 つの財の相対価格が所与の $\beta_1,\ldots,\beta_k$ に対応する生産実現フロンティア上での限界変形率に等しくなる．伝統的，標準的な完全競争モデルでは，すべての産業で企業が参入し，生産税・補助金は存在しないと想定されている．それは $\tau_1\rho_1=\ldots=\tau_k\rho_k=1$ という特殊ケースとしてこの場合に含まれている．一般に，すべての産業で修正マークアップ比率が等しくなると想定すべき理由はない．修正マークアップ比率が低い産業から高い産業への生産要素の再配分は実質国民総生産の増大をもたら

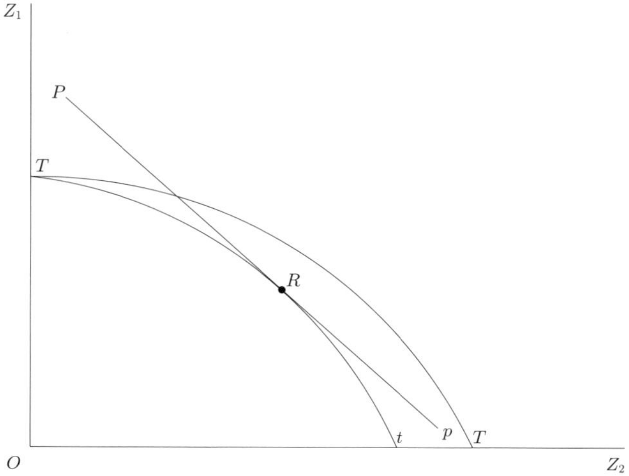

図 6. 2　生産実現フロンティア

すことがわかる.

これに対して,(6. 18)ないし(6. 19)の右辺第 2 項は,企業の行動制約係数,$\beta_j=\gamma_j\rho_j$ の微小変化による実質国民総生産の変化を表している.(6. 9),(6. 11)を参照すれば,$\tau_1\rho_1=\ldots=\tau_k\rho_k=1$ のとき,β_j の増加は,企業が費用逓減の局面で操業している $\beta_j<1$ の場合には実質国民総生産の増加をもたらし,費用逓増($\beta_j>1$)の場合には逆にその減少をもたらすと言える.

図 6. 2 は 2 財 2 要素のケースについて(6. 18)ないし(6. 19)の関係を図解したものである.ただし,$\beta_1=1, \beta_2<1$, $\tau_1\rho_1=\tau_2\rho_2=1$ としている.曲線 Tt は生産実現フロンティアである.産業 2 が寡占の状態にあり,その競争度が 1 より小さいとすると,Tt は生産フロンティア TT の下方に描かれている.このとき,生産の均衡点は,財 2 の相対価格に等しい勾配をもつ直線 Pp が Tt と接する点 R で示される.したがって,β_1, β_2 が所与であるかぎり,相対価格と生産実現フロンティアとの関係は両産業がともに完全競争下にある場合と何ら変わらない.

以上の分析から次の命題が導かれる.

命題 6.1　(競争均衡分析の頑健性)

すべての産業について生産税率とマークアップ比率の積が均等，すなわち $\tau_1\rho_1=...=\tau_k\rho_k$ であり，しかも企業の行動制約係数 β_j が所与であるものとしよう．このとき，完全競争下の一般均衡モデルで得られたさまざまな比較静学分析，比較厚生分析のすべての結論が現在のモデルにもあてはまる．

証明　要素賦存と各産業の生産技術が一定であれば，(6.18)および命題の仮定から $\sum p_j dZ_j=0$ となる．これから，均衡において生産は生産実現フロンティアと消費者価格線との接点で行われること，すなわち生産の限界代替率が価格比率に等しく，したがって消費の限界代替率に等しくなることがわかる．各産業の競争度が必ずしも1に等しくない一定の水準に制御される経済の均衡が各産業の競争度が1に等しい競争均衡と形式的に同型(isomorphic)の性質をもつことを意味する．(証明終)

6.5　市場構造と経済厚生

完全競争モデルでは，すべての j について $\rho_j=1$, $\gamma_j=1$ という仮定を置いているため，市場構造の変化が一般均衡に及ぼす影響を分析することはできない．以下では，現在のモデルの意義を明らかにするため，ρ_j, γ_j の変化，すなわち市場構造の変化の効果を吟味することにしよう．一般に，競争政策は経済厚生の改善を目的として市場構造を変化させる政策として定義される．ここでは，それは γ_j に影響する反トラスト政策と ρ_j に影響する参入政策としてとらえられる．とりあえず閉鎖経済の仮定のもとでこれらの政策の効果を見ることにしよう．

命題 6.2　(反トラスト政策)

当初，$\tau_1\rho_1=...=\tau_k\rho_k$ であり，産業 $h(\neq 1)$ について $\beta_h<1$ という関係が成り立っていたとしよう．このとき，産業 h の競争度を高めるような反トラスト政策は他の条件が不変なら潜在的な経済厚生を増大させる．逆に，$\beta_h>1$ の場合には，反トラスト政策は経済厚生の減少を招く．

証明　すべての $j\neq h$ について $\hat{\gamma}_j=0$，すべての j について $\hat{\rho}_j=0$ とすると，$\beta_h<1$ という仮定から $\varepsilon_h>0$ となるので，(6. 18)から

$$\sum p_j \frac{dZ_j}{d\gamma_h}=\frac{\varepsilon_h p_h Z_h}{\gamma_h}>0$$

という関係が得られる．$\beta_h<1$ ならば，これから産業 h の競争度が上がれば当初の均衡価格で評価した総生産額，ひいては総消費額が増大すること，したがって経済厚生が高まることがわかる．逆ならば逆．(証明終)

ここで，$\tau_1\rho_1=...=\tau_k\rho_k$ という条件は，すべての産業で自由な参入・退出が行われ利潤が消滅し，生産税・補助金もゼロであるような場合にはみたされる．このとき，各企業が費用逓減のもとで操業している産業では，企業連合の規模(そこに含まれる企業数 m で表される)を縮小するような反トラスト政策は経済厚生上のぞましい効果をもつと言えるのである．

この主張は一見すると，直観に反していると思われるかもしれない．実際，費用逓減産業の場合には，合併による企業連合の規模の拡大こそ生産性の上昇に寄与すると言われることが多い，このパラドクスは次のように解くことができる．現在のモデルでは，企業連合が拡大するとその市場支配力が高まるため，個々の企業ないしプラントの操業度が低下する．そのため，個々の企業が費用逓減の局面にあれば平均費用は上昇する．巷間に喧伝される費用逓減産業の合併促進論は，この市場支配力強化にともない個別企業の生産抑制効果を無視している．暗黙のうちに複数企業の提携による費用削減効果の存在のみに注目しているのである．現実的な政策論は，これらの効果を峻別し比較秤量するものでなければならない．

図 6. 3 は命題 6. 2 を図解したものである．ただし，2 財 2 要素のケースで財 2 を生産する産業が費用逓減の状態にあるものとしている．競争度の上昇によって個々の企業の生産量が拡大し生産性が上昇する結果，生産実現フロンティアが上方にシフトし，均衡点が以前より上位の無差別曲線上にシフトすることが示されている．反トラスト政策の効果は，定性的には技術進歩と何ら変わりがないことがわかる．

命題 6. 2 は反トラスト政策を無条件に支持するものではない．まず，$\tau_1\rho_1=$

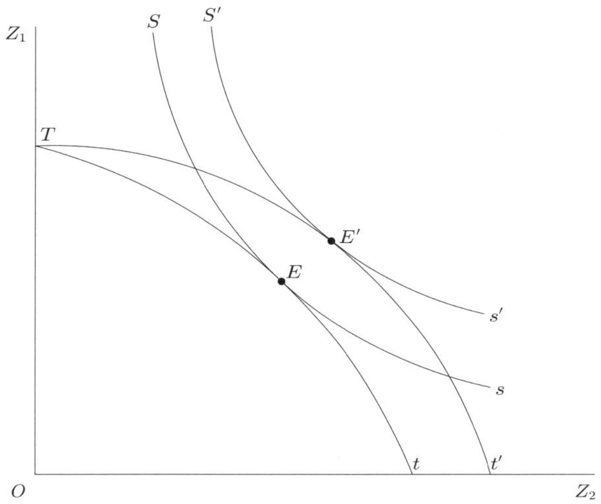

図 6. 3　反トラスト政策の効果

$\ldots=\tau_k\rho_k$ という仮定がみたされない場合，命題 6. 2 の主張は必ずしも妥当ではない．たとえば，$\tau_h\rho_h<\tau_j\rho_j$ がすべての j について成り立っているとすると，企業 h は経済全体の観点から見て過大生産におちいっている．産業 h の競争度が上昇すれば，その総生産量は増加し，生産要素の総投入量も増加する公算が高い．そうであれば，競争度の上昇は産業 h の過大生産の度合いを高めることになる．産業 h が費用逓減産業であるとして，競争度上昇にともなう生産性上昇の好影響がこの過大生産助長の悪影響を下回る場合，経済厚生はかえって低下する．また，各企業が費用逓増のもとで操業しているような産業では逆の結論が成立する．この場合，産業の競争度は 1 を下回ることはないので，マークアップ比率は当然 1 より大きくなっているはずである．換言すれば，何らかの参入障壁が存在すると言える．産業障壁を軽減ないし除去した上で反トラスト政策を適用するか，さもなければ企業連合の規模を拡大する合併促進政策を実施することがのぞましい．

ここでもう一つの重要な競争政策として参入政策を取り上げよう．競争政策としての参入政策は，参入障壁を軽減する政策と解すべきである．しかし，ここでは逆に対象となる産業の企業数を制限する政策について考える．（当然，参入障壁軽減の効果はこのような参入抑制政策の逆になる．）政府は，産業のマークアップ比率を目標変数として産業内の企業数をコントロールする．ある産業のマークアップ比率を高めるために産業内の企業数を抑制すれば，そこで解放された生産要素を吸収する他の産業では一般に企業数が増加するであろう．したがって，前者のマークアップ比率を高めながら他の産業のマークアップ比率とすべての産業の競争度を一定に保つためには，その産業の企業数だけでなく，他のすべての産業の企業連合に属する企業数を適切に調整する必要がある．このような操作は複雑ではあるが，原理的には可能である．

命題 6.3 （参入抑制政策）

当初，$\tau_1\rho_1=\ldots=\tau_k\rho_k$ であり，産業 $h(\neq 1)$ について，$\beta_h<1$ という関係が成り立っていたとしよう．このとき，産業 h のマークアップ比率のわずかな上昇をもたらす参入抑制政策は，他の条件を不変として潜在的厚生を増大させる．逆に，$\beta_h>1$ ならば，参入抑制政策は経済厚生の低下を招く．

証明 （6.19）で，すべての j について $\hat{\gamma}_j=0$，すべての $j\neq h$ について $\hat{\rho}_j=0$ と置くと

$$\sum p_j\frac{dZ_j}{d\rho_h}=\frac{\varepsilon_h p_h Z_h}{\rho_h}.$$

この符号は $\beta_h<1$ か $\beta_h>1$ かに応じて，正または負となる．（証明終）

この結果は，有名な「過剰参入定理」(excess entry thesis)を現在のモデルにマッチするように修正・拡張したものである．通常，この定理は部分均衡分析の枠組みの中で論じられ，費用逓減産業の企業数の抑制が社会的余剰の増加をもたらすとするものである．ここでは，一般均衡モデルを用いて産業のマークアップ比率の上昇が，費用逓減の局面では経済厚生の増加を，費用逓増の局面ではその減少をもたらすことを明らかにしている．すでに示唆したように，ある産業が費用逓増の局面にあるということは，何らかの参入障壁があるということである．そこでさらに参入を抑制すれば，産業の生産性が低下するのは当然である．

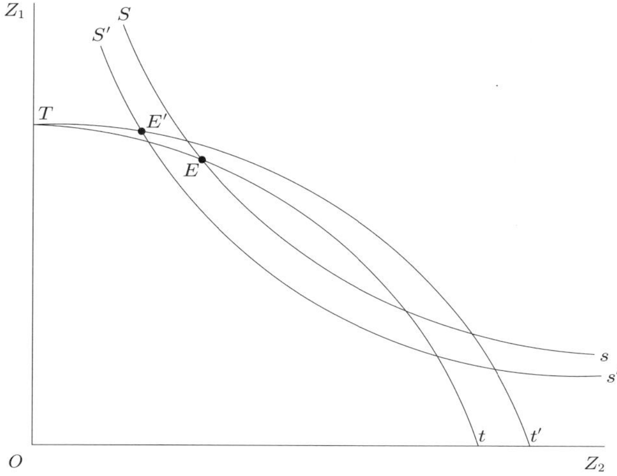

図 6. 4　参入抑制政策がもたらす悪影響

この命題に基づく参入抑制論は一般に支持できるものではない．まず，参入抑制が費用構造に影響を及ぼす可能性がある．産業 h が費用逓減の状態にあるための条件，すなわち $\beta_h<1$ は定義によって $\rho_h\gamma_h<1$ と同値である．これは，産業 h のマークアップ比率がその競争度の逆数を超えないということである．競争度を所与とすれば，参入抑制の結果マークアップ比率が高くなればなるほど，この条件はみたされにくくなる．これは，反トラスト政策とちがって参入抑制政策には限度があることを意味している．次に，産業 h が収穫逓減産業であっても参入抑制政策がいつでも経済厚生を高めるとは限らない．当初の状態で $\tau_1\rho_1=\ldots=\tau_k\rho_k$ という仮定がみたされていても，この関係は参入抑制を進めるにしたがって必然的に破綻する．**図 6. 4** は2財の特殊ケースについて，たとえ $\beta_h<1$ であっても，$\tau_2\rho_2>\tau_1\rho_1$ となれば，マークアップ比率の引き上げが経済に悪影響を及ぼしうることを例示したものである．

最後に，参入抑制が競争度を変化させないという暗黙の仮定も制限的である．産業内の企業数の抑制は企業間の談合を容易にするため，競争度の低下をもたらすかもしれない．マークアップ比率 ρ_h の上昇を相殺してあまりある競争度 γ_h の低下が生じれば β_h は減少するので，命題 6. 3 の結論は逆転する．

これまでに見てきたように，特定産業に対する反トラスト政策も参入抑制政策も，単独で用いれば一般に経済厚生を高めるとは言えない．最善の政策は，利用可能なすべての手段を視野に入れ，すべての産業の相互関連を考慮した上で策定する必要がある．現在のモデルでは，政府は各産業の競争度とマークアップ比率をある程度制御できるだけでなく，各産業の生産税率を操作できるとしている．効率的な資源配分を達成するために必要なマークアップ比率と生産税率の「最適な組み合わせ」(optimal mix)を考えてみよう．

命題 6.4 (最適配分政策)

政府は，$\tau_1\rho_1=\ldots=\tau_k\rho_k$ および $\rho_j\gamma_j=1(j=1,\ldots,k)$ という関係を実現するように γ_j,ρ_j,τ_j を適切に設定することによってパレート効率的な資源配分を達成できる．

証明　費用関数(6.11)の性質から，$\beta_j=\gamma_j\rho_j=1$ がみたされていれば，産業 j の各企業は平均費用曲線の最低点で操業する．すべての産業でこの関係が成り立っていれば，経済の生産実現フロンティアは通常の生産フロンティアと一致する．しかも $\tau_1\rho_1=\ldots=\tau_k\rho_k$ であれば，(6.18)から任意の2財の間の限界変形率は，消費者相対価格，したがって消費の限界代替率に等しくなる．(証明終)

資源の効率的配分を達成するためには，すべての生産手段を自由に行使できなくても，それらの間に一定の関係を実現できればよい．たとえば，競争度を無制約に制御することは一般に困難とされている．いかなる政府にとってもすべての産業で完全競争を実現することは難しい．仮に各産業の競争度が所与であるとすれば，命題6.4は最適配分達成のために必要な各産業のマークアップ比率と生産税率との関係を示している．一般性を失うことなく，産業の番号が競争度にしたがって $\gamma_1>\gamma_2>\ldots>\gamma_k$ となるように付けられているとしよう．さらに，競争度の最も低い産業 k の生産税率をゼロ，したがって $\tau_k=1$ としよう．このとき，各産業の生産税率は $\tau_j=\gamma_j/\gamma_k(j=1,\ldots,k)$ と表され，その大小関係は $t_1>t_2>\ldots>t_k=0$ となる．すなわち，競争度の高い産業ほど高率の生産税を課さなければならない．直観的には，競争度の高い産業ほど生産が過大になる傾向があるため，より高率の生産税を課して生産を相対的に抑制する必要がある．

6.6　市場構造と貿易利益

収穫逓増や不完全競争を重視する「新しい貿易理論」が喧伝され「古い貿易理論」に対置されてきた．しかし，現在のモデルは収穫逓増や不完全競争の存在を認めながら，市場構造を規定するパラメター γ_j, ρ_j が所与であるかぎり，伝統的な競争均衡モデルの分析結果をすべて保存するという特性をもっている．国際貿易理論でよく知られた H.O.S. モデルは現在のモデルの特殊ケースであり，その基本命題はすべて現在のモデルにも当てはまることを再度強調しておきたい．このことは新しい貿易理論の意義を否定するものではない．しかし，その斬新性は収穫逓増や不完全競争に根ざすというよりは，何らかの参入障壁によって産業内の企業数が固定されているという「短期」の仮定に由来するものである．新しい貿易理論の意義については，Krugman (1987), Helpman and Krugman (1989), Chang and Katayama (1995)等を参照されたい．本章のモデルを用いて，新旧の貿易理論があまり論じてこなかった問題，たとえば競争政策や市場構造が国際分業や貿易利益にいかなる影響を与えるかという問題を解明することができる．紙幅を節約するため，ここでは貿易利益にかかわる問題だけを取り上げることにする．

昔から，自由貿易は国内の独占に対する最良の治療薬であり，その分だけ貿易利益は大きくなると言われてきた．このフォークロアは直観的にわかりやすく，また説得力のあるものであり，部分的には理論モデルで定式化されてきた．(たとえば，Dixit and Norman (1980, Chapter 9), Helpman and Krugman (1985, Chapter 5), Schweinberger (1996)等.) 他方，Graham (1923) 以来，収穫逓増が存在する場合や不完全競争が見られる場合には貿易利益は保証されないという懐疑的な見解も理論化されてきた．(たとえば，Negishi (1969), Markusen (1981), Ethier (1982), Markusen and Melvin (1984) 等.) 現在のモデルはさまざまな解釈が可能であるが，少なくとも費用逓減と不完全競争に独自の定式化を与えるものであり，この問題に関して明確な答えを出せるか否かはその試金石である．政府が国内の各産業の独占度とマークアップ比率をある程度制御できるという仮定のもとでは，それは自由貿易のフォークロアを強く支持するものとなる．実際，費用逓減と不完全競争のもとでは，貿易利益は費用逓増と完全競争の場合よりも大きくなることが示唆される．一国が自給自足から自由貿易に移行するとき，要素賦存や生産関数がそれによって影響を受けないとすれば，次の命題が成立する．

命題 6.5 （自由貿易の利益 a）

一国のすべての産業で，自由参入を通じて利潤が消滅しマークアップ比率が 1 に等しくなっているとする．加えて，自由貿易のもとですべての産業の競争度が自給自足時より下がらないとすれば，一国は自給自足から自由貿易に移行することで経済厚生を高めることができる．自給自足時にくらべて競争度が高ければ高いほどこの利益は大きくなる．

証明　仮定によって，所与の生産実現フロンティアの上で任意の 2 財の間の限界変形率は，その相対価格に等しくなる．しかも，(6.18)は $\sum p_j dZ_j = \sum p_j Z_j \varepsilon_j \hat{\gamma}_j$ と簡単になる．さらに，すべての j について $\beta_j = \gamma_j < 1$．したがって $\varepsilon_j \geq 0$ となるので，自給自足から自由貿易への移行によって少なくとも一つの産業の競争度が上がれば，この国の生産実現フロンティアは上方にシフトする．しかも競争度の上がり方が大きければ大きいほど，このシフトの程度も大きなものとなる．交易条件不利化による窮乏化成長のケースを別とすれば，生産実現フロンティアの上方へのシフトはこの国の経済厚生を高める．貿易自由化は通常の貿易利益に加えて競争度上昇による生産性改善の利益を生み出すのである．（証明終）

これまでは，政府は産業内の企業数や企業連合に所属する企業数を操作することで競争度を自由に制御できると仮定してきた．しかし，実際には競争度の操作可能性には限界がある．たとえば，ある費用逓減産業の国内市場が狭隘であり，企業連合に所属する企業数を最小数 1 に制御したとしても，外国に対して閉鎖された市場ではごく少数の企業連合しか存続できないとしよう．この

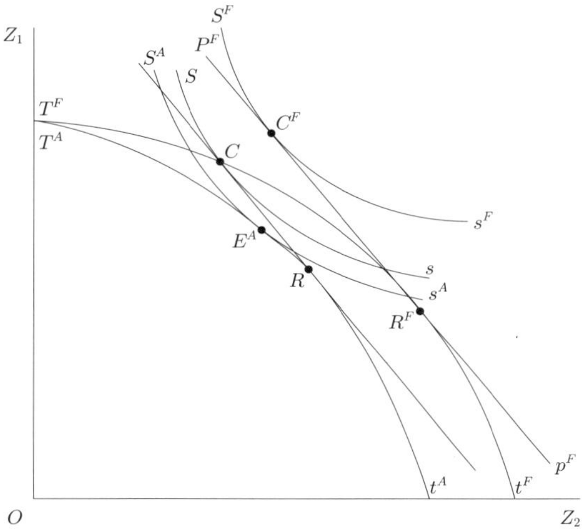

図 6.5　自由貿易の利益

ような場合，競争度をある水準を超えて高めることは不可能である．これに対して，自由貿易のもとでは，広大な世界市場の中で多数の企業が存続できるので，この産業の競争度は自給のときよりも自然に高くなり，その結果として生産性が上昇し，追加的な貿易利益が生み出される．

命題 6.5 から次の 2 つの系が導かれる．

系 1　命題 6.5 の前提のもとで，世界市場価格に影響力をもたない小国は，自由貿易によって必然的に大きな貿易利益を得る．

系 2　命題 6.5 の前提のもとで，自由貿易時にすべての産業の競争度(ないし独占度)が自給自足時と同じ水準に維持されるならば，自由貿易は利益をもたらす．

図 6.5 は 2 財 2 要素のケースについて系 1 の主張を図解している．$T^A t^A$ は小国の自給自足時の生産実現フロンティア，$S^A s^A$ は社会的無差別曲線である．両者の接点 E^A は自給自足時の一般均衡を表している．ここでは，財 1 の生産は完全競争下で，財 2 の生産は不完全競争下で行われているとする．

自由貿易に移行して財2の市場で競争度が上昇すると，生産実現フロンティアは上方にシフトし，生産可能フロンティア $T^F t^F$ と一致する．国際相対価格が直線 $P^F p^F$ の勾配に等しいとすると，生産均衡点は R^F，消費均衡点は C^F に移動する．その結果，この国の経済厚生は無差別曲線 $S^A s^A$ の水準から $S^F s^F$ の水準に高まる．もし競争度の上昇による生産性の改善がなければ，新しい生産均衡点は R，消費均衡点は C となり，貿易利益はもっと小さかったはずである．系2は伝統的な完全競争モデルによる貿易利益の論証を本章のモデルに最も端的に拡張するものである．小国の仮定を外して**図 6.5** を少し読みかえれば競争度一定のもとでの貿易自由化の効果は生産均衡点の E^A から R へのシフト，それにともなう消費均衡点の E^A から C へのシフトとして解釈できる．この国が自由貿易に移行するとき，生産実現フロンティアは変化しないが，国際相対価格は影響を受ける．しかし，新しい国際相対価格が自給自足時の国内相対価格と異なるかぎり，伝統的な完全競争モデルとまったく同じロジックによって貿易利益の存在が確認されることはいうまでもない．

系2は自由参入のもとで利潤が消滅し競争度が一定に保たれるならば貿易利益が得られるというものである．この主張は次のように拡張できる．

命題 6.6 （自由貿易の利益 b）

一国のすべての産業で修正マークアップ比率が相互に等しく維持され，しかも企業の行動制約係数が一定に保たれるならば，自給自足から自由貿易への移行は一国に利益をもたらす．

証明　この前提のもとでは，任意の2財の間の限界変形率と限界代替率の均等が保存され，一国の生産実現フロンティアは自由貿易への移行によって変化しない．（証明終）

紙幅の節約のためにここでは詳しく論じないが，この命題の前提のもとで関税や貿易補助金が存在する場合の貿易利益，交易条件効果，幼稚産業保護論，政策目的に応じた最適政策論，関税同盟に関するケンプ＝ワン定理など，伝統的な国際貿易理論で完全競争の仮定のもとで論じられてきたさまざまな経済厚生命題が現在のモデルにも明らかに拡張可能である.

6.7　解釈と結論

本章では，収穫逓増と不完全競争の要素を取り入れた扱いやすい一般均衡モデルを組み立て，競争政策や産業政策が経済厚生，国際貿易に対してもつ意味について考えた．このモデルはさまざまな解釈が可能であるが，ここでは主としてすべての産業のマークアップ比率が政策的に一定の水準(たとえば利潤ゼロに対応する1)に与えられ，各産業の企業数が内生的に決定される均衡を分析した．これは，すべての産業で一定のマークアップ比率が達成されるまで自由参入が許される「長期」均衡モデルとして理解することができる．しかし，この解釈のもとでは，伝統的な競争均衡モデルの分析結果が保存される一方，収穫逓増と不完全競争のもとで生じる興味ある非伝統的，病理的現象の多くが見失われるおそれがある．少なくとも一部の産業で企業数が固定され，そのかわりにマークアップ比率が内生的に決まる「短期」均衡モデルにも目を向ける必要がある．

「長期」均衡モデルは産業の規模にくらべて個々の企業の規模が十分に小さい場合のみに適用可能であることにも注意しなければならない．最もわかりやすい例をあげると，市場規模にくらべてスケールメリットが大きすぎるため複数の企業が同時には生き残れないような産業では長期的にも完全独占が存続するため，マークアップ比率が1に等しくなるような利潤ゼロの産業均衡は実現しない．需給均衡のためには，企業数ではなく，完全独占企業の生産量，ひいてはマークアップ比率が調整される必要がある．一般に市場規模にくらべて企業規模が大きい場合には，企業数を所与としてマークアップ比率が内生的に決定されるという解釈をとらなければならない．

企業の生産関数に関する仮定も問題がないわけではない．任意の産業について企業の生産関数が相似的であるとする仮定は，生産関数が一次同次であるとするH.O.S.モデルの自然な一般化であるが，現実的でないとして異議をとなえる向きもあろう．この批判に対しては今のところ甘んじて受けるほかはない．各産業ですべての企業の生産関数が同一であるとする仮定も現実的ではない．しかし，これを緩めることはさほど困難ではない．たとえば，同一産業に2種類の企業グループL, Hが存在し，グループHに属する企業の生産関数はグループLに属する企業の生産関数がヒックス中立的な技術進歩によって効率化したものと見なせるケースを考えよう．この場合，両者の平均費用がちょうど等しくなるようにグループLの企業連合の集中度がグループHより高く決められていれば，両者は共存することができる．ただし，両グループがどのような割合で共存できるかは現在のモデルでは決定できない．この拡張は，大企業が中小企業にくらべて効率の高いプラントをより多くもち，個々のプラントの生産量をより低く抑えているといった事態に一つの説明を与えるものと言えるかもしれない．

現在のモデルでは，すべての財が最終消費財であり，すべての要素市場で完全競争が行われているものとしている．いうまでもなく，現実には多くの中間財が存在し，労働市場や土地市場のように完全競争が支配的とは言えない市場が存在する．現在の基本的な枠組みを変えなくても，すべての市場で買い手が価格受容者，売り手が価格設定者であり，一部の生産要素も一種の財であると見なせば，このような現実をモデルに組み込むことは可能である．しかし，買い手の価格支配力を考慮するためには，モデルの大幅な修正と複雑化が避けられないかもしれない．

最後に，製品差別化の取り扱いについて言及しておこう．現在のモデルでも，密接な代替財をひとまとめにして新たに一つの大きな産業と再定義することにより製品差別化を導入できる．たとえば，国際分業モデルの構築にあたっては，各国が世界全体にまたがる大きな産業の中で独自の財を作っているようなケースを想定すれば，同様な経済構造をもつ国々の間で産業内貿易(intra-industry trade)が発生することも視野に入ってくる．

[参考文献]

大山道広(1991)，「企業行動と国際貿易――Ricardo-Mill モデルの再解釈と拡充」『三田学会雑誌』，83(特Ⅱ)，214-228.

Arrow, Kenneth J. and Gerald Debreu (1954), “Existence of an Equilibrium for a Competitive Economy," *Econometrica*, 22, 256-290.

Brander, James A. and Paul R. Krugman (1983), "A Reciprocal Dumping Model of International Trade," *Journal of International Economics*, 15, 313-321.

Chang, Winston W. (1979), "Some Theorems on Trade and General Equilibrium with Many Goods and Factors," *Econometrica*, 47, 709-726.

Chang, Winston, W. and Seiichi Katayama (1995), "Theory and Policy of Trade with Imperfect Competition," in W. W. Chang and S. Katayama, eds., *Imperfect Competition in International Trade*, Boston: Kluwer Academic Publishers.

Das, Satya P. (1982), "Economies of Scale, Imperfect Competition, and the Pattern of Trade," *Economic Journal*, 92, 684-693.

Dixit, Avinash K. and Victor Norman (1980), *Theory of International Trade*, Cambridge: Cambridge University Press.

Ethier, Wilfred J. (1982), "Decreasing Costs in International Trade and Frank Graham's Argument for Protection," *Econometrica*, 50, 1243-1268.

Ethier, Wilfred J. (1984), "Higher Dimensional Issues in Trade Theory," in R. W. Jones and P. B. Kenen, eds., *Handbook of International Economics*, Vol. 1, Amsterdam: North-Holland Publishing Company.

Graham, Frank (1923), "Some Aspects of Protection Further Considered," *Quarterly Journal of Economics*, 37, 199-227.

Helpman, Elhanan (1981), "International Trade in the Presence of Product Differentiation, Economies of Scale and Monopolistic Competition," *Journal of International Economics*, 11, 305-340.

Helpman, Elhanan (1984), "Increasing Returns, Imperfect Markets and Trade Theory," in R. W. Jones and P. B. Kenen, eds., *Handbook of International Economics*, Vol. 1, Amsterdam: North-Holland Publishing Company.

Helpman, Elhanan and Paul R. Krugman (1985), *Market Structure and Foreign Trade*, Cambridge, MA: MIT Press.

Helpman, Elhanan and Paul R. Krugman (1989), *Trade Policy and Market Structure*, Cambridge, MA: MIT Press.（大山道広訳『現代の貿易政策——国際不完全競争の理論』東洋経済新報社，1992 年）

Jones, Ronald W. (1965), "The Structure of Simple General Equilibrium Models," *Journal of Political Economy*, 73, 557-572.

Jones, Ronald W. (1968), "Variable Returns to Scale in General Equilibrium

Theory," *International Economic Review*, 9, 261–272.

Kemp, Murray C. (1995), *Gains from Trade and Gains from Aid*, London and New York: Routledge.

Kemp, Murray C. and Henry Y. Wan (1976), "An Elementary Proposition Concerning the Formation of Customs Unions," *Journal of International Economics*, 6, 95–97.

Kikuchi, Toru (1996), "Increasing Costs in Product Diversification and Gains from Trade," *Japanese Economic Review*, 47, 384–395.

Konishi, Hideki, Masahiro Okuno-Fujiwara and Kotaro Suzumura (1990), "Oligopolistic Competition and Economic Welfare: A General Equilibrium Analysis of Entry Regulation and Tax-Subsidy Schemes," *Journal of Public Economics*, 42, 67–88.

Krugman, Paul R. (1979), "Increasing Returns, Monopolistic Competition, and International Trade," *Journal of International Economics*, 9, 469–479.

Krugman, Paul R. (1987), "Is Free Trade Passé?" *Journal of Economic Perspective*, 1, 131–144.

Lancaster, Kelvin (1980), "Intra-industry Trade under Perfect Monopolistic Competition," *Journal of International Economics*, 10, 151–175.

Lawrence, C. and P. T. Spiller (1983), "Product Diversity, Economies of Scale, and International Trade," *Quarterly Journal of Economics*, 98, 63–83.

Mankiw, N. Gregory and Michael D. Whinston (1986), "Free Entry and Social Inefficiency," *Rand Journal of Economics*, 17, 48–58.

Markusen, James R. (1981), "Trade and the Gains from Trade with Imperfect Competition," *Journal of International Economics*, 11, 531–551.

Markusen, James R. and James R. Melvin (1984), "The Gains from Trade Theorem with Increasing Returns to Scale," in Henryk Kierzkowski, ed., *Monopolistic Competition and International Trade*, Oxford: Clarendon Press.

McKenzie, Lionel W. (1959), "On the Existence of General Equilibrium for a Competitive Market," *Econometrica*, 27, 54–71.

Melvin, James R. and R. Warne (1973), "Monopoly and the Theory of International Trade," *Journal of International Economics*, 3, 117–134.

Negishi, Takashi (1961), "Monopolistic Competition and General Equilibrium," *Review of Economic Studies*, 28, 196–201.

Negishi, Takashi (1969), "Marshallian External Economies and Gains from Trade between Similar Countries," *Review of Economic Studies*, 36, 131-135.

Negishi, Takashi (1972), *General Equilibrium Theory and International Trade*, Amsterdam: North-Holland Publishing Company.

Nikaido, Fukukane (1975), *Monopolistic Competition and Effective Demand*, Princeton: Princeton University Press.

Ohyama, Michihiro (1972), "Trade and Welfare in General Equilibrium," *Keio Economic Studies*, 9(2), 37-73.

Ohyama, Michihiro (1997), "Monopolistic Competition, Increasing Returns and International Coordination of Entry Policy," *Pacific Economic Review*, 2, 197-209.

Ohyama, Michihiro (1999), "Market, Trade and Welfare in General Equilibrium," *Japanese Economic Review*, 50, 1-24.

Samuelson, Paul A. (1947), *Foundations of Economic Analysis*, Cambridge, MA: Harvard University Press. (佐藤隆三訳『経済分析の基礎(増補版)』勁草書房，1986 年)

Schweinberger, Albert G. (1996), "Procompetitive Gains from Trade and Comparative Advantage," *International Economic Review*, 37, 361-375.

Suzumura, Kotaro and K. Kiyono (1987), "Entry Barriers and Economic Welfare," *Review of Economic Studies*, 54, 154-167.

Takayama, Akira (1982), "On Theorems on General Competitive Equilibrium of Production and Trade: A Survey of Some Recent Developments in the Theory of International Trade," *Keio Economic Studies*, 19, 1-37.

第7章　品質改善型技術進歩と国際貿易

7.1　はじめに

標準的な国際貿易理論の教科書では，自国の輸出産業で生じた技術進歩は自国に不利な交易条件(terms of trade)の変化を誘発し，外国の厚生を高めると述べられている．それだけでなく，窮乏化成長(immiserizing growth)の理論によれば，交易条件の不利化が技術進歩の利益を上回り，自国の厚生の低下をもたらす可能性さえあることが指摘されるのが常である．これは，技術進歩の結果として輸出産業の製品の供給量が増大するため，その相対価格(交易条件)が低下することによるものである[1)]．しかし，この結論は費用削減型技術進歩について導かれたものであり，品質改善型技術進歩には必ずしもあてはまらない．というのは，輸出産業における品質改善型技術進歩はその製品の相対価格を高めるからである．従来の貿易理論の文献では，費用削減型技術進歩の効果分析に重きが置かれていたため，この点に関する認識が十分ではなかったように思われる．

ひるがえって現実の技術進歩をながめてみると，費用削減的なものだけでなく，品質改善的なものが多いことに気づく．費用削減型技術進歩は，組織と工程の再編成による資源利用の効率化を通じて達成される．産業革命以来，この型の技術進歩が経済成長に多大の貢献をしてきたことはいうまでもない．他方，品質改善型技術進歩は，製品の設計と仕上げの工夫によってその機能の向上を実現するものである．生活必需品に対する欲求が一応みたされた先進国では，品質改善型技術進歩が求められるようになる．かつての日本の高度成長は，電機製品，自動車，精密機械など重要な工業分野で次々に品質改善型技術進歩を実現したことによるところが大きい．国内外で日本製品の販売が伸びたのは，その耐久性，使用効率，アフターサービスなどに対する評価が高く，コ

1)　この可能性は早くからミル，エッジワースなどによって指摘されてきた．Bhagwati (1958a, b)は巧みなネーミングを与えてこの逆説的な現象に関する認識を広めた．

スト・パフォーマンスが良かったためである．最近における日本経済の停滞の一因は，欧米の先進国へのキャッチアップが完了し，品質改善型技術進歩の余地が著しく狭くなったことにある．

今後，大型の新製品の開発が進むにつれて，日本が得意とする品質改善型技術進歩の重要性が再び注目されるようになるかもしれない[2]．

本章の目的は，簡単な国際貿易の理論モデルによって品質改善型と費用削減型の技術進歩を比較し，その効果の違いを明確にすることである．7.2では，本章のモデルを説明する．7.3では，まず比較のため，本章のモデルで費用削減型技術進歩の効果を分析し技術進歩が生じた国の経済厚生が低下するという窮乏化成長の可能性を明らかにする．現在のモデルでは，窮乏化成長のための必要十分条件は輸出産業の製品に対する世界需要の弾力性が輸出比率より小さいことである．7.4で品質改善型技術進歩の効果を取り上げる．費用削減型技術進歩とは対照的にこの型の技術進歩は外国の経済厚生を悪化させるという，いわば「逆窮乏化成長」(inverse immiserizing growth)の可能性があることを示す．7.5で，特殊ケースについて逆窮乏化成長の必要十分条件を求める．やや厳密を欠くが，このケースで逆窮乏化成長が生じるのは技術進歩が外国では自国ほど評価されない場合であると言える．最後に7.6で本章の分析の意義と限界について簡単に論じる．

7.2　品質と国際貿易——モデル

簡単な2国2財マーシャル型モデルを考える．自国，外国の2国が存在し，それぞれ財x，財yに完全特化している．両国の各市場では完全競争が行われ，国内の生産要素の供給量は一定で，完全に雇用されている．したがって，利用可能な技術と品質を所与とすれば，各財の供給量は一定となる．財yの品質は変化しないが，財xのそれは変化しうるとする．両国の間に関税，輸送費等の貿易障壁はなく，自由貿易のもとで財の価格は国際的に均等化してい

2)　通常，技術革新はプロセス・イノベーション(process innovation)とプロダクト・イノベーション(product innovation)に大別される．前者はここでいう費用削減的な技術進歩のすべてと品質改善型技術進歩の大部分を含む．これに対して，後者は従来知られていなかった新製品の開発を指すものである．

る．生産要素は国際的に移動しないものとする．

内外の代表的消費者はマーシャル型の準線形の効用関数をもっていると仮定する．自国の消費者の効用関数は

$$u = Y + v(X, q), \quad v_1 > 0, \quad v_2 > 0, \quad v_{11} < 0, \quad v_{22} < 0, \quad v_{12} > 0 \tag{7.1}$$

とする．ただし，X, Y はそれぞれ自国の財 x，財 y の消費量，q は財 x の品質の指標，v_1, v_2 はそれぞれ関数 $v(\ )$ の X, q に関する偏微分である．同様に，v_{11}, v_{12} はそれぞれ $v_1(\ )$ の X, q に関する偏微分，v_{22} は $v_2(\ )$ の q に関する偏微分である．（以下，特にことわらずに同一の記号を用いる．）財 x の限界効用は正で逓減し，品質の改善は財 x の限界効用を高めると仮定する．この場合，外国の生産する財 y がマーシャルのいわゆる「貨幣」に相当する標準財(numéraire)となっている．外国の消費者も同様な効用関数

$$u^* = Y^* + v^*(X^*, q), \quad v_1^* > 0, \quad v_2^* \geq 0, \quad v_{11}^* < 0, \quad v_{22}^* < 0, \quad v_{12}^* > 0 \tag{7.2}$$

をもっている．以下，国際貿易理論の慣例にならい，外国の変数には自国の対応する変数と同一の記号を用い，アステリスク$(*)$を付けて区別する．

簡単化のため，財 x は技術的に可能な最高の品質のものが一定量だけ生産されると仮定する．これが妥当するのは，複数の品質の並行生産に禁止的な固定費用がかかる場合に限られることに注意しよう．このとき，自国，外国の消費者の予算制約条件はそれぞれ

$$Y + pX = p\bar{X}, \tag{7.3}$$

$$Y^* + pX^* = \bar{Y}^* \tag{7.4}$$

と表される．ただし，p は財 x の財 y の単位で表示した国際価格であり，仮定によって両国に共通に与えられる．

自国，外国の消費者の効用最大化行動からそれぞれ

$$v_1(X, q) = p, \tag{7.5}$$

$$v_1^*(X^*, q) = p \tag{7.6}$$

という関係が得られる．これらを X, X^* について解き，自国，外国の財 x の需要関数を

$$X = x(p, q), \tag{7.7}$$

$$X^* = x^*(p, q) \tag{7.8}$$

と書くことにする．国際市場の需給均衡条件は

$$x(p, q)+x^*(p, q) = \bar{X} \tag{7.9}$$

と表される．これから，所与の品質 q のもとで財 x の自由貿易均衡価格が決定される．

この均衡において各国の消費者の効用は，交易条件(財 x の相対価格)，財 x の品質，さらには各財の供給量に依存している．(7.1), (7.2), (7.3), (7.4)を全微分し，(7.5), (7.6)を考慮して整理すると

$$du = (\bar{X}-X)dp+v_2dq+pd\bar{X}, \tag{7.10}$$

$$du^* = -X^*dp+v_2^*dq+d\bar{Y}^* \tag{7.11}$$

となる．財 x の相対価格の上昇はその輸出国である自国の効用を高めるが，輸入国である外国の効用を低める．財 x の品質の上昇は，他の条件を不変とすれば，一般に両国の効用を高める．そして，自国の財 x の供給量の増加は直接的には自国の効用を高め，外国の財 y の供給量の増加は外国の効用を高める．この関係は以下の厚生分析で重要な役割を果たす．

7.3　費用削減型技術進歩の効果

まず，費用削減型の技術進歩が国際価格や経済厚生に及ぼす効果について分析する．自国の財 x の生産工程でコストダウンを可能にするような技術進歩が生じたとしよう．現在のモデルでは，それは自国の財 x の供給量 $\bar{X}$ の増加をもたらす．品質 q を一定として，(7.9)を $\bar{X}$ に関して全微分すると

$$\frac{dp}{d\bar{X}} = \frac{1}{x_1+x_1^*} \tag{7.12}$$

となる．ここで，(7.5), (7.6)式から

$$x_1 = \frac{1}{v_{11}}, \tag{7.13}$$

$$x_1^* = \frac{1}{v_{11}^*} \tag{7.14}$$

を得る．これらを(7. 12)に代入すると

$$\frac{dp}{d\bar{X}} = \frac{v_{11}v_{11}^*}{v_{11}+v_{11}^*} < 0 \tag{7. 15}$$

となる．

当然のことながら，技術進歩による財 x の供給量の増加はその価格の低下をもたらす．したがって，両国の財 x の消費量はともに増加し，財 x の輸入国である外国の厚生は高められる．問題はこの型の技術進歩が自国の厚生にいかなる影響を及ぼすか，である．相対価格が不変なら，財 x の供給量の増加は自国の実質所得の増加，したがってその厚生の増加をもたらすはずである．しかし，財 x の価格の低下，すなわち自国の交易条件(terms of trade)の不利化は自国の厚生を低める方向にはたらく．よく知られているように，交易条件不利化の効果が供給増加の直接的効果を上回り，窮乏化成長(immiserizing growth)となる可能性がある．$dq=0$ とすると，(7. 10)，(7. 11)から

$$\frac{du}{d\bar{X}} = p+(\bar{X}-X)\frac{dp}{d\bar{X}}, \tag{7. 16}$$

$$\frac{du^*}{d\bar{X}} = -x^*\frac{dp}{d\bar{X}} > 0 \tag{7. 17}$$

と書ける．外国は交易条件の変化によって利益を受けるが，自国の効用の変化の方向は確定しない．(7. 12)を用いて(7. 16)を書き直すと，

$$\frac{du}{d\bar{X}} = p\left(1-\frac{\bar{X}-X}{X+X^*}\cdot\frac{1}{\eta}\right) \tag{7. 18}$$

となる．ただし，η は財 x の世界需要の価格弾力性

$$\eta = -\frac{p}{X+X^*}\cdot(x_1+x_1^*)$$

で，正の値をとるように定義されている．したがって，窮乏化成長が生じるための必要十分条件は，

$$\eta < \frac{\bar{X}-X}{X+X^*} \tag{7. 19}$$

と表される．これは，財 x の世界需要の弾力性が自国の財 x の輸出比率，すなわち輸出量の国内生産量に対する比率より小さいということである．自国が

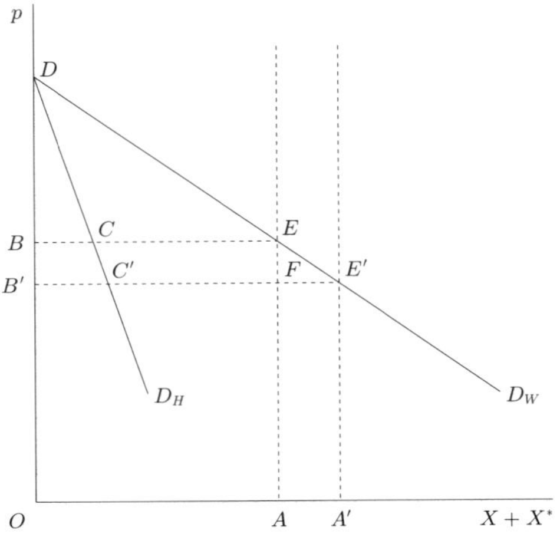

図 7. 1　費用削減型技術進歩

発展途上国で，その輸出品である財 x が需要弾力性の低い輸出用の一次産品であるような場合，この条件がみたされる可能性は無視できない．

図 7. 1 は費用削減型技術進歩の効果を例解したものである．財 x の世界全体の需要曲線を D_W，自国の需要曲線を D_H で示す．（図を簡明にするため，自国，外国の禁止的価格は同一としている．）当初，自国の財 x の供給量が OA，均衡価格が OB であったとする．このとき，自国の国内消費量は BC，輸出量は CE である．自国の消費者余剰は BCD，生産者余剰は $OBEA$ の面積によって表される．他方，外国の消費者余剰は DCE の面積に等しい．技術進歩によって財 x の供給量が OA' に増加したとすると，均衡価格は OB' に下がる．その結果，外国の消費者余剰は $DC'E'$ となり，明らかに増加する．これに対して，自国の消費者余剰は $DB'C'$ に増加するが，生産者余剰は $OB'E'A'$ に変化する．したがって，自国の社会的余剰(消費者余剰と生産者余剰の和)は $CC'FE$ が $FAA'E'$ より大きいか小さいかに応じて，増加または減少する．財 x の供給量の増加が微小である場合には，窮乏化成長の条件は(7. 9)に帰着する．

7.4　品質改善型技術進歩の効果——一般ケース

自国の輸出産業に生じた費用削減型技術進歩が交易条件の不利化をもたらし，窮乏化成長を引き起こす可能性があることは周知の事柄である．しかし品質改善型技術進歩の効果はあまり注目されていない．本節では，現在の簡単な貿易モデルによって，自国の輸出産業の品質改善型技術進歩は必ず自国の効用を高め，しかも外国の窮乏化を引き起こす可能性があることを明確にする．

自国の財 x の供給量 $\bar{X}$ を一定として，(7.9)を品質 q に関して全微分すると

$$\frac{dp}{dq}=-\frac{x_2+x_2^*}{x_1+x_1^*} \tag{7.20}$$

を得る．(7.5), (7.6)から

$$x_2=-\frac{v_{12}}{v_{11}}, \tag{7.21}$$

$$x_2^*=-\frac{v_{12}^*}{v_{11}^*} \tag{7.22}$$

と表せる．(7.13), (7.14), (7.21), (7.22)を用いると，(7.20)は

$$\frac{dp}{dq}=\frac{v_{11}v_{12}^*+v_{11}^*v_{12}}{v_{11}+v_{11}^*}>0 \tag{7.23}$$

と書き直すことができる．自国の輸出財である財 x の品質の改善は需要の増加を誘発し，その均衡相対価格の上昇をもたらすことがわかる．特に $v_{12}^*=v_{12}$ の場合，すなわち財 x の限界効用が品質改善によって増加する程度が両国で同一である場合，

$$\frac{dp}{dq}=v_{12}^*=v_{12}$$

となることに注意しよう．このとき，財 x の価格上昇はその限界効用が品質改善によって上昇する程度にちょうど等しくなるのである．外国の輸入量が増えるか減るかは品質改善のプラスの効果と価格上昇のマイナスの効果の大小に依存して決まる．(7.6)を q で微分し，(7.23)を用いると

$$\frac{dX^*}{dq} = -\frac{v_{12}^*}{v_{11}^*}\left(1-\frac{v_{11}+v_{11}^* v_{12}/v_{12}^*}{v_{11}+v_{11}^*}\right) \tag{7. 24}$$

となる．外国の輸入量は，$v_{12}^*>v_{12}$ ならば増加し，逆に $v_{12}^*<v_{12}$ ならば減少する．

この型の技術進歩が自国の効用に及ぼす効果は明確に正である．財 x の品質の改善もその相対価格の上昇も，ともに自国の効用を高めるようにはたらくからである．実際，(7. 10)で $d\bar{X}=0$ と置くと

$$\frac{du}{dq} = (\bar{X}-X)\frac{dp}{dq}+v_2 > 0 \tag{7. 25}$$

を得る．この式の右辺の第 1 項(相対価格効果)，第 2 項(品質改善効果)はどちらも正である．他方，それが外国に及ぼす効果は明確ではなくなる．品質の改善と相対価格の変化の効果が逆方向にはたらくからである．同様に，(7. 11)を用いると

$$\frac{du^*}{dq} = -X^*\frac{dp}{dq}+v_2^* \tag{7. 26}$$

となる．この式の右辺第 1 項(相対価格効果)は負，第 2 項(品質改善効果)は正で全体としての効果は確定しない．

外国の効用が増加するか減少するかは，明らかに相対価格効果と品質改善効果の大小関係に依存している．自国の技術進歩の結果として，外国の厚生が低下する現象を逆窮乏化成長(inverse immiserizing growth)と呼ぶことにしよう．自国の技術進歩が自国の消費者には評価されるが，外国の消費者の嗜好には合わず $v_2^*=0$ となる場合には，明らかに逆窮乏化成長が生じる．通常，$v_2^*>0$ と考えられる．その場合，(7. 23)を用いて(7. 26)を書き直すと

$$\frac{du^*}{dq} = X^* v_{12}^*\left(\frac{1}{\varepsilon^*}-\frac{v_{11}^* v_{12}/v_{12}^*+v_{11}}{v_{11}+v_{11}^*}\right) \tag{7. 27}$$

のようになる．ただし，ε^* は品質改善にともなう外国の限界的な効用増加(以下，簡潔に品質改善の限界効用と呼ぶ)の消費量に関する弾力性で，

$$\varepsilon^* = \frac{v_{21}^* X^*}{v_2^*} \tag{7. 28}$$

と定義され，正の値をとる．これから，逆窮乏化成長の必要十分条件は

$$\varepsilon^* > \frac{v_{11}+v_{11}^*}{v_{11}^* v_{12}/v_{12}^* + v_{11}} \tag{7.29}$$

と表される．一般に，外国での品質改善の限界効用の消費弾力性が高ければ高いほど，品質改善による外国の財 x の限界効用の増加の程度が自国にくらべて低ければ低いほど，この条件がみたされる蓋然性は高くなる．特に $v_{12}=v_{12}^*$ の場合，逆窮乏化成長の条件は $\varepsilon^*>1$ と簡単になる．他方，$\varepsilon^*=1$ の場合には，それは $v_{12}>v_{12}^*$ となる．

$v_{12}=v_{12}^*$ の場合，$\varepsilon^*>1$ が窮乏化成長の必要十分条件となることの意味について考えよう．定義によって，この条件は $v_2^*/X^*<v_{21}^*$ と書き直すことができる．つまり，品質改善による財 x の効用の平均的増加が限界効用の増加に及ばないということである．すでに示したように，この特殊ケースでは品質改善にともなう財 x の価格の上昇は，それによる限界効用の増加にちょうど等しい．したがって，品質改善による外国の効用の平均的増加は価格の上昇を下回り，損失が発生するのである．なお $v_2^*(0,q)=0$ のとき，ε^* が 1 よりも大きいか小さいかという条件は v_{12}^* が正か負かという条件と同値である．従来の文献では，この形の条件が産業政策や貿易政策が財の品質に及ぼす効果の判定に重要な役割をはたしてきた[3]．

図 7.2 の OV は，v_2^* と X^* との関係を示している．財 x の消費量がゼロのときは品質の改善は何ら効用に影響しないので $v_2^*(0,q)=0$ である．$v_{12}^*>0$ という仮定とあわせて，そのグラフは原点から出る右上がりの曲線となる．ここでは $\varepsilon^*>1$ のケース，すなわち下側に凸となるケースが描かれている．財 x の当初の消費量を OA とすれば，品質改善による外国の効用の増加は区間 OA についての積分，すなわち領域 OAB の面積で示される．これに対して，$v_{12}=v_{12}^*$ という特殊ケースを考えれば，すでに見たように品質改善にともなう価格の上昇は v_{12}^*，すなわち OV の点 B における接線の傾斜に等しく，それによる効用の減少は三角形 OAC の面積となる．したがって，この場合には外国の効用はネットで減少すると言える．同様に，$\varepsilon^*<1$ かつ $v_{12}=v_{12}^*$ のケースでは，外国の効用がネットで増加することになる．

3)　たとえば，Spence (1975)，Krishna (1987) 参照．

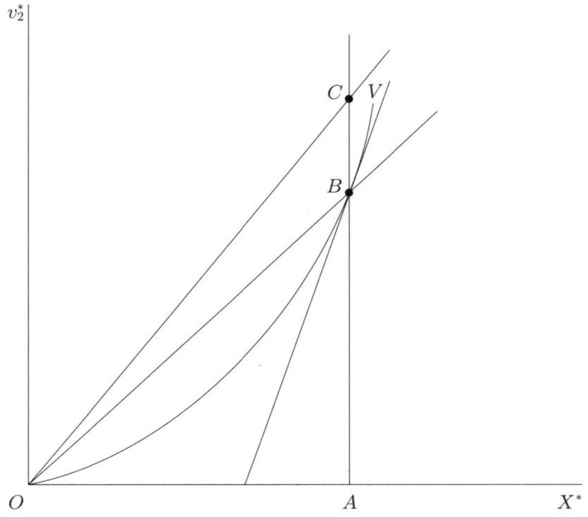

図 7. 2　品質改善の限界効用

ところで，財 x の品質改善による相対価格の上昇は必ずしも外国の交易条件の不利化を意味するものではない．品質の改善による利益が価格の上昇による損失を上回れば，財 x の輸入国である外国はかえって得をするからである．一般に，品質改善型の技術進歩が生じている場合には，輸出品の輸入品に対する相対価格は外国の交易条件の指標として適切ではない．

そこで，外国の交易条件を財 x の価格 p と区別して π^* と書くことにすると，その微小変化は

$$\frac{d\pi^*}{dq} = -\frac{dp}{dq} + \frac{v_2^*}{X^*} \tag{7.30}$$

と表せる．この式の右辺第 1 項は相対価格の上昇が外国の交易条件に及ぼす効果，第 2 項はその品質改善の効果である．相対価格が一定であっても，外国は財 x の輸入 1 単位当たりに v_2^*/X^* に相当する便益を受ける．(7. 11)式から，$d\bar{Y}^*=0, d\pi^*=0$ のとき，$du^*=0$ となる．財 y の供給量を一定とするとき，外国の交易条件が有利化すれば外国の効用は増加したと言えるし，逆に外国の交易条件が不利化すれば外国の効用は減少したと言える．自国の交易条件についても同様な定式化を考えることができる[4)]．

7.5　品質改善型技術進歩の効果——特殊ケース

以上の分析の応用例として，計算可能な特殊ケースを考える．効用関数の非線形部分 $v(\ )$, $v^*(\ )$ が2次関数で，それぞれ

$$v(X,q)=-\frac{ax^2}{2}+qbx, \tag{7.31}$$

$$v^*(x^*,q)=-\frac{ax^{*2}}{2}+\alpha qbx^* \quad (\alpha \geq 0) \tag{7.32}$$

と表されるものとしよう．

この場合，自国，外国の需要関数はそれぞれ

$$p=-ax+qb, \tag{7.33}$$

$$p=-ax^*+\alpha qb \tag{7.34}$$

という線形の関数となる．両国の需要曲線の勾配は等しいが，切片は必ずしも等しくない．品質改善型の技術進歩は各国の需要曲線を平行に上方移動させる効果をもっている．α が1よりも小さい場合，外国の消費者は自国の消費者ほど財 x の品質の改善を評価しないと言える．この特殊ケースでは，(7.23)は

$$\frac{dp}{dq}=\frac{(1+\alpha)b}{2} \tag{7.35}$$

となる．x の相対価格は上昇し，自国の効用は増加する．また，(7.26)は

$$\frac{du^*}{dq}=abX^*\left(1-\frac{1+\alpha}{2\alpha}\right) \tag{7.36}$$

となる．品質改善の限界効用の消費量に関する弾力性 ε^* は1に等しい．これから，逆窮乏化成長の必要十分条件は $\alpha<1$ である．つまり，外国の効用が低下するのは，外国の需要曲線のシフト幅が自国のそれよりも小さい場合である．(7.30)から，品質を考慮した外国の交易条件の変化は

---

4)　自国の交易条件を π と書くことにすると，その微小変化は $d\pi/dq=dp/dq-v_2/X^*$ と表されよう．財 x の品質が改善されたのにその相対価格が変化しなければ自国の交易条件は悪化したと言える．

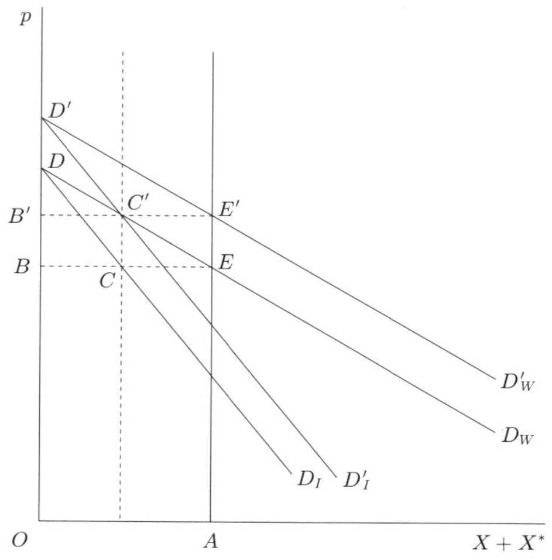

図 7. 3　品質改善型技術進歩：特殊ケースの図解

$$\frac{d\pi^*}{dq}=\frac{(\alpha-1)b}{2}$$

となる．α が 1 より大きいかに小さいかに応じて外国の交易条件は有利化するか不利化し，したがって外国の効用は増加するか減少する．

図 7. 3 は，自国と外国の効用関数が同一で $\alpha=1$ の場合について財 x の品質改善の効果を示している．D_I, D_W はそれぞれ当初の個別国，世界の需要曲線である．自国の財 x の供給量は OA で，一定とする．当初の均衡では自国も外国も価格 OB のもとで $BC(=CE)$ の財 x を消費している．このとき，自国の社会的余剰は $OAEB$ と DBC の和に，外国のそれは消費者余剰 DCE に等しい．品質改善によって，個別国，世界の需要量は $BB'=EE'$ だけ上方にシフトし，それぞれ D'_I, D'_W となる．新しい均衡では，価格は OB' へ上昇するが，自国も外国も以前と同一量 $B'C'=BC$ の財 x を消費することになる．この場合，品質改善の需要拡大効果が価格上昇の需要抑制効果によってちょうど相殺されるのである．その結果，自国の社会的余剰は $BEE'B'$ だけ増大するが，外国のそれは以前と同じ水準 $D'C'E'=DCE$ にとどまる．したがって，外国の効用は品質改善によって何ら影響を受けないことがわかる．いうまでも

なく，**図 7. 3** に描かれた状況は境界のケースである．外国の効用は，$\alpha<1$ の場合には減少し，$\alpha>1$ の場合には増加する．このことは**図 7. 3** を修正することで容易に示される．

以上では，品質改善の限界効用の消費弾力性が 1 に等しい特殊ケースについて見たが，それが 1 よりも大きくなる例としては次のようなものが考えられる．関数 $v(\ )$, $v^*(\ )$ がそれぞれ

$$v(x,q) = -\frac{a}{q}x^{\beta}+bx \quad (\beta>1), \tag{7. 37}$$

$$v^*(x^*,q) = -\frac{a}{\alpha q}x^{*\beta}+bx^* \quad (\alpha \geq 0) \tag{7. 38}$$

という場合である．このとき，$\varepsilon^*=\beta>1$ となることが容易に確かめられる．このケースについての詳細な分析は省略する．

7.6　要約と結論

以上の分析によれば，自国の輸出財の品質改善が外国の効用を高めるのは，品質改善の限界効用の消費弾力性が 1 に等しいときには，それが自国の消費者より外国の消費者に高く評価される場合に限られる．このことから，一国の輸出産業における品質改善型技術進歩はその国にとっては利益となるが，外国に損失をもたらす可能性がかなりあると言える．これは費用削減型技術進歩の効果と対蹠的なものであり，貿易利益の国際的な分配に関して重要な意味をもつ結論である．

まず，先進国と途上国の間の垂直貿易について考えてみよう．大規模な国内市場をもつ先進国の輸出産業では，外国よりも自国市場に照準を合わせた品質の改善がはかられがちである．そのような場合，先進国は品質の改善と交易条件の有利化によって利益を上げるが，途上国は品質改善による利益を上回る交易条件の損失をこうむる可能性が大きい．逆に，国内市場が狭隘な途上国の輸出産業では，自国よりも外国市場をねらった品質改善が追求される傾向がある．そのような技術進歩は自国だけでなく，外国の利益にもなると考えられる．途上国の貿易利益が長期的な交易条件の不利化によって損なわれてきた

とする「プレビッシュ＝シンガー命題」(Prebisch-Singer Proposition)はこの点を考慮に入れて再検討される必要がある．一つには，先進国の輸出産業(製造工業)における品質改善型技術進歩は，それ自体途上国の通常の意味での交易条件(品質の変化を十分に考慮に入れない)の不利化をもたらす傾向があるということである．もう一つには，通常の意味での交易条件が不利化したとしても，それが品質向上を反映するものであるかぎり，直ちに途上国の貿易利益の減少につながるとは言えないことである．この点に関して，Lipsey (1994)の実証研究が参考になる．それによれば，品質の改善を考慮に入れて修正すると，一次産品の工業製品に対する長期的な不利化傾向は消滅する．しかし，そこでは品質改善が先進国と途上国で非対称的に評価される可能性は無視されている．

先進国同士の水平的な国際貿易についても，品質改善型技術進歩がもつ意味は重要である．Krugman (1994)は，*Foreign Affairs*に発表した著名な啓蒙的論文のなかで「通俗的国際経済論」(pop internationalism)が重視する「国」の競争力という概念のあいまいさを批判し，それにこだわることの危険性を説いている．クルーグマンが言うように，国と企業は異なる．企業は生産性上昇の競争に敗れればつぶれるが，国はつぶれない．自国の輸出産業で費用削減型技術進歩が生じ，外国では生じないとしてみよう．この場合，外国の交易条件は改善し，極端な場合には自国は窮乏化成長に陥るおそれさえある．このように，費用削減型技術進歩の場合には，技術開発競争に負けた国がかえって得をする可能性がある．これに対して，自国の輸出産業で品質改善型技術進歩が生じ，外国では生じないとすればどうであろうか．本章で明らかにしたように，自国の経済厚生はかならず改善されるが，外国のそれは悪化する可能性がある．この場合には，技術開発競争に勝つことが望ましいと言えよう．どちらの場合にも，自国は外国に対して国際競争力を高めたと言われそうであるが，それが各国の経済厚生に及ぼす効果は著しく異なるのである．国際競争力という概念の乱用は確かに有害無益な混乱を引き起こす．

[参考文献]

Bhagwati, Jagdish (1958a), "Immiserizing Growth: A Geometrical Note," *Review of Economic Studies*, 25, 201-205.

Bhagwati, Jagdish (1958b), "International Trade and Economic Expansion," *American Economic Review*, 48, 941-953.

Krishna, Kala (1987), "Tariffs versus Quota with Endogenous Quality," *Journal of International Economics*, 23, 97-122.

Krugman, Paul R. (1994), "Competitiveness: A Dangerous Obsession," *Foreign Affairs*, 73(2), 28-44.

Lipsey, Robert E. (1994), "Quality Change and Other Influences on Measures of Export Prices of Manufactured Goods and the Terms of Trade between Primary Products and Manufactures," NBER Working Paper, 4671.

Spence, A. Michael (1975), "Monopoly, Quality, and Regulation," *Bell Journal of Economics*, 6(2), 417-429.

第 8 章　雁行型発展の理論
——特殊要素モデルを中心として

8.1　はじめに

1935 年に赤松要が創唱し，小島清が理論化を試みた雁行形態型経済発展(雁行型発展と略称)について再考する[1)]．雁行型発展とは，新興国の産業(赤松の場合には日本の羊毛工業，綿糸・綿布，紡績織布機など)が先進国からの輸入→国内生産→輸出という発展過程を経るとする[2)]．近年では，この基本形にさらに輸出→逆輸入という展開が追加され，雁行型発展が時間を通じて繰り返される可能性が指摘されている．小島(2003)は輸入→国内生産→輸出という過程を雁行形態型発展の第 1 次展開，輸出→直接投資→逆輸入という過程を第 2 次展開と呼んでいる[3)]．**図 8.1** は，ある国の製造工業について，時間軸に対応して生産量，輸入量，輸出量，逆輸入量がどのように変化するかを概念的に示したものである．その態様は，まさに一群の雁が大空を高く低く飛行する姿に似ている．このような観察に加えて，複数の新興国，複数の産業の継起的，重層的雁行型発展も論じている．同時に，雁行型発展が現実には必ずしも妥当しない事例も指摘している．本章では，最も基本的な小国 2 産業の貿易モデルを用いて雁行型発展の可能性を再検討する．

雁行形態型発展は当初経験的法則として見出された．いわゆる経験的法則はもともと直観的に構想され，関連する経験的事実の観察を通じて帰納的に導き出されるものである．しかし，帰納による経験的法則が一般的に妥当するという保証はない．赤松博士は雁行型発展を実証するだけでなく，弁証法的過程と

1)　赤松(1935, 1937)は雁行形態型発展を論じた初期の文献である．池尾(2008)は日本の経済思想に大きな足跡を残した世界的業績として雁行形態論を位置づけ，その背景と意義を論じている．小島(2003, 2004, 2006)は，雁行形態型発展論を一般要素モデルによって理論化した自身の業績を含む多くの仕事を整理，展望した 3 部からなる労作である．

2)　赤松(1935)参照.

3)　小島(2003, 2006)参照．Ozawa (2007)は小島の直接投資論を基軸に置いて輸入→国内生産→輸出→対外直接投資→再輸入と展開する雁行形態型発展の「フル・サークル」モデルを論じている．

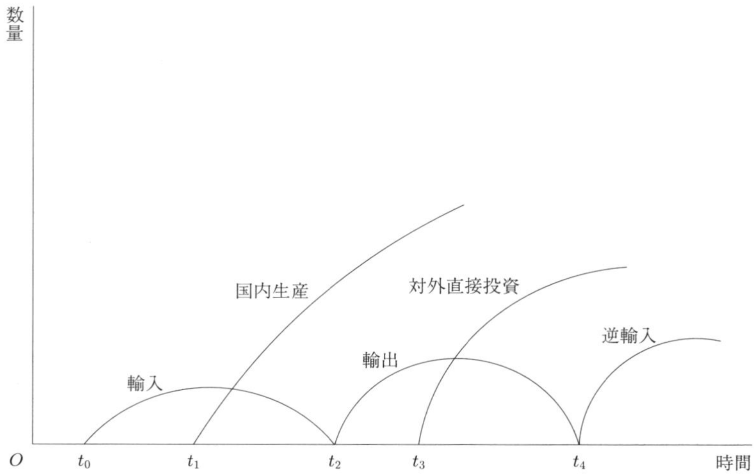

図 8. 1　雁行形態型発展の定型

して「理論的に」解釈しようとした．いわく「輸入完成品の増加は必ずやこれを否定する自己生産の興隆に転換せざるをえず」，「自己生産の勃興は生産手段の輸入を必然的に増加することとなり」，その結果として生じる生産手段の自己生産を経て「輸出産業としての確立が完成される」[4)]．

しかし，これらの主張は，仮説的演繹的体系としての理論モデルによっていっそう厳密に理論化される必要がある．経済現象の科学的説明は経験的法則としてではなく，こうした理論モデルに基づく条件付き予測としてのみ意味をもつ．しかも，そうした条件付き予測の妥当性は，理論モデルの仮定が予測の対象となる経済現象をとりまく状況に適合する程度(状況適合性)に応じて，またそこで支配的役割を果たす経済主体の誘因と整合する程度(誘因整合性)に応じて評価されるべきであろう[5)]．

8. 2 では，雁行型発展の基本形，すなわち新興国の工業化が工業製品の輸入→国内生産→輸出という発展過程をたどるとする仮説を「小国」のヘクシ

4)　赤松(1937)，198-199 ページ．
5)　Friedman (1953)は，「理論の良否は，その“仮定”が記述的に“現実的”であるかどうかではなく，理論が使いものになるかどうか，つまり理論が十分に正確な予測を生み出すかどうかを見ることで判定できる」という趣旨の主張を述べ，論争を呼んだ．確かに理論のどんな仮定も十分に現実的ではありえないが，その仮定が理論の目的に照らして状況適合的か誘因整合的かを問うことには意味がある．

ャー＝オリーン・モデルを用いて考察する．そこでは，工業製品と農産物という2財の生産に労働と資本という一般的生産要素が用いられる．労働も資本も両産業で共通に使える同質的な生産要素とされる．具体的には，労働は両産業で使用可能な未熟練労働，資本は両産業で同様に使える汎用原料（たとえば石油），汎用機械（たとえば輸送機）のようなもの，あるいは原料にも機械にも転用可能な実質購買力（物価でデフレートされた貨幣資本）と解釈できる．このモデルを用いて世界経済の中で当初工業化が遅れた小国がその後に資本蓄積，技術進歩を通じてキャッチアップし，やがてかつては先進的であった工業国を追い抜く可能性があることが示される．しかし，このモデルではそもそも資本蓄積や技術進歩がいかなる動機や誘因によって生じるかが明確でなく，また，「拡張された」雁行型発展パターンの中で輸出→逆輸入という第2次展開がなぜ起こるかも説明できない．このことを踏まえて，第3節から Jones (1971) が先駆的に開発した特殊要素モデルを用いて雁行型発展の代替的理論を展開する．8.3では，特殊要素モデルの構造を詳しく見る．工業製品は固有の特殊要素（ここでは工業に適した人的資本とする）と未熟練労働を用いて，農産物は固有の特殊要素（農業に適した土地）と未熟練労働を用いて生産される．その特徴は，人的資本（あるいはそれに体化された生産・経営技術）が工業生産への従事による「習熟」(learning by doing)，あるいは意識的な「自主訓練」(self-training) を通じて自然に蓄積されると想定できること，また要素価格が財価格だけでなく要素賦存比率にも依存して変化することである．8.4では，小国の工業に適した人的資本の蓄積が雁行型発展を導く動学的なプロセスを図解し，ヘクシャー＝オリーン・モデルの一般要素たる資本の蓄積と対比する．8.5では，人的資本のレンタル（収益率）が土地・労働の賦存比率に依存すること，また資本蓄積にともなって変化することに注目し，人的資本の移動としての直接投資の動態を分析する．このモデルを用いることにより，直接投資→逆輸入という第2次展開を検討する道が開ける．未熟練労働に比して土地が希少な国の場合には，人的資本の蓄積が対内直接投資を通じて加速され工業製品の生産→輸出のプロセスが短縮されるが，輸出→逆輸入という展開は生じない．他方，未熟練労働に比して土地が豊富な国の場合には，工業製品の輸出が先送りされているうちに対外直接投資が始まり，逆輸入が生じる可能性がある．

本章を通じて強調したい論点は，雁行型発展の理論モデルとしては一般には語られることの少ない特殊要素モデルの方が国際貿易理論の標準的な教科書で教えられる狭義のヘクシャー＝オリーン・モデルよりも状況適合性，誘因整合性が高く，輸出→直接投資→逆輸入の展開も自然に説明できるなど，より豊かな分析結果に導くということである[6]．

8.2　ヘクシャー＝オリーン・モデルと雁行型発展

工業製品(財 1)と農産物(財 2)を生産する，ある新興国の標準的なヘクシャー＝オリーン・モデルを想定する．この国は「小国」であり，外国市場で工業製品の相対価格 p^F が与えられているものとする．各財の生産には同質的な労働と資本が用いられ，その生産関数は両要素の投入量に関して一次同次，工業製品は資本集約財，農産物は労働集約財とする．資本，労働の国内賦存量は外生的に与えられている．両財の消費に対して相似的選好(homothetic preference)をもつ代表的消費者を想定する Kojima (1960)は，ヘクシャー＝オリーン・モデルによる雁行型発展の理論化を企図した最初の試みであるが，2 要素多数財というやや複雑な世界を考えている．一般性を損なうことなく，以下では最も単純な 2 財 2 要素の小国モデルに焦点を絞り，論点を明確にしたい．このモデルでは工業製品の農産物に対する需要比率と供給比率はいずれも相対価格の関数となるので，工業製品の農産物に対する需要比率曲線と供給比率曲線を考えることができる．この概念を用いて財選好，資本賦存，生産技術，世界価格などの変化が国際貿易に及ぼす影響を図解することができる．

相対価格 p に対して工業製品の農産物に対する需要比率曲線は右下がり，供給比率曲線は右上がりとなる．外国市場の相対価格は p^F の高さをもつ水平線によって示されている(**図 8.2** 参照)．

以下では需要比率曲線 x は時間から独立に与えられているが，供給比率曲線 y_t はさまざまな時点の資本ストックや生産技術の水準に応じて変化するも

6)　Ozawa (2005)は，天然資源，可耕地，人的資本など産業ごとに異なる特殊要素の存在に留意して小島の雁行形態型発展理論を拡充している．本章の視点に通じるものがある．

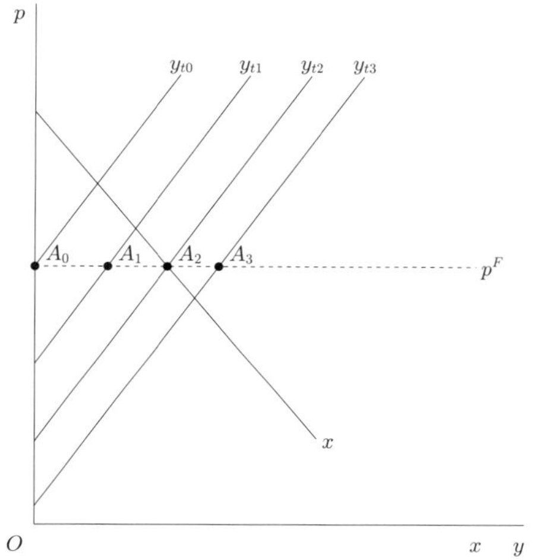

図 8. 2　供給比率曲線のシフト

のとする．時点 t の供給比率曲線 y_t は時点 t で利用可能な資本蓄積や生産技術に対応して実現される．時点 0 では所与の外国価格のもとで供給比率は A_0 で示されるように工業製品の国内供給量はゼロとなり，すべての国内需要は輸入によってみたされる．小国の国内で資本蓄積，製造工業の技術革新などが生じれば，供給比率曲線は右にシフトし，供給比率の均衡点も右に移動する．たとえば時点 1 では，供給比率は点 A_1 で均衡する．そこでは国内生産が行われ，輸入の一部を代替するようになる．時点 2 では，均衡供給比率は国内の均衡需要比率と一致し，貿易は消滅する．この状況は点 A_2 で示されている．供給比率曲線がさらにシフトすると，A_3 で例示されるように，輸入代替から輸出への転換が実現する．しかし，輸出→輸入の転換が生じるのは何らかの事情で工業製品に対する国内需要が高まり需要比率曲線が右方にシフトするか，工業製品の世界価格が低下する場合だけで，国内の工業の発展によるものと解釈することは難しい．雁行形態型発展が崩れる事例（**図 8. 3**）や複数の小国 A, B, C 等による継起的，重層的雁行型発展の事例（**図 8. 4**）もこのモデルで同様に図解できる．

ヘクシャー＝オリーン・モデルによる分析では工業部門の雁行型発展が製造工業の技術進歩と一般要素としての資本の蓄積のどちらによっても起こりうる

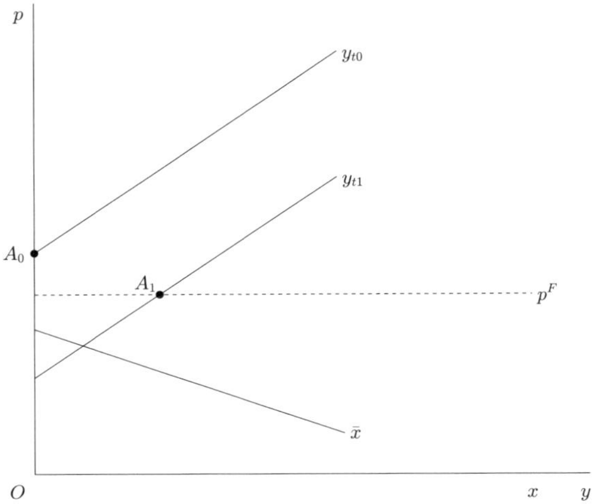

図 8.3　輸出志向型発展

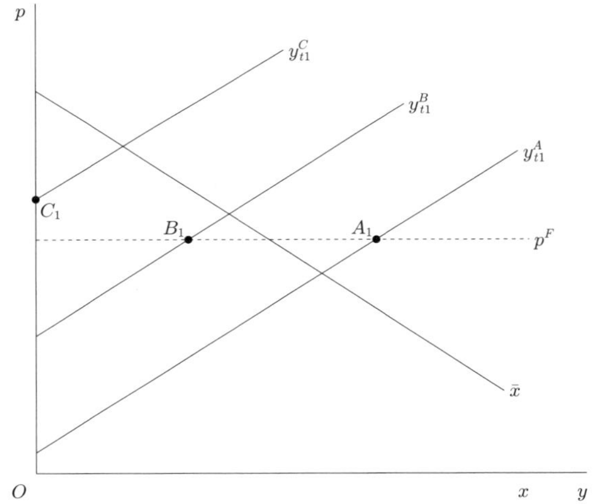

図 8.4　重層的雁行型発展

ことを示した．しかし，雁行型発展の動因としてどちらの説明力が高いであろうか．因果関係の解明は，一定の前提からかくかくしかじかの結論が導かれるというだけでは十分ではない．仮説の前提が脆弱ならば，それに基づく分析がどれほど論理整合的であっても意味のある解明にはならない．

まず，技術進歩が行われない静態的な経済で資本蓄積の誘因があるかどうかを検討してみよう．このモデルでは，小国の資本蓄積は周知の「リプチンスキー定理」によって供給比率曲線の右方へのシフトをもたらし雁行型発展の第 1 次展開を引き起こすと言える[7)]．だが，技術進歩がないときに資本蓄積の誘因はあるであろうか．技術進歩の可能性を完全に排除するためには，外国の先進技術の模倣や移転の機会もない，したがって内外の生産技術に優劣の差異がないことが必要である．その場合，「要素価格均等化定理」が教えるように，小国が不完全特化の状態にあるかぎり内外の要素価格は自由貿易のもとで均等化しているはずである．他方，時間を通じて小国の資本ストックは与えられ，工業製品の相対価格は世界市場で不変に保たれると仮定されている．この設定を厳密に解釈すれば，小国以外の世界は時間を通じて定常状態にあり，そこでの資本蓄積も停止している．この「標準的な」ヘクシャー＝オリーン・モデルの世界に置かれた小国で資本蓄積が行われるとすれば，貯蓄性向(時間選好)が外部世界よりも高いからという理由しかないであろう．だが資本レンタルも労働賃金も外部世界と同一であるのに小国の貯蓄性向だけが高いとするのは「木に竹を接ぐ」類の恣意的な仮定である．要するに，この小国で資本蓄積が進められる誘因は低い．しかも，生産要素の価格が国際的に均等化するという状況それ自体が多くの発展途上国に妥当するものではなく，この小国が新興国であるとする当初の設定ともそぐわない．つまり，技術進歩が存在しないときに資本蓄積が進められ，それによって雁行型発展が誘発されるとする説明は論理的には整合的であっても，理論の目的に照らし誘因整合的でも状況適合的でもない[8)]．

とはいえ，この世界でも要素価格均等化が成立せず，小国で資本蓄積が行われる場合があることに注意する必要がある．①小国の資本・労働賦存比率が世界にくらべて極端に低い場合と，②小国(工業製品の輸入国)の輸入関税率が世界より高い場合である．①の場合，小国は農産物に完全特化し，工業製品の国内生産は行われない．小国の実質利子率は外部世界より高くなり，同一の技術

7)　たとえば Jones (1965) 参照．
8)　赤松(1965)は雁行形態論を発展途上国の発展理論の系譜の中に置いて，その意義を明確にしている．

のもとでも資本蓄積が進められ，やがて工業製品の生産が可能になる．このような場合には，輸入→国内生産への発展は説明できる．②の場合，小国が不完全特化の状態にあるとしても，国内の資本レンタルは外部世界よりも高くなるので，国内の資本蓄積が進められるだけでなく，外部からの資本流入が誘発される可能性がある[9)]．したがって，小国が保護貿易政策を実施するならば輸入代替が進展し，さらに国内生産→輸出という雁行型発展につながるかもしれない．ただし，小国で資本蓄積が進められても，それがいつでも雁行型発展に導くとは言えないことにも注意しよう．資本蓄積が供給比率曲線の右方へのシフトをもたらすのは工業が農業よりも資本集約的であるという仮定がみたされる場合だけだからである．この仮定がみたされない可能性があることはよく知られている．ところで，広義の雁行型発展論は輸入代替→輸出という転換のあとでさらに輸出→逆輸入という展開(雁行型発展の第2次展開)が生じるという観察を含んでいる．どんなに頑張っても一般要素である資本の蓄積だけではこの展開まで説明することはできないことにも注意しておきたい．

以上，技術進歩が行われない場合に一般要素としての資本の蓄積によって雁行形態型発展が導かれるとする説明は概して説得力に欠けると論じた．それでは，工業部門の技術進歩を通じて雁行型発展が生じるとする仮説はどうであろうか．すでに指摘したように，工業部門の技術進歩は，資本蓄積と同様に小国の供給比率曲線を右方にシフトさせ雁行型発展に導く可能性がある．しかも，この場合には資本蓄積の説明力について以上に述べたような難点を免れている．小国が当初新興国で外部世界にくらべて工業部門の生産技術が遅れていたとすれば，資本蓄積の誘因があろうとなかろうと先進技術を模倣して国内に移転する機会と誘因が存在するので，小国で技術進歩が生じるという設定にはある程度の状況適合性がある．資本蓄積だけでは雁行型発展の第2次展開が説明できないことと併せて考えると，一般要素モデルでは「工業部門の技術進歩が雁行型発展をもたらす」とする仮説の方が「資本蓄積が雁行型発展をもたら

9) Mundell (1957)は，一国の輸入財に関税が課された場合，資本の流入(ないし労働の流出)が誘発されると論じた．貿易障壁が存在しない場合には，自由貿易のもとでは要素価格が国際的に均等化するため要素移動の誘因はない．換言すれば，資本移動と国際貿易は完全に代替的となり，貿易パターンは確定しない．

す」という仮説よりも妥当性が高いと言える[10)]．以上の分析から，一般要素モデルでは資本蓄積を通じて雁行形態型発展が実現するとする説の根拠は薄弱である．次節以降，Jones (1971)が開発した特殊要素モデルを取り上げ，雁行型発展の理論モデルとしての有効性を示したい．

8.3　特殊要素モデルの構造

一般要素モデル，特に内外の生産関数が同一とする狭義のヘクシャー＝オリーン・モデルは国際貿易理論の標準的なテキストで丁寧に解説されているが，特殊要素モデルはそれほどよく知られていない．多少煩瑣になることをいとわず，本章の目的に必要な範囲で特殊要素モデルの基本的な構造を明らかにしておこう[11)]．

前節と同様に小国の産業は財 1 を生産する工業部門と財 2 を生産する農業部門からなるものとする．ある時点で農業，工業両部門で共通に利用可能な未熟練労働量を L，部門 $j(j{=}1,2)$ で利用可能な特殊要素(ここでは工業部門の人的資本，農業部門の土地とする)の賦存量を K_j，部門 j の生産量を Y_j とする．財 j1 単位の生産に必要な労働と特殊要素の使用量をそれぞれ a_{Lj}，a_{ij} で表す．経済の長期均衡で各生産要素が過不足なく利用される完全利用条件，すなわち

$$a_{11}Y_1 = K_1, \tag{8. 1}$$

$$a_{22}Y_2 = K_2, \tag{8. 2}$$

$$a_{L1}Y_1 + a_{L2}Y_2 = L \tag{8. 3}$$

という関係が成り立つものとする．次に，部門 j の特殊要素のレンタル(利子，地代)を r_j，労働賃金を w で表す．完全競争と自由参入のもとで利潤が消滅する定常状態が実現し，価格が生産費に等しくなる完全競争条件

$$a_{11}r_1 + a_{L1}w = p, \tag{8. 4}$$

$$a_{22}r_2 + a_{L2}w = 1 \tag{8. 5}$$

10)　小島(1958)は一般要素としての資本の蓄積だけでは雁行型発展，特にその第 2 次展開を十分に説明できないことを認め，技術革新，特に自生的技術革新の必要性を説いている．

11)　以下の分析は Jones (1971)による．ただし，モデルの基本的な外生変数として特殊要素，労働の総賦存量ではなく，その賦存比率を用いて表現を修正した．大山(1974)も参照．

がみたされると仮定する．各部門の生産係数 a_{ij} は，最小費用の法則にしたがってレンタル・賃金比率のみに依存して決まり，関数

$$a_{ij}(r_i/w) \quad (i=1,2,L; j=1,2) \tag{8.6}$$

で表される．ヘクシャー＝オリーン・モデルの場合，生産要素の価格(報酬率)は財価格だけから決定され，自由貿易のもとで要素価格の均等化をもたらす．現在の設定ではこの関係は成り立たず，したがって要素価格均等化も成立しない．

これらの関係は微分形でとらえなおすことにより，いっそう明確になる．(8.4)，(8.5)を微分し，最小費用の法則を考慮して整理すると，

$$\theta_{11}\hat{r}_1+\theta_{L1}\hat{w}=\hat{p}, \tag{8.7}$$

$$\theta_{22}\hat{r}_2+\theta_{L2}\hat{w}=0 \tag{8.8}$$

の2式が導かれる．ただし，変数上のサーカムフレックス(^)は微小変化率を表す(たとえば，$\hat{p}=dp/p$，$\hat{w}=dw/w$)．θ_{Lj} は産業 j の労働シェア($a_{Lj}w/p_j$)，θ_{jj} は同じく特殊要素のシェア($a_{jj}r_j/p_j$)である．次に，(8.1)，(8.2)，(8.3)を全微分すると，

$$\lambda_{L1}\sigma_1\hat{r}_1+\lambda_{L2}\sigma_2\hat{r}_2-(\lambda_{L1}\sigma_1+\lambda_{L2}\sigma_2)\hat{w}=-(\lambda_{L1}\hat{k}_1+\lambda_{L2}\hat{k}_2) \tag{8.9}$$

を得る．ただし，λ_{Lj} は産業 j への労働の配分比率(L_j/L)，小文字の k_j は産業 j の特殊要素の人口一人当たり賦存量(K_j/L)である．また，σ_j は産業 j の代替の弾力性で，

$$\hat{a}_{jj}-\hat{a}_{Lj}=-\sigma_j(\hat{r}_j-\hat{w}) \tag{8.10}$$

と定義される．通常の慣行にならい，代替の弾力性は正の値をとると仮定する．

(8.7)，(8.8)，(8.9)を $\hat{r}_j$，$\hat{w}$ について解くと

$$\hat{r}_1=\frac{1}{\Delta\theta_{11}}\left\{(\lambda_{L1}\sigma_1+\lambda_{L2}\frac{\sigma_2}{\theta_{22}})\hat{p}-\theta_{L1}(\lambda_{L1}\hat{k}_1+\lambda_{L2}\hat{k}_2)\right\}, \tag{8.11}$$

$$\hat{r}_2=\frac{1}{\Delta\theta_{22}}\left\{-\theta_{L2}\lambda_{L1}\frac{\sigma_1}{\theta_{11}}\hat{p}-\theta_{L2}(\lambda_{L1}\hat{k}_1+\lambda_{L2}\hat{k}_2)\right\}, \tag{8.12}$$

$$\hat{w}=\frac{1}{\Delta}\left\{\frac{\lambda_{L1}\sigma_1}{\theta_{11}}\hat{p}+(\lambda_{L1}\hat{k}_1+\lambda_{L2}\hat{k}_2)\right\} \tag{8.13}$$

を得る．ただし

$$\Delta = \lambda_{L1}\frac{\sigma_1}{\theta_{11}}+\lambda_{L2}\frac{\sigma_2}{\theta_{22}} > 0$$

である．他の条件が一定なら，工業製品の相対価格の上昇は人的資本の実質レンタルを高め，土地の実質レンタルを低めることがわかる．しかし，両部門の特殊要素の賦存量の変化もまた人的資本と土地のレンタルや賃金に影響を及ぼす．たとえば，工業部門の人的資本が増加すると，資本と土地の実質レンタルは低下し，労働賃金は上昇する．いうまでもなく，これは一般要素モデルには見られなかった特徴である．当初，労働人口にくらべて小国工業部門の人的資本ストックが外国よりも少なかったとすれば，内外の生産関数が同一で技術格差がない場合でも，実質賃金は外国より低く実質レンタルは外国より高かったにちがいない．これは工業化が遅れた小国に見られる定型的な事実と一致する[12]．

両産業の生産量の変化は，(8.1)，(8.2)を微分することにより

$$\hat{y}_1 = \hat{k}_1-\hat{a}_{11}, \tag{8.14}$$

$$\hat{y}_2 = \hat{k}_2-\hat{a}_{22} \tag{8.15}$$

と表される．ただし，小文字の y_j は産業 j の一人当たり生産量(Y_j/L)である．代替の弾力性の定義(8.10)と最小費用の法則から

$$\hat{a}_{jj} = -\theta_{Lj}\sigma_j(\hat{r}_j-\hat{w}) \quad (j=1,2) \tag{8.16}$$

と書ける．そこで，(8.11)～(8.16)を用いると

$$\hat{y}_1-\hat{y}_2 = \sigma_s\hat{p}+\frac{\sigma_2}{\Delta\theta_{22}}\hat{k}_1-\frac{\sigma_1}{\Delta\theta_{11}}\hat{k}_2 \tag{8.17}$$

という関係が得られる．ただし，

$$\sigma_s = \frac{1}{\Delta}\frac{\sigma_1\sigma_2}{\theta_{11}\theta_{22}}(\lambda_{L1}\theta_{L2}+\lambda_{L2}\theta_{L1}) > 0 \tag{8.18}$$

である．σ_s はこの小国経済の供給の弾力性と解釈できる．(8.17)から，一定

12）　発展途上国の実質賃金が先進国よりも低く資本収益率が高いことは定型化された事実としてよく知られている．ヘクシャー＝オリーン・モデルを前提とすれば，この事実は途上国の工業技術の立ち遅れ，あるいは工業保護によるものと考えるほかなく，実際そのように解釈されてきた．しかし，特殊要素モデルによれば技術格差や工業保護が存在しないとしてもこの事実は十分に説明可能である．本文の(8.11)～(8.13)式から，特殊要素，とりわけ人的資本ストックの未熟練労働に対する賦存比率(k_1 および k_2)が先進国より低い場合には，他の条件を一定として途上国の賃金が低くなり資本収益率が高まることがわかる．

の相対価格のもとで製造工業の人的資本の増加は工業製品の農産物に対する供給比率を高め，図 **8. 2**，**8. 3**，**8. 4** の供給比率曲線 y_t の右方シフトをもたらすことが確かめられる．

8.4 特殊要素モデルと雁行型発展

前節で明らかにしたように，特殊要素モデルでは特殊要素たる人的資本の蓄積を通じて供給比率曲線は右方にシフトする．仮に外国からの技術移転や自前の技術革新が存在しなくても，特殊要素たる人的資本の蓄積を通じて輸入→国内生産，輸入代替→輸出，輸出→直接投資→逆輸入の雁行型発展を説明できるのである．特殊要素モデルでは，各部門の技術移転や技術進歩は特殊要素に体化されたものと見なせるし，定性的には特殊要素の増加と同様の効果をもつと考えられるから別段の取り扱いを必要としない．上述したように，この意味での特殊要素の蓄積は，赤松要が論じた雁行型発展のメカニズム，すなわち「輸入完成品の増加は必ずやこれを否定する自己生産の興隆に転換せざるをえず」，「自己生産の勃興は生産手段の輸入を必然的に増加することとなり」，その結果として生じる生産手段の自己生産を経て「輸出産業としての確立が完成される」という構想と整合的でもある．

ヘクシャー＝オリーン・モデルでも一般要素たる資本が増加すれば一定の条件のもとで工業製品の供給比率曲線の右方シフトを通じて輸入→国内生産，輸入代替→輸出という雁行型発展の第 1 次展開が生じることはすでに述べた．本節では，その動学的メカニズムを別の観点から図解し，両モデルの違いを際だたせることにしよう．

ヘクシャー＝オリーン・モデルでは，所与の生産物相対価格のもとで工業製品の農産物に対する需要比率が確定し，さらに要素賦存比率が与えられれば供給比率も確定する[13]．図 **8. 5** の縦軸には小国の資本の賦存量が，横軸には労働の賦存量が測られている．原点を通る右上がりの直線 y^H は所与の相対価格に対して自給自足均衡の供給比率が実現するような資本，労働の賦存量の組み

13） Jones（1965）参照．

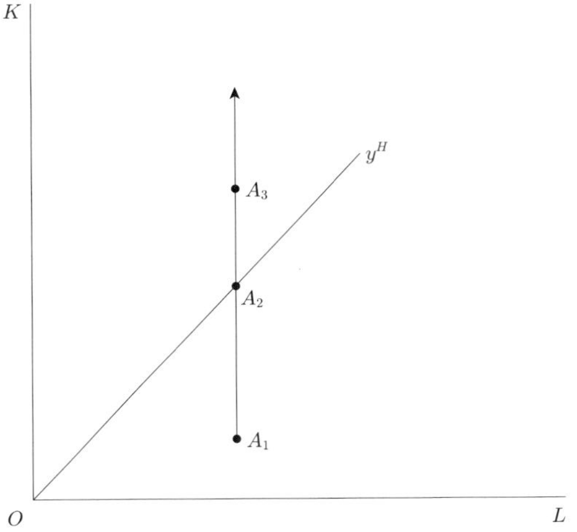

図 8.5　ヘクシャー = オリーン・モデルと一般資本の蓄積

合わせの軌跡である．資本・労働の賦存点がこの上にあるときには，関税などの人為的な貿易障壁がないとしても貿易は行われない．この軌跡が直線であること，したがってその上では資本・労働の賦存比率が一定になっていることがヘクシャー = オリーン・モデルの特徴である．換言すれば，小国の工業製品が輸入から輸出に転換するような国内の資本・労働の賦存比率は一義的に決まるということである．簡単化のため，労働の賦存量は時間を通じて一定とする．当初の要素賦存点が A_1 にあったとすれば，小国は工業製品を輸入していたはずである．国内の貯蓄努力を通じて時間の経過とともに国内で一般要素である資本の蓄積が徐々に進むと仮定しよう[14]．資本・労働の賦存点は点 A_1 を通る垂直線に沿って上方に移動していく．賦存点が点 A_2 を過ぎれば，小国は工業製品を輸出するようになるであろう．

他方，特殊要素モデルでは，人的資本の労働に対する賦存比率と土地の労働に対する賦存比率が与えられるという条件のもとで工業製品の農産物に対する供給比率が確定する．ただし，論点を明確にするために，需要比率の方はヘク

14）すでに論じたように，この仮定は恣意的なものであり，状況適合的とも誘因整合的とも言えない．

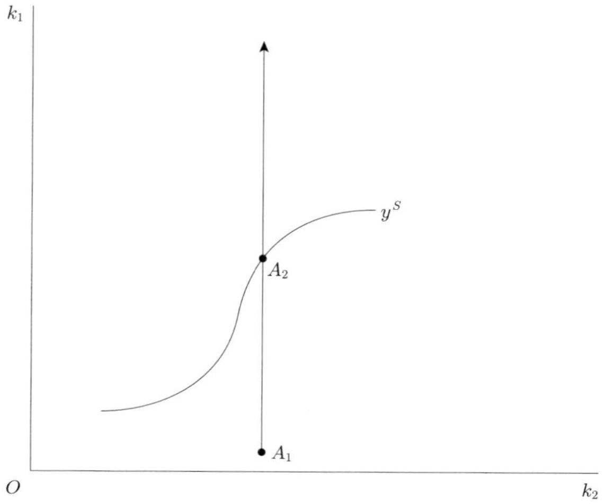

図 8.6　特殊要素モデルと人的資本の蓄積

シャー＝オリーン・モデルと同様に所与の生産物相対価格に対して一義的に確定すると仮定する．

図 8.6 の縦軸には人的資本の労働に対する賦存比率が，横軸には土地の労働に対する賦存比率が測られている．曲線 y^S は所与の外国相対価格 p^F のもとで自給自足均衡の供給比率が実現するような k_1, k_2 の組み合わせの軌跡である．(8. 17)から，この軌跡は

$$\frac{\sigma_1}{\theta_{22}}\hat{k}_1 = \frac{\sigma_2}{\theta_{11}}\hat{k}_2$$

によって定義される．この軌跡は右上がりであるが，ヘクシャー＝オリーン・モデルとちがって一般に直線ではない．要素賦存点が y^S 曲線よりも下方にあれば小国は工業製品を輸入し農産物を輸出するが，それより上方にあれば工業製品を輸出し農産物を輸入する．したがって，小国の工業製品が輸入から輸出に転換するような両産業の特殊要素の賦存比率，すなわち人的資本と土地の賦存比率は一義的には決まらない．ここで，土地・労働の賦存比率は時間を通じて一定に保たれるが，時間とともに製造工業の人的資本が徐々に蓄積されると仮定しよう．人的資本・労働の賦存点は当初の A_1 から A_2 を通って垂直線上を上方へ移動していく．小国は当初工業製品を輸入しているが，賦存点が A_2

を超えてさらに上昇すれば工業製品を輸出するようになる．このように，現在のモデルでは，当初工業製品を輸入していた小国で工業部門の人的資本の蓄積が進めば，技術進歩による生産関数のシフトがなくてもやがては工業製品の輸出に転じていく．つまり雁行形態型発展の第 1 次展開が生じる．しかも，この場合には工業部門の特殊要素である人的資本の蓄積も生産活動の継続にともなう「習熟」ないし「訓練」の成果としてごく自然に説明できる．ここでいう人的資本とは，経営者や技術者に体化された能力，生産性の上昇と解釈できるから，彼らが生産に従事する時間が増加すれば，人的資本のストックも増加していくと考えられる．この仮定は，一般要素としての資本の蓄積が徐々に達成されるとするヘクシャー＝オリーン・モデルによる恣意的な設定にくらべて状況適合的であり，誘因整合的でもある．

8.5　直接投資と逆輸入

人的資本の蓄積にともなってそのレンタル，すなわち人的資本の実質収益率が低下することに注目し，雁行型発展と直接投資(ここでは人的資本の国際移動)との関連について考察したい．人的資本の国際移動に対する人為的障壁はないものとしよう．外国での人的資本の実質レンタル(実質利子率と解釈できる)r_1^F は小国にとって所与とする．国内の収益率が r_1^F に等しい場合には直接投資の誘因は存在しない．**図 8.7** の曲線 r_1^F は，所与の外国相対価格のもとで資本収益率 r_1^F が小国の国内で成立するために必要な k_1, k_2 の組み合わせの軌跡である．

(8. 11)から，この曲線は

$$\lambda_{L1}\hat{k}_1+\lambda_{L2}\hat{k}_2 = 0$$

によって定義され，右下がりの傾斜をもつ．要素賦存点が曲線 r_1^F よりも下方にあれば国内収益率は r_1^F より高く，外国から小国への直接投資が行われる．それより上方にあれば国内収益率は r_1^F より低く，小国から外国への直接投資が行われる．この曲線上にあるときには人的資本の国際移動は生じない．**図 8.7** には曲線 r_1^F だけでなく，前出の曲線 y^S も示されている．両曲線の交点 F は国際貿易も直接投資も行われない点である．内外の生産関数が同一で

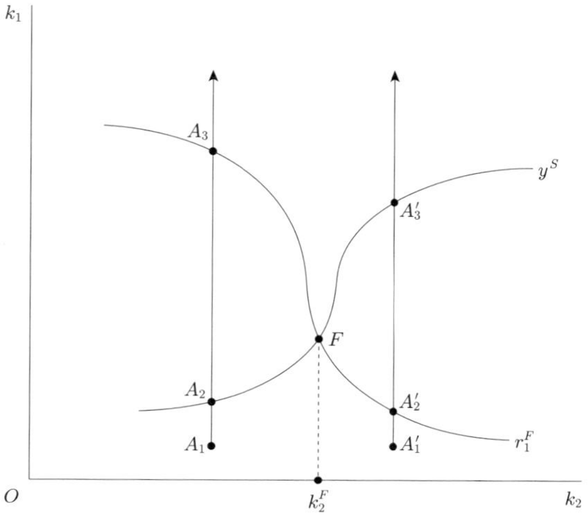

図 8.7　外国への直接投資

あれば，前出の(8.4)，(8.5)，(8.6)からわかるように，この点では財価格と人的資本のレンタルの均等化を通じて賃金と地代が国際的に均等化すると言える．これが「要素価格均等化定理」と異なるのは，土地・労働の賦存比率が点 F に対応する水準 k_2^F に与えられていなければならないという点である．これまでと同じく，小国の未熟練労働の賦存量が時間を通じて与えられているものとし，人的資本の国内賦存量ないし利用可能量は各時点で与えられているが，習熟ないし直接投資を通じて時間とともに徐々に変化すると仮定しよう．当初の土地・労働の賦存比率が k_2^F よりも大きいか小さいかで，すなわち土地が労働にくらべて豊富か否かでその後の国際貿易と直接投資のパターンは異なったものとなる．

まず，土地・労働の賦存比率が k_2^F より小さいという意味で土地が相対的に希少なケースを取り上げよう．**図 8.7** で当初の賦存点が A_1 では，小国は農産物を輸出し工業製品を輸入している．人的資本の国内レンタルが外国より高いので，外国から資本が流入する誘因が存在する．国内人的資本の習熟，あるいは外国からの資本流入(対内直接投資)を通じて，国内で利用可能な人的資本が増加すると要素賦存点は A_1 を通る垂直線上を徐々に矢印の方向に上昇する．賦存点が A_2 に達すると貿易が停止し，それを超えて上方に進むと貿易パターンが逆転し，工業製品を輸出し農産物を輸入するようになるが，当分の間外国からの資本流入が続く．この段階では外国由来の人的資本が外国に向けて工業製品を輸出するといういわば逆立ちした「逆輸出」が見られるであろう．賦存点が A_3 にいたると資本流入は停止する．自前の人的資本がさらに習熟・進化すると，国内のレンタルは外国よりも低くなるので国内にはとどまらず資本流出(対外直接投資)が始まる．このケースでは，小国由来の人的資本による逆輸出(小国への輸出)は生じない．

次に，土地・労働の賦存比率が k_2^F より大きいという意味で土地が相対的に豊富なケースに目を転じよう．**図 8.7** で当初の賦存点が A_1' にあるような場合である．小国は当初農産物を輸出し工業製品を輸入し，外国から人的資本を受け入れている．国内で使用可能な人的資本は習熟と対内直接投資を通じて徐々に増加するから，要素賦存点は A_1' から垂直線上を上方に移動していくが，A_2' に到達したところで外国からの資本流入は停止する．賦存点が A_2' を超えて上昇すると，小国から外国への資本流出(対外直接投資)が始まるが，A_3' にいたる間では依然として農産物を輸出し，工業製品を輸入している．したがって，この段階で小国由来の人的資本が本国に向けて工業製品を逆輸出するという雁行形態型発展が生じる可能性がある[15)]．貿易パターンが逆転し，小国が工業製品を輸出し始めるのは賦存点が A_3' を超えてからである．しかし，国内で利用可能な人的資本・労働比率が A_2' 以上に高められる保証はない．なぜなら，その範囲では人的資本のレンタルが外国よりも低くなっているので外国からの資本流入は期待できず，国内で生成した人的資本もより高い収益を求めて外国に向かうからである．そうであれば，要素賦存点は A_2' より高い水準には上昇することなく，土地豊富国は結局のところ農産物輸出国にとどまり，貿易パターンの転換は実現しない．輸出→直接投資→逆輸入という雁行形態型発展の第2次展開は輸出の局面を経ることなく，いきなり成就することになる．

15)　このケースでの直接投資は，Kojima (1975)の意味で「貿易拡大的」である．あわせて Kojima (1975)，池間・池本編(1990)，Ozawa (2007)等参照．現在の文脈では，これを文字通り小島流の「日本型直接投資」と見なすことは難しい．当時の日本は農産物の輸出国ではなかったからである．しかし，モデルの文脈を適切に修正すれば，そのような再解釈が許されるであろう．

8.6　要約と結論

あらゆる経済法則と同様に，雁行型発展も理論的には条件付き仮説として構成されるべきものである．従来の研究では，国際貿易の代表的なモデルとされるヘクシャー＝オリーン・モデルがその材料として重用されてきた．しかし，ヘクシャー＝オリーン・モデルで資本蓄積による雁行型発展を合理化することは難しい．本章では，要素賦存によって国際分業を解明しようとするもう一つの有力な貿易モデルである特殊要素モデルを比較の対象として取り上げ，比較の視点として経済モデルの仮定はいかにあるべきかという Friedman (1953) 以来繰り返し論じられてきた問題を考察した．フリードマンによれば，いかなる仮定も決して十分に「現実的」であるとは言えないから，仮定が現実的か否かという視点は意味をなさない．むしろ一連の仮定から導かれる「予測」(あるいは「説明」)が当たっているかどうかがその決め手になるとされる．しかし，2つの異なるモデルが同一の経済現象について同一の「予測」を導くとしてもそのために付される条件が等しくない場合には，このフリードマンの判定基準は役に立たない．筆者は，異なる仮定(あるいは条件)の優劣がモデルの評価にあたって必要になると考える．フリードマンが言うように，それは必ずしもどちらの仮定がより「現実的」かということではないであろう．しかし，モデル設定の目的に照らして，どちらの仮定が関連する経済主体の誘因とより整合的か，また関連する経済状況により適合的かという視点を無視することはできない．この視点に立つとき，新興国の雁行型発展を予測(説明)するモデルとしては，特殊要素モデルがヘクシャー＝オリーン・モデルよりも優れているというのが本章の暫定的な結論である．雁行型発展の理論モデルとして，ヘクシャー＝オリーン・モデルを背景に置きながら特殊要素モデルをクローズアップし，詳細に論じたのはそのためである．

ところで，特殊要素モデルを前提としても雁行型発展が無条件では成立しないことに注意しよう．「小国」の製造工業で特殊要素としての資本蓄積が行われても，自余の世界で農産物(あるいは資源)に対する需要が急増する場合や工業生産の生産性が急伸する場合には，工業製品の国際相対価格が低下し雁行型発展が阻害される可能性がある．また，外国からの直接投資(あるいは技術導入)を通じて工業製品の輸入が本格的に始まる前に，輸出向けの国内生産が行われ「輸出指向型」工業化が実現するケースもありうることはすでに示唆した(**図 8.3** 参照)．他方，国内農業(あるいは資源産業)の生産性の上昇が「先行する」場合には供給比率曲線が左方にシフトし，「オランダ病」的な脱工業化現象が生じるかもしれない．本章では明示的に取り上げなかったが，雁行型発展の経済厚生的意義についても言及しておきたい．小国モデルの場合，交易条件が所与であるかぎり輸入代替産業の発展も輸出産業の発展も経済厚生を高める．より一般的なモデルでは，一国の輸入代替型発展は交易条件の有利化を通じて経済厚生を増進するが，輸出促進型発展は交易条件の不利化をもたらし，場合によっては経済厚生を阻害する可能性がある[16)]．

本章の理論的分析の限界と拡張の可能性について付言しておきたい．まず，一貫して「小国」の仮定や他の徹底した単純化の仮定を置いている．この点について「現実的」でないという批判がありうることは承知している．それには，ひとまず上記のフリードマンの主張をもって答えれば十分であろう．さらに言うならば，「小国」の仮定は雁行型発展の説明という目的からすればまったく「無害な」単純化のための仮定にすぎない．ここで「小国」が直面し所与としている国際価格は外国の自給自足均衡の価格であると再解釈しさえすれば，本章のほとんどすべての分析と結論は 2 国モデルに容易に拡張適用することができる．少数財，少数要素の仮定についてはそれほど容易ではないが，従来の国際貿易理論の研究成果をひもとくまでもなくある程度の拡張が可能であることはよく知られているところである．工業部門の特殊要素である人的資本が時間の経過とともに増加するのに農業部門の特殊要素である土地が一定と仮定されていることに異を唱える向きもあるかもしれない．確かに，灌漑，肥料，耕法等の農地利用技術の改善によって効率単位で測られた土地が増加する可能性がある．このことを考慮してモデルを修正するとすれば，工業に適した人的資本だけでなく農業に適した土地の蓄積を視野に入れ，そのために必要な資金が両産業に効率的に配分(投資)される動学的メカニズムを考える必要があ

16)　直接投資と経済厚生の関連については，池間・池本編(1990，第 2 章)参照．

る．それが行き着く先では，人的資本と可耕地の収益率が長期的には一致し，特殊要素モデルはヘクシャー＝オリーン・モデルに帰一すると解釈することができる．しかし，そこにいたるまでの短・中期では本章で研究したような特殊要素モデルが雁行型発展のモデルとして相対的有効性を保つのである．

[参考文献]

赤松要（1935）「吾国羊毛工業の貿易趨勢」『名古屋高商・商業経済論叢』第 13 巻上冊（7 月），129-212.

赤松要（1937）「吾国経済発展の総合弁証法」『名古屋高商・商業経済論叢』第 15 巻上冊（7 月），179-210.

赤松要（1965）『世界経済論』国元書房.

池尾愛子（2008）『赤松要――わが体系を乗りこえてゆけ』日本経済評論社.

池間誠・池本清編（1990）『国際貿易・生産論の新展開』文眞堂.

大山道広（1974）「貿易と成長の理論」『三田学会雑誌』67（5），16-40.

小島清（1958）「資本蓄積と国際分業――赤松博士「産業発展の雁行形態」の一展開」赤松要博士還暦記念論集刊行会編『経済政策と国際貿易』春秋社，443-496.

小島清（2003）『雁行型経済発展論〔第 1 巻〕日本経済・アジア経済・世界経済』文眞堂.

小島清（2004）『雁行型経済発展論〔第 2 巻〕アジアと世界の新秩序』文眞堂.

小島清（2006）『雁行型経済発展論〔第 3 巻〕国際経済と金融機構』文眞堂.

Friedman, Milton (1953), "The Methodology of Positive Economics," *Essays in Positive Economics*, Chicago: University of Chicago Press, 3-43.（佐藤隆三・長谷川啓之訳『実証的経済学の方法と展開』富士書房，1977 年）

Jones, Ronald W. (1965), "The Structure of Simple General Equilibrium Models," *Journal of Political Economy*, 73, 557-572.

Jones, Ronald W. (1971), "A Three Factor Model in Theory, Trade and History," in Jagdish Bhagwati et al., eds., *Trade, Balance of Payments, and Growth, Papers in Honor of Charles P. Kindleberger*, Amsterdam: North-Holland Publishing, 3-12.

Kojima, Kiyoshi (1960), "Capital Accumulation and the Course of industrialization, with Special Reference to Japan," *Economic Journal*, 70,

757-768.

Kojima, Kiyoshi (1975), "International Trade and Foreign Direct Investment," *Hitotsubashi Journal of Ecinomics*, 16, 1-12.

Kojima, Kiyoshi (2000), "The 'Flying Geese' Model of Asian Economic Development: Origin, Theoretical Extensions, and Regional Policy Implications," *Journal of Asian Economics*, 11, 375-401.

Mundell, Robert M. (1957), "International Trade and Factor Mobility," *American Economic Review*, 47, 321-335.

Ozawa, Terutomo (2005), *Institutions, Industrial Upgrading, and Economic Performance in Japan: The "Flying-Geese" Paradigm of Catch-up Growth*, Cheltenham, UK: Edward Elger.

Ozawa, Terutomo (2007), "Professor Kojima's Contributions to FDI Theory: Trade, Structural Transformation, Growth, and Integration in East Asia," a working paper based on an invited lecture at the special symposium in honor of Professor Kiyoshi Kojima at the 2006 Annual Convention of the Japan Society of International Economics, held at Nagoya University, Japan, October 14-15 in 2006, 1-26.

第9章　加工貿易の理論
——リカード型モデル

9.1　はじめに

リカードの有名な設例に始まる標準的な国際貿易の2国2財モデルでは，各国は生産要素を用いて消費財を生産し，貿易するものとされてきた．しかし，現実には，消費財だけでなく，生産過程に投入される原料，燃料，中間財等が盛んに貿易されている．先進国と発展途上国の間の垂直貿易(vertical trade)の大きな部分が製品と一次産品の交換という形をとっている．先進国の間でもある程度同様な貿易が行われている．ここでは特に，日本が外国から原料，燃料を輸入し，それらを用いて製品を生産し輸出する加工貿易に従事してきたことに注目したい．日本の製品輸出比率は9割5分を超え，原・燃料の輸入比率も最近下がっているとはいえ，3割以上を占めている．加工貿易の利益は，製品の生産において労働と原料の代替可能性が小さければ小さいほど大きくなると考えられる．日本は自由貿易の最大の受益国であるとよく言われるが，その背景には日本の加工貿易による利益が非常に大きいという認識があるにちがいない．標準的なモデルでは，垂直貿易ないし加工貿易は無視されているため，このような加工貿易の「常識」を説明することができない．国際貿易論の教科書を見ても，加工貿易に言及するものはあってもその原理や利益を詳しく論じたものはあまりないようである．中間財の貿易や垂直貿易を論じた国際分業論の専門的な文献は，総じて中間財と消費財が交換される加工貿易を内生的に説明するのではなく，貿易パターンが与えられたものとして，要素賦存，生産技術，貿易政策などの外生的要因の変化が中間財を含む貿易均衡に及ぼす効果を精査しようとするものが多い[1)]．加工貿易もまた比較優位の原理に

1)　たとえば，岡本(1989)参照．筆者もかつて加工貿易のモデルを分析したことがある．そこでは，先進国は製品に，発展途上国は原料に特化するという非対称的な貿易構造を仮定して，両国の貿易政策の効果を論じた．大山(1968)および Kemp and Ohyama (1978).

したがうことは自明であり，特に詳しく論じる必要はないという認識によるものかもしれない．しかし，日本が現在の経済的繁栄を加工貿易に依存していることは紛れもない事実であり，この国に生まれ育った者にとって，加工貿易の継続と発展は重大な関心事であるはずである．少なくとも教育的見地から，加工貿易のメカニズムとその経済的意義について注意深く論じておく必要があると思われる．

本章では，自国，外国の2国が消費財とその生産に必要な原料を生産するという最も簡単な2国2財のリカード型加工貿易モデルを示し，そこでの国際分業と貿易利益を詳しく考察する．次節では，基本モデルの仮定を述べ，各国の自給自足(貿易前)の均衡を記述する．9.3では，消費財の生産に用いられる原料と労働が代替不可能で，すべての投入係数が固定的である場合について，両国の間の自由貿易均衡の性質を明らかにする．ここでは，製品輸出国か原料輸出国のどちらかが不完全特化の状態にとどまる可能性が高いこと，そして完全特化した国だけが貿易利益を得ることができることが示される．9.4では，消費財の生産において原料と労働が代替可能であり，投入係数が可変的である場合を取り上げる．この場合には，両国が完全特化し，両国とも貿易利益に預かる可能性が大きくなる．特に，原料輸入国の貿易利益は，総生産費に占める原料費の割合が小さいほど，また要素代替の弾力性が小さいほど大きくなることが指摘される．

9.2　自給自足経済

自国と外国が最終消費財(以下，消費財と略す)，原料(中間財)を生産する2国2財モデルを考えよう．ただし，原料は労働だけで生産され，消費財は労働と中間財を投入することによって生産されるものとする．また，生産物市場でも労働市場でも完全競争が行われていると仮定する．労働が唯一の本源的生産要素であるとする点で，これはリカード型の加工貿易モデルと言える．

自国の消費財の生産1単位当たりに用いられる労働量，すなわち労働の投入係数を a_{LC}，原料の投入係数を a_{MC}，原料の生産における労働係数を a_{LM} とする．本節と次節では，とりあえずこれらはすべて定数であるものとしよう．（第 4 節で，消費財の生産において労働と原料が代替可能なケースを考察する．）消費財を価値標準財とし，消費財の単位で表した原料の価格を p，賃金を w とすると，自国の自給自足時の長期均衡では，利潤ゼロの条件

$$a_{LC}w+a_{MC}p=1,$$
$$a_{LM}w=p$$

が成立する．これらを w, p について解くと，

$$w_A=\frac{1}{a_{LC}+a_{LM}a_{MC}}, \tag{9. 1}$$
$$p_A=\frac{a_{LM}}{a_{LC}+a_{LM}a_{MC}} \tag{9. 2}$$

となる．となる．ここで，下添字 A は自給自足経済(autarky)の均衡値であることを示す．（以下，同様の表示を用いる．）また，消費財，原料の生産量をそれぞれ Y_C, Y_M，自国の労働の総賦存量を L とすると，労働の完全雇用(労働市場の均衡)の条件

$$a_{LC}Y_C+a_{LM}Y_M=L,$$

さらには中間財の需給均衡の条件

$$a_{MC}Y_C=Y_M$$

がみたされる．これらを Y_C, Y_M について解くと

$$Y_{CA}=\frac{L}{a_{LC}+a_{LM}a_{MC}}, \tag{9. 3}$$
$$Y_{MA}=\frac{a_{MC}L}{a_{LC}+a_{LM}a_{MC}} \tag{9. 4}$$

を得る．外国についても自国とまったく同様の関係が成り立つと考えられる．記号を簡略にするため，外国の変数には単に右肩に星印(*)を付け，自国の変数と区別することにしよう．そうすると

$$w_A^*=\frac{1}{a_{LC}^*+a_{LM}^*a_{MC}^*}, \tag{9. 5}$$
$$p_A^*=\frac{a_{LM}^*}{a_{LC}^*+a_{LM}^*a_{MC}^*}, \tag{9. 6}$$

$$Y^*_{CA}=\frac{L^*}{a^*_{LC}+a^*_{LM}a^*_{MC}}, \tag{9.7}$$

$$Y^*_{MA}=\frac{a^*_{MC}L^*}{a^*_{LC}+a^*_{LM}a^*_{MC}} \tag{9.8}$$

等が導かれる．

自国が消費財に，外国が原料に比較優位をもつのは $p_A>p^*_A$，したがって(9. 2)，(9. 6)式から

$$\frac{a_{LM}}{a_{LC}+a_{LM}a_{MC}}>\frac{a^*_{LM}}{a^*_{LC}+a^*_{LM}a^*_{MC}} \tag{9.9}$$

という条件がみたされることである．ここで $a_{LC}+a_{LM}a_{MC}$，$a^*_{LC}+a^*_{LM}a^*_{MC}$ は自国，外国で消費財 1 単位当たりに直接，間接に投入される労働である．この条件は，直接，間接に投入される労働量で測った原料の消費財に対する比較生産費が自国で外国より高いことを表している．このような場合，両国の間で自由な貿易が行われれば，競争的な市場メカニズムのもとでは，絶対生産費の如何にかかわらず自国は消費財を，外国は原料を輸出すると考えられる．こうした国際分業を通じて資源配分が改善され，世界全体の消費財の生産量は増大するであろう．

自給自足状態での世界全体の消費財，原料の生産量 Y^W_{CA},Y^W_{MA} は，(9. 3)，(9. 4)，(9. 7)，(9. 8)から

$$Y^W_{CA}=\frac{L}{a_{LC}+a_{LM}a_{MC}}+\frac{L^*}{a^*_{LC}+a^*_{LM}a^*_{MC}}, \tag{9.10}$$

$$Y^W_{MA}=\frac{a_{MC}L}{a_{LC}+a_{LM}a_{MC}}+\frac{a^*_{MC}L^*}{a^*_{LC}+a^*_{LM}a^*_{MC}} \tag{9.11}$$

となる．これらは，自給自足時の均衡賃金と並んで，自由貿易均衡との比較に際して重要な指標である．

9.3　国際分業とその利益

自国が消費財に，外国が原料に比較優位をもつものと仮定して，自由貿易均衡の性質を考察することにしよう．貿易後において，両国の生産パターン，す

なわち特化の状態はどうなるであろうか．直ちに明らかなことは，貿易後に両国がともに両財を生産する，すなわち不完全特化の状態になることはありえないということである．もしそのようなことになれば，各国の原料の価格は自給自足のときと同じにならなければならず，仮定によって国ごとに異なる値をとることになる．しかし，そのようなことは自由貿易のもとでの一物一価の法則に反するからである．

とりあえず，自国は消費財のみを生産し，外国が消費財，原料をともに生産するケース，すなわち自国が完全特化，外国が不完全特化のケースを想定して，分析を進めてみよう．この場合，自国，外国の完全雇用の条件はそれぞれ

$$a_{LC}Y_C = L,$$
$$a^*_{LC}Y^*_C + a^*_{LM}Y^*_M = L^*$$

となる．また，中間財の需給均衡条件は

$$a_{MC}Y_C + a^*_{MC}Y^*_C = Y^*_M$$

と書ける．これから各国の各財の生産量は

$$Y_{CT} = \frac{L}{a_{CT}}, \tag{9.12}$$

$$Y^*_{CT} = \frac{a^*_{LM}}{a^*_{LC} + a^*_{LM}a^*_{MC}}\left(\frac{L^*}{a^*_{LM}} - \frac{a_{MC}L}{a_{LC}}\right), \tag{9.13}$$

$$Y^*_{MT} = \frac{a_{MC}L}{a_{LC}} + \frac{a^*_{MC}a^*_{LM}}{a^*_{LC} + a^*_{LM}a^*_{LC}}\left(\frac{L^*}{a^*_{LM}} - \frac{a_{MC}L}{a_{LC}}\right) \tag{9.14}$$

と求められる．（下添字 T は自由貿易下の均衡値を表す．以下，同様．）外国が貿易後に消費財を生産しているとすれば，

$$\frac{L^*}{a^*_{LM}} > \frac{a_{MC}L}{a_{LC}} = mL \tag{9.15}$$

という条件がみたされていなければならない．ただし，$m(=a_{MC}/a_{LC})$ は自国の原料生産における原料の労働に対する投入比率である．これは，自国が消費財に完全特化したときに必要となる原料の数量が外国が原料に完全特化したときに生産できる数量よりも少ないということであり，外国が自国に比して利用可能な労働量が多く，原料の生産における労働生産性が高いという意味で「大国」であるような場合にみたされやすいと言えよう．

以上の分析から，両国の特化パターンの決定要因を明確にすることができる．**図 9.1** は，縦軸に原料の価格をとり，横軸にその数量をとっている．折線 HMD は自国の原料の輸入需要と価格との関係を示し，FXS は外国の原料の輸出供給と価格との関係を示している．自由貿易均衡は両者の交点 E で示される．自国が消費財に，外国が原料に比較優位をもつ，すなわち $p_A > p_A^*$ という仮定(9.9)は，自国が消費財を輸出し，外国が原料を輸出することを保証するものである．また，外国の生産力が自国に比して大きく，外国が原料に完全特化したときの生産量が，自国が消費財に完全特化したときの原料の輸入量を上回るという条件(9.15)がみたされていることから，自国は消費財に完全特化し，外国は不完全特化の状態にとどまることがわかる．このとき，原料の国際均衡価格 p_T が外国の自給自足時の価格に一致することも明らかに読みとられよう．世界全体の消費財の生産量は

$$
\begin{aligned}
Y_{CT}^W &= Y_{CT} + Y_{CT}^* = \frac{L}{a_{LC}} + \frac{1}{a_{LC}^* + a_{LM}^* a_{MC}^*}\left(L^* - \frac{a_{LM}^* a_{MC} L}{a_{LC}}\right) \\
&= \frac{L}{a_{LC}}\left(1 - \frac{a_{LM}^* a_{MC}}{a_{LC}^* + a_{LM}^* a_{MC}^*}\right) + \frac{L^*}{a_{LC}^* + a_{LM}^* a_{MC}^*} \\
&> \frac{L}{a_{LC} + a_{LM} a_{MC}} + \frac{L^*}{a_{LC}^* + a_{LM}^* a_{MC}^*} = Y_{CA}^W \qquad (9.16)
\end{aligned}
$$

という関係をみたす．

このように，自国が消費財に，外国が原料に比較優位をもつという仮定のもとでは，明らかに $Y_{CT}^W > Y_{CA}^W$ となっている．換言すれば，自由貿易のもとでの世界全体としての消費財の生産量は両国が自給自足のときよりも大きくなるのである．逆に，自国が原料に，外国が消費財に比較優位をもつような場合に，自国が消費財を，外国が原料を輸出するような国際分業が何らかの理由で行われるようなことがあれば，かえって消費財の世界生産量の減少を招くであろう．自由貿易が世界全体の消費財の生産量を高めることがわかったが，各国の貿易利益はどのようになっているであろうか．自由貿易のもとでの原料の価格を p_T で表し，自国，外国の消費財の消費量を X_{CT}, X_{CT}^* とすれば，

$$
\begin{aligned}
X_{CT} &= Y_{CT} - p_T(Y_{MT}^* - a_{MC}^* Y_{CT}^*), \\
X_{CT}^* &= Y_{CT}^* + p_T(Y_{MT}^* - a_{MC}^* Y_{CT}^*)
\end{aligned}
$$

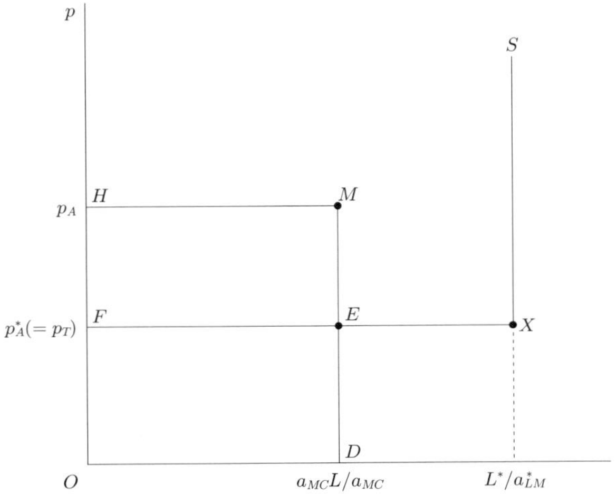

図 9. 1　自由貿易均衡：固定資本係数のケース

となるはずである．外国が両財を生産している場合，原料の国際価格は外国の自給自足のときの価格に一致し，

$$p_T = p_A^* = \frac{a_{LM}^*}{a_{LC}^* + a_{LM}^* a_{MC}^*} \tag{9. 17}$$

が成立する．

このとき，自国の賃金は(9. 17)および

$$a_{LC}w + a_{MC}p = 1$$

という関係から

$$\begin{aligned} w_T &= \frac{1}{a_{LC}}\left(1 - \frac{a_{MC}a_{LM}^*}{a_{LC}^* + a_{LM}^* a_{MC}^*}\right) \\ &> \frac{1}{a_{LC} + a_{LM}a_{MC}} = w_A \end{aligned}$$

と計算され，当然のことながら自給自足の水準よりも高くなっている．なお，上式はさらに

$$w_T = \left[\frac{a_{LC}^*}{a_{LC}} + \frac{a_{LM}^*}{a_{LC}}(a_{MC}^* - a_{MC})\right] \cdot w_T^* \tag{9. 18}$$

と書き直すこともできる．このケースでは，内外賃金格差はもっぱら消費財の

生産における内外の生産性格差(絶対優位差)から生じることがわかる．両国の労働および原料の生産係数が等しければ賃金は均等化する．自国の労働および原料の生産効率が外国のそれより高ければ，自国の賃金は外国より高くなる．

日本のようにほとんどの資源を外国から輸入し，それを加工して輸出するような国は，まさに消費財に完全特化している状態に近い．これに対して，日本以外の世界は資源と消費財に不完全特化していると言えよう．現在のケースを文字通り解釈すれば，日本は日本以外の世界との貿易から生じる利益の大半を確保し，日本以外の世界はあまり恩恵を受けていないということになる．もちろん現実はそれほど単純ではないが，資源の乏しい日本が国際貿易によって莫大な利益を得ていることは直観的にも明らかである．

以上，自国が完全特化，外国が不完全特化のケースについて詳しく考察した．他の特化パターンについても，同様に分析することができる．次に，自国が消費財に，外国が原料に完全特化する場合について簡略に見ておくことにしよう．自国，外国の完全雇用条件，中間財の需給均衡条件はそれぞれ

$$a_{LC}Y_C = L,$$
$$a_{LM}^* Y_M^* = L^*,$$
$$a_{MC}Y_C = Y_M^*$$

と書ける．これらの関係は明らかに

$$\frac{a_{MC}L}{a_{LC}} = \frac{L^*}{a_{LM}^*} \tag{9.19}$$

という条件がみたされる場合にのみ成立する．現在考えているような固定生産係数のケースでは，これはきわめて厳しい条件であり，万に一つもみたされそうもない．したがって，両国がそれぞれの輸出財に完全特化するようなことはほとんどあり得ないと言ってよいであろう．

自国が消費財に，外国が原料に比較優位をもつという仮定のもとでは，

$$\begin{aligned} Y_{CA}^W &= \frac{L}{a_{LC}+a_{LM}a_{MC}} + \frac{L^*}{a_{LM}^*+a_{MC}^*a_{MC}^*} \\ &< \frac{L}{a_{LC}} = Y_{CT} = Y_{CT}^* \end{aligned} \tag{9.20}$$

となり，この場合にも世界全体としての消費財の生産量は自給自足のときより

増大することがわかる．この貿易利益が各国にどのように分配されるかは，原料の消費財に対する相対価格，すなわち交易条件に依存している．自国，外国の利潤ゼロの条件から，自国，外国の賃金はそれぞれ

$$w_T = \frac{1-a_{MC}}{a_{LC}},$$
$$w_T^* = \frac{p_T}{a_{LM}^*}$$

と表される．明らかに，原料の均衡価格 p_T は自給自足のときの両国の均衡価格の中間のどこかになければならない．しかし，その間のどこに決まるかは理論的に確定できない．両国の交渉力，あるいは歴史的偶然といったモデルでは説明できない要因によって決まるとしか言えないのである．

最後に，自国が消費財，原料に不完全特化，外国が原料に完全特化するケースであるが，同様の分析を繰り返す必要はあるまい．ここでも，消費財の世界生産量が自給自足のときよりも増大すること，またこの場合には完全特化した外国がすべての貿易利益を手中に収め，不完全特化の状態にある自国は何らの利益にも浴さないことが容易に確かめられる．すでに指摘したように，現在の固定投入係数のモデルでは，両国がともに完全特化することはほとんどないと考えてよい．したがって，どちらか一方の国が貿易利益をひとり占めにしてしまい，他方の国はまったく利益が得られないという非対称的な結果が常時発生することになる．これは両国が消費財の貿易に携わるとする標準的なリカード・モデルでは例外的にしか生じないと考えられた事態であり，現在のモデルの重要な特徴と言えよう．しかし，この性質はすべての投入係数が固定的であるという仮定に強く依存している．消費財の生産において労働と原料の代替可能であるとして，投入係数の可変性を認めることにより，この特異性を克服し，通常のリカード・モデルで重視されている両国が完全特化し，ともに貿易利益を享受するという状況を回復することができる．それが次節の課題である．

9.4　要素代替と貿易利益

これまで考察してきたモデルでは，すべての投入係数が固定的であると仮定されている．この仮定は，労働が唯一の希少な生産要素であるとする労働価値説の世界では妥当なものと考えられるが，一般に成立するものではない．現在のモデルのように，消費財の生産において労働のみでなく原料の投入が必要とされているような場合には，労働と原料の代替可能性を許し，したがって生産係数の可変性を認めるべきであろう．本節では，このような観点に立ってこれまでのモデルを修正し，国際分業のパターンと貿易利益の規模および分配がそれによってどのような影響を受けるかを見ることにしたい．

以上と同様に，消費財は規模に関する収穫不変のもとで労働と原料を用いて生産される．しかし，ここでは労働と原料が連続的に代替可能であり，それらの生産係数は生産費を最小にするように決定されるものとする．幾何学的には，消費財の生産技術は労働と原料の投入量を縦軸，横軸にとった平面上で原点に対して凸でなめらかな単位等量曲線によって表される．原料の価格と労働賃金が市場で与えられると，生産者は両者の比率に等しい負の傾きをもつ直線が単位等量曲線に接する点で労働と原料の単位投入量，すなわち投入係数を決定する．この仮定により，両国の消費財の投入係数は原料価格の賃金に対する比率(以下，原料価格・賃金比率)の関数となり，

$$a_{iC} = a_{iC}(\rho) \quad (i = L, M),$$
$$a_{iC}^* = a_{iC}^*(\rho^*) \quad (i = L, M)$$

と表される．ただし，$\rho(=p/w)$, $\rho^*(=p^*/w^*)$ はそれぞれ自国，外国の原料価格・賃金比率である．両国において，労働係数は原料価格・賃金比率の増加関数，原料係数はその減少関数である．他方，簡単化のために，原料の生産にはこれまで通り労働のみが用いられ，その投入係数は固定しているものとしよう．

各国の自給自足経済の均衡は，消費財の生産における労働と原料の投入係数が内生的に決定されるという点を除けば，形式的には 9.2 節に示した定式化がそのまま妥当する．換言すれば，利潤ゼロの条件によって労働賃金と原料価

格が決まり，それにともなって投入係数が決まることに留意すれば，(9. 1)～(9. 8)式の表現を修正する必要はない．ここでも，自国が消費財に，外国が原料に比較優位をもつと仮定し，(9. 9)の関係が成り立つものとしよう．

自由な国際貿易が行われるとき，自国あるいは外国のどちらかが不完全特化の状態にある場合には，前節の分析結果がすべて妥当することはいうまでもない．そこで，自国が消費財に，外国が原料に完全特化するケースを中心に考察を進めよう．このケースでは，自国，外国の完全雇用条件，原料の需給均衡条件はそれぞれ

$$a_{LC}(\rho)Y_C = L,$$
$$a^*_{LM}(\rho)Y^*_M = L^*,$$
$$a_{MC}(\rho)Y_C = Y^*_M$$

と書くことができる．これから，L, L^* を所与として，ρ, Y_C, Y^*_M の均衡値が決定される．まず，

$$\frac{a_{MC}(\rho)L}{a_{LC}(\rho)} = \frac{L^*}{a^*_{LM}} \tag{9. 21}$$

という関係が得られる．原料．労働の投入比率 $a_{MC}(\rho)/a_{LC}(\rho)$ の減少関数だから，ρ の均衡値 ρ_T が一義的に決定される．その結果，はじめの 2 式から Y_{CT}, Y^*_{MT} が決まる．

ところで，自国が消費財に完全特化しているという状況のもとで，原料価格・賃金比率 ρ は原料の価格 p の増加関数になっている．実際，消費財についての利潤ゼロの条件

$$a_{LC}(\rho)w + a_{MC}(\rho)p = 1$$

を全微分することにより

$$\hat{\rho} = \frac{1}{1-\theta_{MC}}\hat{p} \tag{9. 22}$$

という関係が得られる．ここで，$\hat{\rho}=(d\rho/\rho)$, $\hat{p}=(dp/p)$ はそれぞれ ρ, p の微小変化率(対数微分)，θ_{MC} は消費財の総生産費に占める原料費の割合である．(以下，同様な記号を用いる．) (9. 22)式から，原料価格・労働賃金比率の原料価格に関する弾力性は 1 よりも大きく，総生産費に占める原料費の割合が増すほど大きくなることがわかる．この関係を用いると，(9. 21)は，

$$m(p)L = \frac{L^*}{a^*_{LM}}, \quad m'(p) < 0 \tag{9. 23}$$

と書き直すことができる．ここで，$m(p)(=a_{MC}(\rho)/a_{LC}(\rho))$ は原料価格・労働賃金比率 ρ が与えられたときに，生産者によって選択される原料・労働の投入比率であり，(9. 23)から均衡値が一義的に決定される．

ところで，(9. 22)を考慮して $m(p)$ を全微分すると，

$$\hat{m} = -\frac{\sigma}{1-\theta_{MC}}\hat{p} \tag{9. 24}$$

という関係が導かれる[2)]．ここで，σ は消費財生産における要素代替の弾力性であり

$$\sigma = \frac{\hat{a}_{MC}-\hat{a}_{LC}}{\hat{\rho}}$$

によって定義され，正の符号をとる．これより，関数 $m(p)$ の弾力性(の絶対値)は，総生産費に占める原料費の割合が大きいほど，また原料と労働の弾力性が大きいほど大きくなることがわかる．

図 9. 2 は，原料の均衡価格の決定メカニズムを図解したものである．折線 HMD は自国の原料の輸入需要曲線，FXS は外国の原料の輸出供給曲線である．**図 9. 1** との違いは，自国の輸入需要線の一部(MD)が右下がりとなっている点である．均衡価格 p_T は，両者の交点 E で両国の自給自足時の均衡価格の中間に決まる．

図から明らかなように，両国がともに完全特化の状態で自由貿易均衡が成立するための必要十分条件は

$$m(p_A)L < \frac{L^*}{a^*_{LM}} < m(p^*_A)L \tag{9. 25}$$

によって与えられる．すなわち，外国の原料の完全特化生産量が自国の自給自足価格のもとでの自国の完全特化輸入量より大きく，外国の自給自足価格のもとでの自国の完全特化輸入量より小さいことである．これに対して，自国が完全特化，外国が不完全特化となるのは

2) 費用最小化の条件から $wda_{LC}+pda_{MC}=0$ となることを用いている．

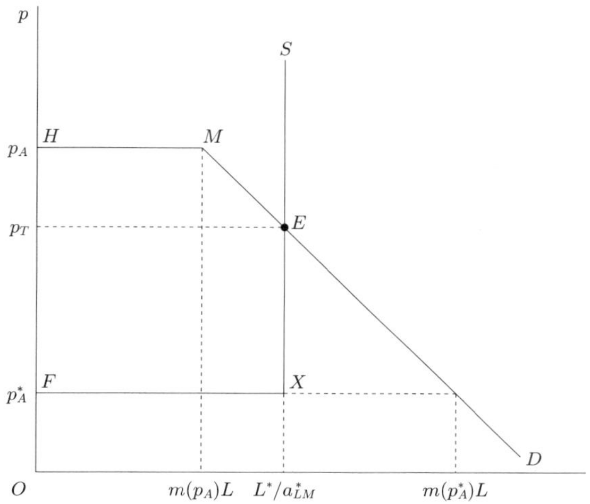

図 9. 2　自由貿易均衡：可変投入係数のケース

$$\frac{L^*}{a_{LM}^*} \geq m(p_A^*)L$$

となる場合で，自国が不完全特化，外国が完全特化となるのは

$$\frac{L^*}{a_{LM}^*} \leq m(p_A)L$$

となる場合である．前節で考察した固定投入係数の場合と違って，両国とも完全特化の均衡が成立する可能性が一般に小さいとは言えない．そのための条件(9. 25)は，原料・労働の最適投入比率の原料価格に関する弾力性が大きければ大きいほど，すなわち，消費財の生産における要素代替の弾力性が大きければ大きいほど，また消費財の生産費に占める原料費の割合が大きければ大きいほどみたされやすくなる．また，両国が完全特化するかぎり，他の条件を不変とすれば，要素代替の弾力性が小さければ小さいほど，また原料費の割合が小さければ小さいほど，原料の均衡価格がより大きく低下することも**図 9. 2** から明らかであろう．

前節と同様にして，自由貿易のもとで原料の世界全体の生産量が自給自足のときよりも増大することを示すことができる．自由貿易のもとでは原料の価格，したがって原料価格・賃金比率が自国の自給自足の水準よりも低くなるの

で，自国の消費財の生産で原料による労働の代替が進む結果，労働の投入係数は自給自足の水準より下がる．このことから

$$Y_{CT}^{W} = \frac{L}{a_{LC}(\rho_T)} > \frac{L}{a_{LC}(\rho_A)} > Y_{CA}^{W}$$

となって，消費財の世界生産量は労働の投入係数が自給自足の水準に固定されるケースに比してさらに増大する．換言すれば，世界全体としての貿易利益は固定投入係数の場合よりも大きくなる．また，原料の国際価格が自国の自給自足時の水準より低くなり，外国のそれより高くなることから，両国の賃金，したがって消費水準が上昇し，自国も外国もともに貿易利益を得ることが容易に確かめられる．ただし，貿易利益の両国への分配がどうなるかは，交易条件，すなわち原料の均衡価格に依存していることに注意しよう．すでに指摘したように，他の条件を不変として，自国の消費財の生産において要素代替の弾力性が小さければ小さいほど，また総生産費に占める原料費の割合が小さければ小さいほど，原料の均衡価格はより低くなり，したがって原料輸入国である自国の貿易利益は外国の犠牲において大きくなると言える．これは，加工貿易について留意すべき基本的な関係である．

9.5 要約と結論

国際貿易論の教科書で解説されている標準的な貿易モデルは，消費財の交換を内容とする水平貿易のモデルである．しかし，現実には原料と消費財の交換を主とする垂直的な貿易も重要である．日本型の加工貿易はまさにそのような貿易の一つの典型である．本章では，簡単なリカード型の２国２財モデルにより原料(中間財)と消費財が国際的に取引される加工貿易を考察し，標準的なリカード・モデルとの比較を試みた．主要な分析結果は，以下の通りである．

第一に，消費財の貿易と同様に，加工貿易における国際分業も比較優位の原理によって説明される．自由貿易のもと，各国はそれぞれの比較優位財に特化し，世界全体としての資源配分は改善される．第二に，すべての投入係数が固定的である場合，両国とも完全特化の状態になることはほとんどなく，たいていは一方の国が不完全特化，他方の国が完全特化となり，前者は貿易によっ

て何の利益も得られず，すべての貿易利益が後者に帰属することになる．これは，標準的消費財の貿易モデルでは「大国のケース」と呼ばれ，どちらかといえば例外的な事態と考えられてきたものである．第三に，両国がたまたま比較優位財に完全特化する場合には，国際的な交易条件は両国の自給自足時の相対価格の間で不決定となり，貿易利益の国際的な分配も確定しない．この結論も標準的な貿易モデルと著しく異なるものである．第四に，消費財の生産に用いられる原料と労働が代替可能であり，したがってそこでの投入係数が可変的である場合には，両国とも完全特化となる可能性は無視しえないほど大きくなる．両国が完全特化となるケースでは，国際交易条件は確定し，どちらの国も貿易利益に預かることができる．つまり，この場合には，上記のような標準的な消費財貿易モデルとの違いはほぼ消滅する．

本章で考察した加工貿易モデルはきわめて単純なものであり，多くの点で制約されていることは言うまでもない．伝統的な貿易モデルとの関連では，とりわけ本源的な生産要素が労働のみであるとするリカード的な仮定が問題とされよう．この仮定のもとでは，国際的な比較優位の差異は，リカード・モデルと同様に気候風土や生産技術の違いに起因するものと考えられる．しかし，労働以外に土地(ないし天然資源)のような本源的生産要素が存在する場合には，気候風土や生産技術が同じ国々の間でも要素賦存の違いによって比較優位の差異が生じうることはよく知られている通りである．本章では，このようなヘクシャー＝オリーン的な設定のもとでの加工貿易の特徴についてはいっさい扱っていない[3]．

[参考文献]

池間誠(1979)『国際貿易の理論』ダイヤモンド社.
大山道広(1968)「資本移動と対外政策(続)——〈宗主国-植民地〉型モデルによる分析」『三田学会雑誌』61(5)，65-74.
大山道広(1997)「加工貿易の理論——H.O. 型モデル」『三田商学研究』40(4)，19-36.

3)　本章の分析を補完するため，大山(1997)は，ヘクシャー＝オリーン・モデルを用いて加工貿易の理論を展開している．

岡本久之(1989)『国際貿易と中間生産物』成文堂.

Chipman, John S. (1965), “A Survey of the Theory of International Trade: Part 1, The Classical Theory,” *Econometrica*, 33, 477–519.

Kemp, Murray C. and Michihiro Ohyama (1978), “On the Sharing of Trade Gains by Resource-poor and Resource-rich Countries,” *Journal of International Economics*, 8, 93–115.

第 10 章　自由貿易協定と経済厚生

10.1　はじめに

EU (欧州連合), NAFTA (北米自由貿易協定)の成立をきっかけとして, 80年代から世界中で RFTA (地域的自由貿易協定)の動きが活発化している. 他方, 同じ時期に GATT (関税貿易一般協定)を継承する WTO (世界貿易機関)が発足し, グローバルな貿易自由化を推進する組織としての活動を開始した[1]. 当面, 世界貿易の自由化は, RFTA と WTO という異なる方向に進みかねない 2 つの機関車に牽引されて進んでいるように見える. RFTA は, 域内貿易の自由化を促進する半面, 域外の締約国に対して差別的な効果を及ぼしマーケットアクセスを阻害する可能性がある. これに対して, WTO は締約国のマーケットアクセスを拡大するための交渉の場を与えるとともに, 合意されたマーケットアクセスが実現され, 確保されることを保証する機関と見なすことができる. 問題は, この両者がいかなる条件のもとで整合的かつ補完的に機能しうるかである. Bagwell and Staiger (2001)は, マーケットアクセス保証の観点に立てば環境基準や労働基準の問題を WTO の規定と矛盾なく解決できると論じている. 本章では, 同様の観点から, RFTA の域外締約国に対する差別的効果の問題にも対処できることを示す.

GATT 第 24 条は, 最恵国待遇原則に対する例外として一定の条件をみたす自由貿易地域, 関税同盟などを容認している. その条件の中で特に大切なのは, 他の締約国に対する関税その他の貿易障壁を以前より厳しくしてはならないとする規定(第 24 条の 5)である. この条件が何を意味するかについては諸説あるが, 一つの有力な解釈は域外諸国との従来の貿易量を以前と同一水準に保つように関税などの貿易障壁を調整すると読むものである. そのような取り決めが他の締約国のマーケットアクセスを損なわないことを保証する

1)　その背景と経緯については, 大山(1999)参照.

という意味で，これはWTOの基本目的と整合的なRFTAのあり方を明確にするものである．この条件をみたす関税同盟が世界の資源配分を改善することがKemp (1964)，Vanek (1965)によって示唆され，Ohyama (1972)およびKemp and Wan (1976)により一般均衡モデルを用いて証明された．この結果はRFTAの発展とともに学界で注目され，ケンプ=ワン定理として知られるようになった．McMillan (1993)はこの定理に依拠して，域外諸国との貿易量を減らさないことを条件として明示するように第24条を改正することを提案している．

GATT第24条は，自由貿易地域および関税同盟がみたすべきもう一つの条件として，すべての財について域内の関税その他の貿易規制を撤廃することを求めている．この条件の意味するところは明快であり議論の余地はあまりないが，実際に文字通りそれをみたすことは難しく，場合によってはFTA(自由貿易協定)の実現をさまたげる効果をもつ．従来，日本はGATT・FTAの場におけるグローバルな貿易自由化にコミットするとして，当初RFTAにはあまり関心を示さなかったが，近年の盛行を見てようやく重い腰をあげ，2002年にシンガポールとの間で自由貿易協定を締結した．その後，メキシコ，タイ，韓国，マレーシア，フィリピンなどとも協議を進めている．しかし，国内農業を保護する関税などの規制を撤廃することが政治的に困難であり，交渉は難航している．すべての財について域内の貿易障壁を撤廃すべしという第24条の条件の経済学的な意義は必ずしも明確でないが，なぜかこれまで理論的に考察されることは少なかった．

本章では，経済理論で広く用いられている一般均衡モデルによって，一部の産業についてのみ域内の貿易制限措置を軽減・撤廃するような「部分的自由貿易地域」(partial free trade area)が域外国に悪影響を及ぼすことなく，域内各国の経済厚生を高めるためにみたすべき条件を導く．

この条件は，ケンプ=ワン定理に示された関税同盟がみたすべき条件，さらにはOhyama (2002)で明らかにされた自由貿易地域がみたすべき条件を内包するものであり，それらの一般化になっている．現実に行われているほとんどすべての地域的自由貿易協定は「部分的自由貿易地域」を形成しようとするものであるから，このような一般化には相当の現実的意義があると思われる．

以下，10. 2 では本章で用いる厚生評価の方法を説明し，10. 3 でそれを用いてケンプ＝ワン定理を再確認するとともに，本章の主要命題を述べる．最後に，10. 4 で本章の主要命題の含意について補足・敷衍する．

10. 2　関税と経済厚生

何事であれ，それが経済厚生に及ぼす効果を明らかにするためには，その判断基準を用意する必要がある．経済学で最も広く受け入れられている基準は，異なる経済状況を資源配分の効率性によって比較するパレート優越性の基準である．Ohyama (1972)は，この基準によって異なる状況の経済厚生を比較するための簡便なフォーミュラを導き，国際貿易にかかわるさまざまな問題に適用した．第 2 章ですでにその内容を論じたが，以下の分析に必要なかぎり単純化して，再度その方法を示しておきたい．

世界に有限個の財(サービスを含め)があるものとし，それらの財の対外取引に従事する一国(あるいは何らかの国家連合)の静態完全競争経済を想定する．これらの財は最終消費財であっても中間財ないし生産要素であってもよい．また，貿易財であっても非貿易財であってもよい．

2 つの異なる状況，S', S'' について関税が課せられている開放経済の一般均衡を考える．ただし，単純化するために，国内(あるいは連合内)の消費や生産に対する課税・補助金や外部経済は存在しないものとする．いま，p', p'' を状況 S', S'' における国内(あるいは連合内)の均衡価格ベクトル，x', x'' を均衡消費量ベクトルとすると，所得分配の如何にかかわらず

$$p''x'' \geq p''x' \tag{10. 1}$$

という関係が成立するならば，この国(もしくは連合)の観点から見て，S'' は S' にくらべて経済厚上潜在的にすぐれている(もしくは劣っていない)と言うことができる．この場合，すべての消費者の効用が S' において S'' より高くなることはありえないからである．

もしある財が直接消費されない中間財ないし生産要素である場合には，その消費量はいつでもゼロとなる．状況 S'' において，財 i の輸入に従価税率 t_i'' の関税が課せられているものとしよう．このときの国際価格(あらゆる供給源

からの輸入価格)ベクトルを q'', i 番目の対角要素を t_i'' とする対角行列を T'' とすると，内外の価格は

$$p'' = (I+T'')q'' \tag{10. 2}$$

によって結びつけられる．さらに，y', y'' を S', S'' の均衡生産量ベクトル，a', a'' を同じく初期保有(賦存)量ベクトル，e', e'' を超過需要量(純輸入量)ベクトルとすると，

$$e' = x' - y' - a', \tag{10. 3}$$

$$e'' = x'' - y'' - a'' \tag{10. 4}$$

と書くことができる．もしある財が非貿易財であれば，その超過需要量はいつでもゼロである．状況 S', S'' における外部世界からの純移転所得を b', b'' で表すと．経常収支均衡の条件は

$$q'e' = b', \tag{10. 5}$$

$$q''e'' = b'' \tag{10. 6}$$

と書ける．S' と S'' との間で初期保有量に変わりがない($a'=a''$)とすると，(10. 2), (10. 3), (10. 4), (10. 5), (10. 6)から

$$p''x'' - p''x' = b'' - b' + (q' - q'')e' + q''T''(e'' - e') + p''(y'' - y') \tag{10. 7}$$

という関係が導かれる．ここで，企業が利潤を最大にするように行動しているとすれば，完全競争の仮定から $p''y'' \geq p''y'$ となる．これより，次の命題が得られる．

命題 10. 1 (関税下の厚生比較)

状況 S'' は状況 S' に比して，以下の条件のもとで経済厚生上潜在的にすぐれている(もしくは劣っていない)と言える．

$$b'' - b' + (q' - q'')e' + q''T''(e'' - e') \geq 0 \tag{10. 8}$$

ここで，条件(10. 8)の左辺第 1 項は S' から S'' に移行することにともなう移転所得の変化，第 2 項は交易条件の変化，第 3 項は状況 S'' の関税率で評価した関税収入の変化を示している．第 1 項は移転所得効果，第 2 項は交易条件効果，第 3 項は関税収入効果と呼ぶことができる．条件(10. 8)がみたされるとしても，状況 S'' が状況 S' にくらべて経済厚生上実際にすぐれている(も

しくは劣っていない)と判断できるためには，状況 S'' の所得分配が状況 S' のそれよりも劣っていないと認定できることが必要である．この認定は，事実判断だけでなく，何らかの価値判断を含むものであることに注意しよう．

10.3　ケンプ＝ワン定理と部分的自由貿易地域

命題 10.1 の応用として，関税同盟に関するケンプ＝ワン定理を確認することからはじめよう．Viner (1950)の先駆的な業績の影響のもとで，関税同盟のような特恵貿易の取り決めが世界の資源配分に及ぼす効果は一般に確定できないとする不可知論が受け入れられ，条件付きでその結成を容認する GATT 第 24 条の経済厚生的意義は長く疑問視されてきた．1970 年代半ばにいたって，その論調に一石を投じたのが Kemp and Wan (1976)である．GATT 第 24 条の「関税同盟にせよ自由貿易地域にせよ，域外に対する貿易障壁を高めてはならない」という条件は曖昧であるが，「域外との貿易量を縮小してはならない」と解釈することも可能である．ケンプ＝ワン定理は，この解釈のもとで GATT の条件をみたすような関税同盟は世界の資源配分を改善するとするもので，経済理論の観点から地域経済統合の評価に決定的な転換を促したと言える．

命題 10.2　(ケンプ＝ワン定理)

関税同盟が対外共通関税を適切に調整することによりすべての財について域外諸国との貿易量を同盟結成以前の水準に保つならば，参加国の潜在的厚生は高められ，域外国のそれが損なわれることはない．

証明　関税同盟参加国の国家連合に命題 10.1 を適用する．S' が関税同盟前の状況，S'' が同盟後の状況に対応するものとする．同盟が対外共通関税をすべての財について域外諸国との貿易量を同盟前の水準に維持するように設定するとすれば，$e'=e''$ となるから，(10.5), (10.6)式から条件(10.8)が等号で成立し，加盟国全体の潜在的厚生が増加することがわかる．外部世界は仮定によって影響を受けないから，この関税同盟によって世界全体の資源配分が改善さ

れると言える．（証明終）

Ohyama（2002）はケンプ＝ワン定理と同趣旨の主張が「自由貿易地域」についても一定の条件のもとで成り立つことを示した．自由貿易地域というのは，そこに参加する各国が独自の関税政策を維持しながらすべての産業について域内貿易に対する関税などの貿易規制を撤廃するものである．しかし，現実に企図されている多くの自由貿易地域は，一部の産業についてのみ域内関税を撤廃し，他の産業については域内関税などの規制を留保している．本章では，そのような「部分的自由貿易地域」(partial free trade area)も対象に含める形でこの主張をさらに一般化したい．次の命題は，部分的自由貿易地域が内外各国の潜在的厚生を高めるための条件を明確にするものである．

命題 10. 3 （部分的自由貿易地域）

部分的自由貿易地域において，域内各国が対外関税・補助金を適切に調整することにより，すべての財について域外諸国との貿易量を協定締結以前の水準に保ち，正の域内関税が課されるすべての財について域内諸国との貿易量を以前の水準より減らさず，負の域内関税(貿易補助金)が与えられるすべての財について域内諸国との貿易量を以前の水準より増やさないならば，域内各国の潜在的厚生を高められ，域外国のそれが損なわれることはない．

証明　S' が自由貿易地域形成以前の状況，S'' が形成以後の状況として，それに参加する i 国に命題 10. 1 を適用する．i 国の対外総貿易量のベクトルを e_i で，域内国との貿易量のベクトルを e_{im}，域外国とのそれを e_{in} で表すと，$e_i{=}e_{im}{+}e_{in}$ という関係がある．このとき，命題 10. 3 の条件のもとでは $e'_{in}{=}e''_{in}$ がみたされることを考慮すると，命題 10. 1 の条件(10. 8)は

$$b''_i-b'_i+(q'-q'')e'_i+q''T''(e''_{im}-e'_{im})\geq 0 \qquad (10.\,9)$$

と書くことができる．命題の条件から左辺第 3 項は非負となり，上式は

$$b''_i-b'_i+(q'-q'')e'_i\geq 0 \qquad (10.\,10)$$

のときにみたされる．i 国が域内国から受け取る純移転所得を b_{im}，域外国から受け取るそれを b_{in} で表すと，$b_i{=}b_{im}{+}b_{in}$ である．簡単化のために，

$b''_{in}=b'_{in}=b'_{im}=0$ と仮定しよう．このとき，上式はさらに

$$b''_{im}+(q'-q'')e'_i \geq 0 \qquad (10.11)$$

と書き直される．この不等式は，

$$b''_{im} = (q''-q')e'_i \qquad (10.12)$$

ならば，すなわち自由貿易地域形成にともなう国の交易条件の悪化による損失が域内他国からの所得移転によって補償されるならば，等号でみたされる．このような所得移転は地域全体として可能である．なぜなら，すべての参加国について(10.12)を集計すれば

$$\sum b''_{im} = (q''-q')\sum(e'_{im}+e'_{in}) = 0 \qquad (10.13)$$

となるからである．各財について加盟国全体としての域内向けの総輸出は域内からの総輸入に等しいことから $\sum e'_{im}=0$，命題(10.12)の条件と経常収支均衡条件から $\sum q''e'_{in}=\sum q''e''_{in}=0, \sum q'e'_{in}=0$ となることに注意しよう．（証明終）

関税同盟に関する命題 10.2（ケンプ＝ワン定理）を自由貿易地域に当てはまるように拡張した Ohyama (2002)，Krishna and Panagaria (2002)の主張は命題 10.3 の系として直ちに導かれる．

系　自由貿易地域において，域内各国が対外関税・補助金を適切に調整することにより，すべての財について域外諸国との貿易量を協定締結以前の水準に保つならば，域内各国の潜在的厚生を高められ，域外国のそれが損なわれることはない．

以上の命題について注意すべきことを 2 点指摘しておきたい．第一に，この命題の条件が理論的に実現可能であるためには，各国が域外諸国と貿易するすべての財に対する関税ないし貿易補助金と，域内諸国と貿易するすべての財に対する関税ないし貿易補助金を独立に自由に調整できなければならないことである．その場合，各国，各地域が生産する財は，同一の用途をもつものであっても別々の財として区別され，制御されることになる．もう一つは，自由貿易地域に参加する諸国の間で，交易条件が有利化した国から不利化した国に補

償が行われることを前提としていることである．この前提が崩れれば，自由貿易地域に参加する諸国全体の潜在的厚生が高まるとしても，各国の潜在的厚生が高まるとは言えない．

命題 10. 3 は部分的自由貿易地域にかかわるものとして述べられているが，一部またはすべての財について域内関税が完全には撤廃されないという意味で「不完全な自由貿易地域」(incomplete free trade area)，すなわち「特恵的に関税が引き下げられる地域」が形成されることがある．また，既存の FTA で残存していた域内関税の撤廃がはかられることも多い．これらの場合にも適用できるように，命題 10. 3 を拡張することができる．

命題 10. 4 （特恵的関税引き下げ）

ある地域で従来域内関税が存在していた任意の産業の生産物について新たに域内関税を撤廃するか軽減する取り決めがなされるものとしよう．このとき，域内各国が対外関税・補助金を適切に調整することにより，すべての財について域外諸国との貿易量を協定締結以前の水準に保ち，正の域内関税が課されるすべての財について域内諸国との貿易量を以前の水準より減らさず，負の域内関税(貿易補助金)が与えられるすべての財について域内諸国との貿易量を以前の水準より増やさないならば，域内各国の潜在的厚生を高められ，域外国のそれが損なわれることはない．

証明　S' が従来の状況，S'' が新たな取り決め以後の状況として，それに参加する i 国に命題 10. 1 の厚生比較基準を適用し，命題 10. 3 の証明と同様の手順を踏めばよい．(証明終)

既存の FTA については，域内関税のさらなる撤廃の取り決めは貿易自由化の進展として歓迎されこそすれ，問題視されることは少ない．しかし，そのような取り決めが無条件に内外諸国の経済厚生を高めるとは言えない．特に，域外国は貿易転換効果によって交易条件が不利化し，損失をこうむる可能性が大である．域内国であっても，新たに関税が撤廃された財の輸入が増加し，それと代替関係にあり関税が存続する財の輸入が減少すれば，関税収入を失うことになる．

これまで述べてきた諸命題は，自由貿易協定が関係諸国の潜在的経済厚生を高めるためにみたすべき十分条件を明らかにしている．しかし，これらの条件はその目的のために必要ではない．一国の対外貿易量を各財について以前と同じ水準に維持するかそれより増減しないようにするためには，膨大な情報量と政策手段(この場合には国ごとに差別的な輸入関税や輸出補助金)が必要になる．

この場合，各国が制御しなければならない目標変数は条件(10.8)にあらわれる交易条件と関税収入の 2 つである．したがって，各国が必要とする手段変数も対域外輸入関税と域内輸入関税の 2 つがあれば足りる．命題 10.4 の条件のもとで，域外諸国の潜在的厚生は平均的には損なわれないが，域外各国の潜在的厚生は影響を受ける可能性がある．域外諸国全体と特恵地域の交易条件が不変に保たれるとしても，域外各国の交易条件は変化し，しかも域外諸国の間で得失を相殺するような所得トランスファーが行われると想定することはできず，域外各国の関税収入が減少しないとも言えないからである．

10.4　要約と結論

本章で新たに導いた命題の意義と限界について補足しておきたい．命題 10.3 は，新たに形成される部分的な自由貿易地域について，命題 10.4 は部分的でしかも不完全な自由貿易地域の形成について，それぞれが世界ないし参加各国の経済厚生を高めるための十分条件を明らかにしている．

そのうち，命題 10.3，10.4 の「域外諸国との貿易量を以前と同じ水準に保つ」という条件は，GATT 第 24 条の「他の締約国に対する関税その他の貿易障壁を従来より厳しくしてはならない」とする規定に一つの解釈を与えるものである．冒頭にも指摘したように，GATT/WTO が加盟国のマーケットアクセスを拡大し，保証するための機構であるとすれば，この解釈はまさにその理念にふさわしいものである．さらに言えば，アジア・太平洋地域では「オープン・リージョナリズム」(開かれた地域主義)という一見矛盾を含むかに見えるスローガンが標榜されてきたが，これらの命題はその定式化として理解できるかもしれない．過去および現在のすべての自由貿易地域は部分的なものであり，それらが世界全体の観点から是認されるためには，これらの命題の条件をみたすものでなければならない．かつてのGATT，現在のWTOもまた部分的自由貿易地域を形成するものと見ることができる．本章の分析に照らすならば，そこでの関税引き下げが真の意味でのグローバルな自由化をもたらすといえるためには，少なくとも関係諸国のマーケットアクセスを侵害するようなものであってはならないのである．

現実に企図されている自由貿易協定がこれらの命題に示された諸条件をみたすかどうかを事前に判断することはおそらく困難であろう．しかし，WTOのような機関が事後的にこの点をチェックし，必要なら協定の修正を求めることはおそらく可能であり，またWTOとRFTAとの共存共栄のために望ましいことである．RFTAが経済厚生に及ぼす効果に関する実証研究は，これまでにも少しずつ行われてきた．Feenstra (2004, Chapter 6)はそのいくつかの事例を紹介している．また，若杉・伊藤(2004)は，EU, NFTA, FTA, MERCOSURについて，域外諸国との貿易に差別的な影響を及ぼしたかどうかを検証している．

[参考文献]

大山道広(1999)「GATT/WTOルールの経済的意義」『経済研究』50(1)，2-10.

若杉隆平・伊藤和彦(2004)「地域貿易協定と非加盟国の貿易利益——Ohyamaの命題と実証分析」『三田学会雑誌』97(1)，15-34.

Bagwell, Kyle and Robert W. Staiger (2001), "The WTO as a Mechanism for Securing Market Access Property Rights: Implications for Global Labor and Environmental Issues," *Journal of Economic Perspective*, 15, 69-88.

Feenstra, Robert C. (2004), *Advanced International Trade: Theory and Evidence*, Princeton and Oxford: Princeton University Press.

Kemp, Murray C. (1964), *The Pure Theory of International Trade*, Englewood Cliffs, NJ: Prentice-Hall.

Kemp, Murray C. and Henry Y. Wan (1976), "An Elementary Proposition Concerning the Formation of Customs Unions," *Journal of International*

Economics, 6, 95-97.

Krishna, Pravin and Arvind Panagaria (2002), "On Necessarily Welfare Enhancing Free Trade Areas," *Journal of International Economics*, 57, 353-367.

McMillan, John (1993), "Does Regional Integration Foster Open Trade? Economic Theory and GATT's Article XXIV," in Kym Anderson and Richard Blackhurst, eds., *Regional Integration and the Global Trading System*, New York: Harvester Wheatsheaf.

Ohyama, Michihiro (1972), "Trade and Welfare in General Equilibrium," *Keio Economic Studies*, 9, 37-73.

Ohyama, Michihiro (1999), "Market, Trade and Welfare in General Equilibrium," *Japanese Economic Review*, 50, 1-24.

Ohyama, Michihiro (2002), "The Economic Significance of the GATT/WTO Rules," in Alan D. Woodland, ed., *Economic Theory and International Trade*, London: Edward Elgar.

Vanek, Jaroslav (1965), *General Equilibrium of International Discrimination*, Cambrigde MA: Harvard University Press.

Viner, Jacob (1950), *The Customs Union Issue*, New York: Carnegie Endowment for International Peace.

第 11 章　WTO と世界経済

11.1　はじめに

WTO，あるいはその前身である GATT は，国際貿易の自由化と世界経済の成長に貢献してきた．しかし，近年にいたって WTO はいくつかの大きな課題に直面し，転機に立っている．本章では，特に次の 2 つの課題を取り上げたい．一つは，地域的に限定された FTA (自由貿易協定)が世界中に蔓延し，無差別で多角的な貿易自由化を標榜する GATT/WTO の基本原則を無にしているように見えることである．GATT 第 24 条は，条件付きで関税同盟や自由貿易地域の形成を例外的な取り決めとして容認している．しかし，FTA が世界を覆い尽くすようになった現在，この条項の解釈，あるいは表現を再検討する必要がある．もう一つは，グローバリゼーションにともなって，従来は各国の国内問題と見なされてきた環境問題や労働問題が世界の問題としてクローズアップされてきたことである．1999 年，シアトルにおける WTO の閣僚会議に際して，WTO の活動が世界の環境基準や労働基準の実施に悪影響を及ぼすとして NGO の諸団体から猛烈な抗議を受けたことは記憶に新しい．貿易自由化を環境・労働基準のグローバルな調和と矛盾しないように進めていくために，WTO は何をなすべきであろうか．これらの新しい課題は，いずれも WTO の理念にかかわり，そのあり方と役割について再考を迫るものである．

WTO は現実的な組織であり，必ずしも文字通りの自由貿易を求めるものではない．多くの論者は，GATT/WTO は基本的に各国の輸出業者の利害を代弁する重商主義的な取り決めであるとしてきた．Krugman (1991)は，「GATT 的思考」(GATT-think)を要約して，一国にとって，①輸出の増加はよいこと(“Exports are good.”)，②輸入の増加は悪いこと(“Imports are bad.”)，③輸出入の同額の増加はよいこと(“An equal increase in imports and exports is good.”)とした．このような GATT/WTO のとらえ方は，単純な重商主義的な取り決めであるとする俗論にくらべれば，確かにその一面を的確についている．これによって，GATT/WTO が相互主義に基づく関税引き下げを通じて貿易の拡大を促進しようとしながら，市場攪乱や不公正貿易などの事由による輸入制限を容認していることがうまく解釈できる[1]．しかし，WTO が現代の世界経済において果たしうる，あるいは果たすべき有益な役割を明確にする建設的な認識(constructive notion)とは言えない．筆者はかつて「GATT/WTO ルールの経済的意義」と題する論文を書き，GATT/WTO は「単なる重商主義的な取り決めであって経済学的にはナンセンスである」という一部の論者の主張に反論したことがある[2]．そこでは，GATT/WTO のルールの多くが経済学的に十分意義のあるものであると論じたが，その基本にある理念や哲学については追究しなかった．本章では，WTO の基本的なあり方，あるいはあるべき姿を構想し，WTO が直面する新しい課題をいかに解決しうるかを考えてみたい．

その手がかりとして注目するのは，最近カイル・バグウェルとロバート・ステイガーによって提唱された「WTO の基本的に重要な機能は加盟国の市場アクセス権を保証することである」(以下，市場アクセス保証論と呼ぶ)という見方である[3]．彼らによれば，「WTO の中心的な目的は，加盟諸国の政府が自発的にマーケットアクセスの約束を与え合う協議の場を提供し，そこで合意されたマーケットアクセスに対する所有権を単独主義的な政府行動による侵害から守ること」である．この考え方は WTO の基本にある，あるいはあるべき哲学が輸出の増加を是とし輸入の増加を非とする一国重商主義のそれではなく，輸出入のバランスのとれた拡大を推進し保証するいわば「国際重商主義」のそれであることを明確にするものである．以下では，この考え方に立って，WTO が FTA 問題，地球環境・労働基準問題などにいかにかかわっていくべきかについて論じる．

---

1) Ethier (2004)はクルーグマンの GATT-think を支持し，「政治的外部性」(political externalities)という概念を導入して基礎づけようとした．
2) 大山(1999)および Ohyama (2002)．
3) Bagwell and Staiger (2001, 2002)参照．

11.2　厚生比較定理

WTO が上記のような新課題に対して果たすべき役割を経済学の見地から考察するためには，何らかの厚生判断の基準を用意する必要がある．ここでも前章と同様に，第 2 章で解説した Ohyama (1972)で導かれた経済厚生比較のフォーミュラを適用する．前章の設定をほぼ踏襲するが，本章の関心事である FTA 問題や環境・労働問題を考察するために，政府が関税だけでなく，生産補助金，あるいはそれと同等の効果をもつ政策手段を用いて経済に介入する可能性があることを想定する．この前提のもと，前章の命題 10. 1 は次のように修正される．

命題 11. 1　(厚生比較)

状況 S'' が状況 S' にくらべて経済厚生上潜在的にすぐれている(もしくは劣っていない)と言えるための十分条件は，各状況の許容可能な所得分配のもとで

$$(b''-b')+(q'-q'')e'+q''T''(e''-e')+p''R''(y'-y'') \geq 0 \qquad (11.1)$$

が成り立つことである．

ここで，条件(11. 1)の左辺第 1 項から第 3 項までは，命題 10. 1 の条件(10. 8)と同じく，それぞれ移転所得効果，交易条件効果，関税収入効果に対応する．第 4 項は，状況 S'' の生産補助金率で評価した純補助金支出を示している．なお，R'' は生産への従価補助金率を表す行列である．この国の潜在的経済厚生の増加は，外国からの純移転所得の増加，交易条件の改善，純関税収入の増加，そして純補助金支出の減少によってもたらされると言える．この命題は，WTO が直面する新課題に対して果たすべき役割を考えるための基礎となる．

WTO の基本的な機能は，相互主義と最恵国待遇に基づく多角的な関税引き下げを実施し，貿易の拡大をはかることである．上記の厚生比較命題によって，その経済厚生上の意義を推量することができる．次の命題は確定的な主張

ではないが，WTO を通じた多角的関税引き下げの経済厚生的な意義を示唆するものである．

推断　(多角的関税引き下げの意義)

相互主義と最恵国待遇原則に基づく多角的な関税引き下げは，加盟各国の潜在的厚生を高める蓋然性が高い．

注釈　厚生比較定理を WTO に加盟する一国に適用し，関税引き下げが行われる前の状況を S'，関税引き下げ後の状況を S'' としよう．簡単化のために，生産に対する課税補助金は存在しないものとする．相互主義と最恵国待遇原則に基づく多角的関税引き下げは，各国の交易条件に影響を及ぼすことなく，貿易量の拡大をもたらすと考えられるので $(q'-q'')e' \approx 0$, $q''T''(e''-e') \geq 0$ が成り立ち，(11. 1)の条件がみたされる蓋然性が高い．

11.3　WTO と FTA

まず，バグウェル＝ステイガー流の市場アクセス保証論が最近全世界を覆う勢いで増加し続けている自由貿易協定(FTA)に対して WTO が果たすべき役割を明確にする上で有効であることを理論的に根拠づけることから始めたい．地域的に限定された FTA の本質は特恵貿易地域の設定である．この問題に関しては，すでに前章で詳しく論じたので，若干の繰り返しになるが，任意の特恵貿易協定について，次の命題を証明することができる．

命題 11. 2　(特恵貿易地域)

ある地域で従来域内関税が存在していた任意の産業の生産物について新たに域内関税を撤廃するか軽減する取り決めがなされるものとしよう．そのような取り決めが域内各国の潜在的厚生を高め域外国のそれを損なわないための条件は，域内各国が対外関税を適切に調整して，すべての財について域外諸国からの輸入量を以前の水準に保ち，域内関税を撤廃しないすべての財について域内諸国からの輸入量を以前の水準より減らさないことである[4].

証明　厚生比較の定理を特恵地域に参加する各国に適用する．参加以前の状況を S'，参加後の状況を S'' とし，状況 S'' の生産税ないし生産補助金が存在しないか，あるいは生産構造が不変に保たれるように調整されるものとする．このとき，(11. 1)式において $p''R''(y'-y'')=0$ となる．命題の条件がみたされていれば，関税収入効果は非負，すなわち $q''T''(e''-e')\geq 0$ となる．また，特恵地域全体としては交易条件効果はゼロとなるので，各国の交易条件変化の効果を相殺して $b''-b'=(q''-q')e'$ となるように，参加国の間で所得再分配を行うことができる．条件(11. 1)がみたされるので，特恵貿易地域に参加する各国の潜在的厚生は域外国の厚生を損なうことなく増加するといえる．(証明終)

これは，有名な関税同盟に関するケンプ＝ワン定理を部分的で不完全な自由貿易協定，換言すれば特恵的関税引き下げ協定に適合するように拡張するものである[5]．この命題の趣旨を簡単に言えば，FTA に参加する国々がすべての貿易相手国に対して(以前に譲許した関税率のもとでの)マーケットアクセスを維持するように関税率を調整するならば，世界の潜在的厚生を高めることができるというものである．この条件は，WTO がその市場アクセス保証という本来の機能をはたすことを求めるものと解釈できる．GATT 第 24 条は，関税同盟や自由貿易地域などの地域統合を容認する前提として，①他の締約国に対する関税その他の貿易障壁を従前より厳しくしてはならない，②すべての財について域内の関税その他の貿易規制を完全に撤廃する，という 2 つの条件を挙げている．上記の命題はこのうち条件①にかかわるものとして理解することができる．これに対して，条件②は経済学的にはさして重要なものではないし，実際に結ばれている FTA で域内関税を完全に撤廃するものは少ないことを考慮すれば，現実的なものとも言えない．

なお，第 24 条の条件①は，通常は域外諸国に対する平均的な輸入関税率を

---

4)　前章の命題 10. 4 は輸出税や輸出補助金を認めている点で，これより一般的である．
5)　Kemp and Wan (1976)参照．

高めてはならないと解釈されることが多い．しかし，平均関税率を以前と同じ水準に維持しても，特恵協定の貿易転換効果によって域外諸国からの輸入量は減少し，結果的に域外諸国に与えたマーケットアクセス権を侵害することになる．あくまでも域外諸国からの輸入量を従前の水準に維持することを目標として，対域外関税率を調整することが必要なのである．McMillan (1993)は，ケンプ＝ワン定理にかんがみてこの条件をより明確に「他の締約国との貿易量を減らさないこと」とする条文の改正を提案している．ここでは，さらに踏み込んで，命題11.1の条件をみたすようにGATT第24条の条件①を書き直し，条件②を撤廃するか，FTAの現実にあわせて緩和することを提案したい．

11.4　WTOと環境・労働基準

先に紹介したBagwell and Staiger (2001)の論説は，WTOが地球環境問題や労働基準問題の解決を妨げ，あるいは遅らせるという批判に対して，WTOを擁護するために書かれたものである．環境団体や労働団体のWTO批判によれば，GATT/WTOの主要な目的は各国の輸出産業の利益に奉仕することであり，そのような場で約束された関税引き下げは各国国内産業を脅かすことにより厳しい環境基準や労働基準の導入に冷水をかけるという「規制への冷水」(regulation chill)や，すでにある規制の緩和・撤廃につながるという「どん底へのレース」(race to the bottom)を引き起こす．これに対して，経済学者の伝統的な反論は，GATT/WTOが創設以来50有余年の交渉を通じて，国際貿易の大幅な自由化に貢献し，世界中の消費者に大きな利益をもたらし，経済発展に貢献してきたことを指摘し，今後もその重要性を否定することはできないというものである．しかし，これは批判に直接答えるものではない．また，このような結果論は，WTOが将来にわたって世界貿易の自由化を推し進め，消費者の利益に奉仕し続けることを保証するものではない[6]．クルーグマン流のGATT観では，環境基準や労働基準を重視する人々の批判に有効に答えることはできない．

6）Rose (2004)の実証研究によれば，GATT/WTOが加盟国の貿易拡大に役立ったとは言えないという懐疑論さえ成り立つかもしれない．

環境団体や労働団体の批判に欠けているのは，WTO にとって重要なのは関税引き下げだけでなく，その結果発生するマーケットアクセスの保証であるという認識である．譲許されたマーケットアクセスの保証が確かなものであれば，「規制への冷水」や「どん底へのレース」といった問題は生じないと考えられる．新たな環境基準や労働基準の導入によって国内産業が国際競争力を低下させ，外国の競争産業に従来よりも大きなマーケットアクセスを与える懸念があるときには，従来のマーケットアクセスを維持するように関税率を高めることを WTO の場で認めてもらえばよい．このようにして，「規制への冷水」問題は WTO を通じて解決することができる．また，環境基準や労働基準を下げることにより外国市場でより多くのマーケットアクセスを確保しようとする行動も，これによって被害を受ける国が従来のマーケットアクセスを確保できるように輸入関税を高めて対抗することが WTO の場で認められるようにすればよい．これは，いわゆる「環境ダンピング」や「労働ダンピング」を無効にすることによって「どん底へのレース」を回避する仕掛けとなる．Bagwell and Staiger (2001) の論旨は，WTO の市場アクセス保証機能を万全のものにすることによって，WTO が環境基準や労働基準の引き上げを妨げ，その引き下げを助長するような事態を防止できるというものである．このことについて，本章の厚生比較定理を用いれば，次のような命題を導くことができる．

命題 11.3 （環境・労働基準と経済厚生）

一国が新しい環境基準，労働基準を導入するものとしよう．新基準を達成し，かつすべての貿易相手国に対して従来のマーケットアクセスを保証するためには，生産に対する適切な課税・補助金を用いると同時に，対外関税を適切に再調整するのが最適なポリシーミックスである．

証明　環境・労働基準を達成するように生産税・補助金を用い，すべての貿易相手国に対して従来のマーケットアクセスを保証するように対外関税を調整した状況を S' とし，それ以外の政策手段を用いてそれらの基準を達成し，従来与えていたマーケットアクセスを保証するような任意の状況を S'' とする．このとき，環境基準ないし労働基準によって規制の対象となる生産物あるいは投入物 j については $y_j{}'=y_j{}''=\bar{y}_j$，規制の対象とならない生産物あるいは投入物 k については $r_k{}'=r_k{}''=0$ となり，したがって $p''R''(y'-y'')=0$ となる．また，すべての財について輸入量はあらかじめ譲許していた水準に調整されることから $e'=e''=\bar{e}$ となり，したがって $(q'-q'')e'=q'e'-q''e''=b'-b''$ となる．加えて，一般性を損なうことなく，$b'=b''$ と仮定することが許されるので，(11.1)式の条件がみたされる．(証明終)

ここで注意しておきたいのは，環境基準や労働基準の定式化である．環境基準は，汚染物質の一定期間中の排出量あるいはその原因となる経済活動の規制という形で導入されることが多い．同様に，労働基準も環境の一定期間中の少年労働，婦人労働などの使用量の規制や労働環境の整備として課される．ここでは，それを特定の最終生産物の生産量，あるいは特定の生産要素，中間生産物の使用量の規制としてとらえ，その実現のために生産税・補助金(ないし直接統制)が用いられるとしている．なお，労働・環境基準は生産活動だけでなく，家庭のごみ処理や仕事場の快適化に資する消費活動にもかかわるものである．以上では，簡単化のために生産活動にかかわる部分だけを明示的に取り上げたが，消費税・補助金を導入することで消費活動の規制も考慮して命題11.3を拡張することは容易である[7)]．

命題11.3によれば，環境・労働基準とマーケットアクセス基準という2つの政策目標が与えられた場合，環境・労働基準の達成には生産補助金(あるいは直接規制)を用い，マーケットアクセスの保証のためには関税政策を用いるのが最も効率的である．国際的な混乱や軋轢を避けるためには，WTOはマーケットアクセスの拡大とその保証に専念し，環境・労働基準の合意については他の国際機関にゆだねるという分業体制を構築することが望ましい．

7) Ohyama (1972)参照．

11.5　要約と結論

Tinbergen (1952)の「経済政策の理論」では，目標変数(target variables)と手段変数(instrument variables)が峻別されているが，日常の政策論議ではこの両者が混同され，多くの要らざる対立と混乱の原因になっている．本章との関連で言えば，GATT 第 24 条の「他の締約国に対する関税その他の貿易障壁を従前より厳しくしてはならない」という条件は，域外国に対する平均的な関税率を高めてはならないという意味に解釈されることが多い．しかし，以上に示した分析によれば，重要なのは域外国からの輸入量を従前より減らさないことなのである．つまり，この場合の目標変数は輸入量(より一般的には貿易量)であって輸入関税率ではない．関税率はあくまでも目標輸入量を達成するための手段変数にすぎない．関税同盟や自由貿易地域が形成されるとき，域外の締約国に対する関税率を従来の水準に維持すれば，貿易転換効果によって域外からの輸入量は減少する可能性が高い．域外諸国のマーケットアクセス権を保証するためには，対域外関税率を多少とも下げることが必要である．ティンバーゲンの概念を用いるならば，マーケットアクセス権を測る輸入量が目標変数であり，関税率はその達成のために用いられるべき手段変数である．そう考えると，GATT 第 24 条の規定を通例にならって文字通り解釈するならば，そのありようは目標変数と手段変数をとり違えたものであると言っても過言ではない．実際，McMillan (1993)は，ケンプ＝ワン定理に基づいて，関税同盟がみたすべき条件を「従来の域外諸国からの輸入量を減らしてはならない」とより明確にするように，GATT 第 24 条を改正すべきであると提言している．

環境基準や労働基準の場合，目標変数と手段変数の違いは明白であり，両者が混同される余地は少ない．それらは通常汚染物質の排出量や労働時間といった数量目標によって表され，その達成のために排出税や罰税といった政策手段が用いられる．排出税や罰税はあくまでも政策変数であって，それ自体の水準は目標変数ではない．しかし，GATT 第 24 条の例が示すように，WTO の場合には，実際に両者が混同され，そのことから多く非難や批判を招いている．多国間交渉によって決められた関税水準を守ることが至上命令であるとすれば，FTA は域外諸国に対して差別的な効果をもたざるをえない．また，環境・労働問題に関しては，排出税や罰税を再調整することなくしては，WTO は「規制への冷水」や「どん底へのレース」の原因とならざるをえない．WTO の目標変数は交渉によって合意された貿易量で表されるマーケットアクセス権であり，関税水準そのものではないことを銘記する必要がある．

[参考文献]

大山道広(1999)「GATT/WTO ルールの経済的意義」『経済研究』50(1)，2-10.

Bagwell, Kyle and Robert W. Staiger (2001), “The WTO as a Mechanism for Securing Market Access Property Rights: Implications for Global Labor and Environmental Issues,” *Journal of Economic Perspective*, 15, 69-88.

Bagwell, Kyle and Robert W. Staiger (2002), *The Economics of the World Trading System*, Cambridge, MA: MIT Press.

Ethier, Wilfred J. (2004), “Political Externalities, Nondiscrimination, and a Multilateral World,” *Review of International Economics*, 12(3), 303-320.

Kemp, Murray C. and Henry Y. Wan (1976), “An Elementary Proposition Concerning the Formation of Customs Unions,” *Journal of International Economics*, 6, 95-97.

Krugman, Paul R. (1991), “The Move toward Free Trade Zones,” *Economic Review-Federal Reserve Bank of Kansas City*, 76(6), 5-25.

McMillan, John (1993), “Does Regional Integration Foster Open Trade? Economic Theory and GATT's Article XXIV,” in Kym Anderson and Richard Blackhurst, eds., *Regional Integration and the Global Trading System*, New York: Harvester Wheatsheaf.

Ohyama, Michihiro (1972), “Trade and Welfare in General Equilibrium,” *Keio Economic Studies*, 9, 37-73.

Ohyama, Michihiro (1999), “Market, Trade and Welfare in General Equilibrium,” *Japanese Economic Review*, 50, 1-24.

Ohyama, Michihiro (2002), “The Economic Significance of the GATT/WTO Rules,” in Alan D. Woodland, ed., *Economic Theory and International Trade*, London: Edward Elgar.

Rose, Andrew K. (2004), “Do We Really Know that the WTO Increases

Trade?" *American Economic Review*, 94, 98–114.
Tinbergen, Jan (1952), *On the Theory of Economic Policy*, Amsterdam: North-Holland.（気賀健三，加藤寛共訳『経済政策の理論』巌松堂出版，1956 年）
Viner, Jacob (1950), *The Customs Union Issue*, New York: Carnegie Endowment for International Peace.

第Ⅳ部

厚 生 経 済

第Ⅳ部は，「社会的価値」「仲間消費」といった新しい概念を導入し，新しい経済学研究の領域を切り開く議論を展開している．

第12章　厚生と効率

価値を「個人的価値」と「社会的価値」と2つに区別することで，多くの経済問題とその対応策のあり方の本質に迫る議論を展開している．さまざまな経済問題に対して「効率至上主義によって，安全，健康，環境，公平などの価値が損なわれた」といった，「効率と価値の間のトレードオフ」を前提とした論評がしばしばなされる．筆者は，それが正しい見方ではなく問題の本質を見失うと警告している．価値を「個人的価値」と(安全，健康，環境，公平などの)「社会的価値」という2つに区分し，「個人的価値と社会的価値の間のトレードオフ」という見方をとることで問題の本質がとらえられることを強調している．そこから，問題の根本に「市場の失敗」や「政府の失敗」があるという見方にもたどり着ける．特に，「政府の失敗」の具体例として，政府部門の予算の規律付け機能の欠如による「ソフトな制約問題」と政府と民間の癒着の象徴である「天下り問題」のモデル分析を行い，それが引き起こす資源配分の歪みを明示している．

第13章　人間関係の経済学

「仲間消費」という概念を確立し，人間関係を明示的に導入する経済モデルを構築している．「仲間消費」とは，条件付き財の考え方を，個人の消費する財を「仲間」によって区別する形に拡張した概念である．さらにそのモデルを用いた人間関係分析の応用例を2つ提示している．一つは，私的再分配メカニズムとして仲間同士の贈与を説明するモデルへの応用である．政府の贈与税による介入が配分を歪める効率の悪い税であるなど，政策論の視野を広げる分析がなされている．もう一つは，仲間間の消費の補完性に注目した分析である．個人の消費からの効用の増加が，仲間の消費が増えるほど高くなる補完的状況がしばしば観察される．このような環境下では，全体の利益は，仲間間でどの程度協調できるかに依存して決まることになる．リーダーシップの存在が，全員に利益をもたらす高い協調を実現する一つの要素となるという結果を導出している．

第 12 章　厚生と効率

12.1　はじめに

最近，効率の追求が安全，健康，環境，公平などの社会的価値を損なうとして，効率至上主義の弊害を声高に叫ぶ論調がメディアや評論家の間に広がっている．だが効率の追求は本当に社会的価値を損なうと言えるのか．我々にとって望ましい，いかなる価値を実現するためにも希少な資源を投入しなければならない．したがって，資源を浪費せず効率的に利用しなければならないというのが経済学の公理的認識である．最近よく聞かれる「効率至上主義が社会的価値の実現を妨げている」とする俗論はこの公理を否定するものである．そもそも社会的価値とは何であろうか．それは，経済学で定義される狭い意味での個人的価値とは区別されるべきものであろうか．本章では，厚生経済学の視点に立って基本的な概念を見直し，効率と価値の関係を明確にしたい．

12.2　分析枠組み

ここで価値と呼ぶのは人間にとって有用な事物の総称である．論点を明確にするため，個人的価値と社会的価値を区別しよう．個人的価値とは，個人(私)的利用の対象となる消費財・サービスから得られる価値(効用)を指す．これに対して，社会的価値とは，上述した安全，健康，環境，公平のように集団(公)的利用の対象となる消費財・サービスから得られる価値(効用)である．いかなる価値の実現にも希少な資源の投入が必要である．効率的な資源配分とは，利用可能な資源のもとで考えられるあらゆる価値を最大限実現するような資源配分を達成することである．とりあえず，個人的価値を体現する財(たとえばコメ)と社会的価値を体現する財(たとえば共同住宅)を考えよう．両者のトレードオフを示す最も単純な図解は，**図 12.1** の生産(実現)フロンティア VF によって与えられる．

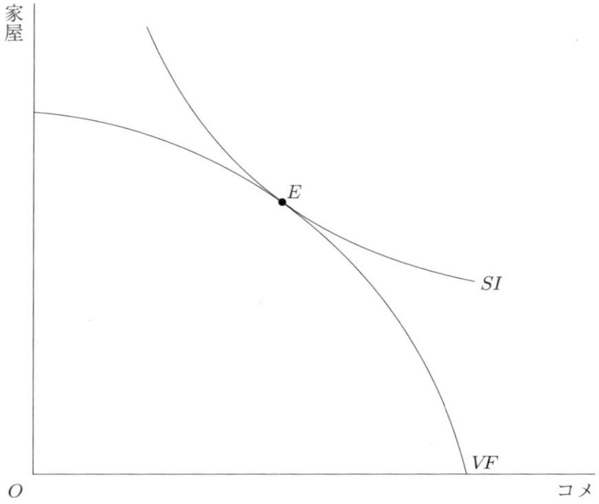

図 12.1　社会的に最適な資源配分

VF は効率的に実現可能な価値の集合を示している．有用で希少な資源と利用可能な技術が与えられているとき，ある価値を実現するためには，他の価値を犠牲にしなければならない．VF は任意に選ばれた 2 つの価値について最大限実現可能な点の集まりを図解したものである．

世にいう社会的選択とは，何らかの価値基準によってこの曲線上で社会的に望ましい点を選択することである．正統派の経済学者はこうした社会的価値基準の概念に対して懐疑的だった．たとえば，「頭脳なく神経なき社会は欲望を感ぜず．社会的価値(基準)の概念は，共産主義社会では意味を持つかもしれないが通常の市場経済に見出される価値の説明とは無縁だ」．小泉信三「社会価値の概念」(1909)は，Schumpeter (1909)の社会的価値説を紹介する 100 年前の『三田学会雑誌』の論説の中でこのような趣旨のことを述べている．確かに，社会的な価値判断やその基準を客観的に根拠づけることは難しい．それは経済学者のなしうることでもなすべきことでもないかもしれない(より最近の文献では Robbins (1938)，Arrow (1951)等参照)．

仮に特定の価値判断や明確な価値基準が与えられるならば，経済学者はその実現のために最も効率的な方法は何かという問題を論じることができる．経済学者の役割を例解するために，社会的無差別曲線(social indifference curve)

の概念を想定する(Samuelson (1956)参照). 社会的に最適な資源配分は, 社会的無差別曲線 SI と価値実現フロンティア VF との接点 E として示される. この点はコメと家屋は価値実現フロンティアの上にあるという意味で「効率的な」点であり, しかもその上で最上位にある社会的無差別曲線に到達しているという意味で「社会的に最適な」点でもある. コメと家屋が完全競争市場で取引され, 外部経済・不経済がないなど一連の仮定のもとでは, こうした社会的最適が市場を通じて達成される(厚生経済学の基本定理). 現実には, 不完全競争, 外部効果の存在によって社会的最適の達成は保証されない.

ここで, コメはマーシャルの「貨幣」のような価値標準財で, 完全競争市場で取引され, 純粋に個人的価値を体現する財であるが, 家屋は多少とも社会的価値を体現する財で, 必ずしも完全競争市場で取引される財ではないと仮定してみよう. この再解釈のもとでは, 社会的最適は自由放任のもとでは達成されない可能性がある. しかし, メディアや経済学の教科書でよく論じられている安全, 公平といった価値と効率との間にトレードオフ(背反関係)があるという主張は適切ではなく, 異なる価値(社会的価値と個人的価値)の間のトレードオフを問題にすべきである. 以下では, このことを例示して説明する.

12.3　安全と効率

小泉純一郎内閣(2001～06 年)は「聖域なき構造改革」というスローガンを掲げ大衆の人気を博した. しかし, その最終期には食品, 建設, 運輸など, さまざまな分野で社会の安全を脅かす一連の不祥事が発覚し, マスメディアで大々的に報道された. 多くの論者が「構造改革」が過剰な競争を引き起こし, 安全を損なう結果をもたらしたと批判した. この時期に見られたこうした論調を振り返り, 再検討してみよう.

事例 1　過密ダイヤ(2005 年)　関西における私鉄と JR との過当な競争は, 効率主義(儲かればすべてが正当化される)に疑問を投げかけるものである. 顧客が鉄道業に望むのは, 便利さ, 速さ, 安全さとすると, 便利さ, 速さと交換に最も重要な安全さが軽視されている.

事例 2　建築偽装(2005 年)　耐震偽装や強度不足の構造設計が相次いでい

る．検査機関の民間開放，業界の過剰なコストダウン競争が背景にある．住宅にとって安全こそ最大の価値という立場で，抜本的な対策をとることが必要である．

事例 3　食品表示(2006～07 年)　食品業界で賞味期限の改竄や産地偽装，廃棄品を利用してそれを再び売るという事件が頻発している．雪印，不二家，ミートホープ，白い恋人，赤福，比内地鶏，等々．市場原理に基づく，短期的に最も効率の良さそうな稼ぎ方が，消費者の安全，安心を著しく損なった．

12.3.1　コメント

以上の事例は最近新聞・雑誌等のメディアで報道され，論議されたものである．これらの事例に共通するのは，効率の追求(あるいは費用の最小化)が安全，安心といった社会的価値を毀損しているという主張である．価値と効率の間にはトレードオフがあると言いたいようである．確かに，個人や企業の利益といった私的な経済価値を実現するための効率の追求は，必ずしも社会の利益にはならない．ここで挙げた事例は私的価値と社会的価値の背反によるもので，社会的価値と効率との背反から生じているのではない．効率の追求が社会的な価値を毀損しているのではなく，私的な経済価値の追求が他の価値の実現を妨げているのである．以下，「安全」という社会的価値の事例を手がかりにこの点を説明したい．

12.3.2　坂村健教授の安全神話批判

坂村健教授の『産経新聞』「正論」(2008 年 12 月 23 日)での発言が目にとまった．要約すると次のようになる．1999 年，世界の工業標準を定める ISO(国際標準化機構)は「絶対的な安全は存在しない」と明言した．「絶対安全」なきあと，安全も速「度」や精「度」と同じような安全「度」で語るべきスペックの一つとなった．すべての関係者が正直な安全度の情報を提示するように促すには，社会がまず絶対安全の建前をやめなければならない．

12.3.3　マンションの安全度

建築の耐震設計偽装の問題を検討する．家屋(マンション)の規模が所与で

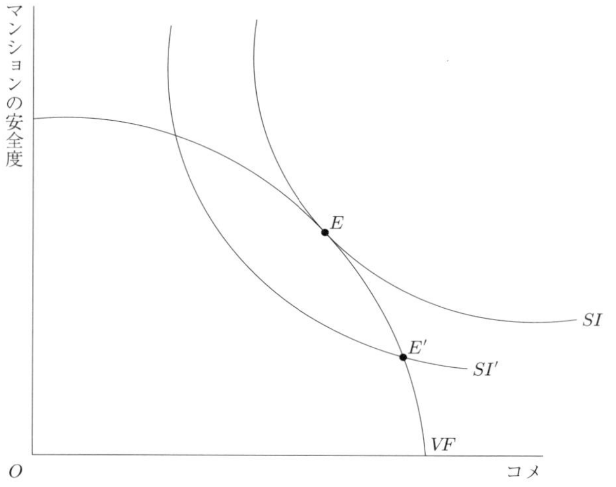

図 12. 2　マンションの安全度と偽装

あるとして，その安全度(何らかの指標で表示可能とする)とコメ(マーシャルの「貨幣」)の消費可能量(安全性の費用)という 2 つの価値の選択を考えよう．**図 12. 2** において両者の社会的選好は社会的無差別曲線 SI によって与えられる．住宅の安全度を高めるためには資源の投入が必要であるため，一般消費財の消費可能量との間にトレードオフが生じる．両者の間のトレードオフは価値フロンティア VF によって与えられる．社会的に最適なマンションの安全度は，VF と SI の接点 E で示される．しかし，実際には規制制度の不備，あるいはマンション業者の偽装によってこの最適点は実現しないかもしれない．その結果，社会的に望ましくない点 E' が実現する可能性がある．これはマンションの安全性と「消費財」との間にトレードオフがあることを意味するものでは決してない．マンション業者の利己的な利益追求が社会的損失を招いているだけのことなのである．

12. 3. 4　市場の失敗

上記の事例で社会的に最適でない均衡が生じるのは，民間の取引主体の間に情報の非対称性があるためである．これはマンションのような集合住宅の取引だけでなく，中古車やスーパーの売れ残り食品の取引にも見られる逆選択(adverse selection)と呼ばれる現象である(Akerlof (1970)参照). こうした「市場の失敗」(market failure)は効率の追求や市場主義の結果ではない. 似たような現象は, 独占, 外部効果, 硬直的な賃金・物価などの市場の不完全性からも生じる. 原理的には政府の適切な対策によって是正可能なものである.

最適でない均衡の是正策は, 市場の失敗の在り方に応じて, 独占禁止政策, 総需要管理政策, 課税補助金政策, 経済取引の直接統制, 市場の創出などが考えられる. こうした是正策は経済学者によって推奨されてきたものであるが, 必ずしも万全ではなく, 注意を怠ればそれ自体が不効率の原因となるかもしれない.

12.4 政府の失敗

市場の失敗に対して, 政府は一般に民間主体の経済活動を抑制ないし促進する施策を講じるとともに, 適切な公共財を提供する必要があるとされてきた. しかし, 政府のこうした施策は逆効果をもたらし, もともと意図された対応とは異なる結果を引き起こすことがある. 第一に, 情報不足から望ましい公共財の選択を誤り, 不適切な政策手段を用いる可能性がある. 第二に, 政府が正しい情報をもっている場合でも, 効率の悪い制度的仕組みに妨げられて, 正しい政策を実行できなくなるかもしれない. たとえば「ソフトな予算制約」(soft budget constraint)や公務員の不適切な行動様式(日本では悪名高い「天下り」慣行)によって, 税金の無駄遣いや規制の歪みが生じることである. ここでは, 第二の問題にしぼって考えてみよう.

12.4.1 ソフトな予算制約

ソフトな予算制約とは, ある主体の収入が調整可能であることにより, 支出が過大になるという問題である. 政府の場合, 徴税権あるいは公債発行権があることから「出ずるを測って入るを制する」ことが可能である. これが「親方日の丸」という弊害を生むことになる. ハンガリーの経済学者コルナイは旧社会主義経済の重大な弊害としてソフトな予算制約に注目した(Kornai (1986)参照). 具体的には, 政府の企画部門がある公共財の供給を政府予算の中で実

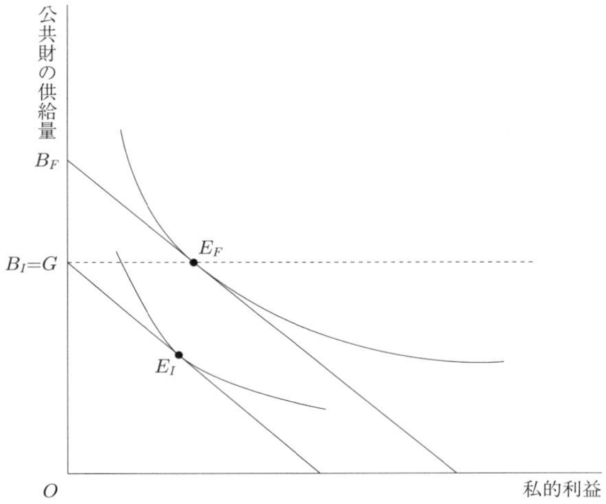

図 12. 3　ソフトな予算制約下の浪費

現しようとして，実行部門(政府企業)にその供給を委ねるとしよう．このような場合，公共財の費用が往々にして当初の予定よりかさみ，税金の無駄遣いが生じるかもしれない．

図 12. 3 は，政府事業の目標を設定する企画部門とその実行部門の間の簡単なゲームの均衡としてソフトな予算制約の問題を図解したものである(大山(2011)参照)．

企画部門は公共財の目標生産量 G を決定し，そのために最低限必要な予算 $B_I(=G)$ を提示する．実行部門は，与えられる予算のもとでこの目標と私的な利益を追求する．両方に予算が使われる結果，当初予算のもとでの実行部門の選択は E_I となる．この段階では公共財の目標生産量 G に届かない．企画部門は公共財の目標量については譲らないが予算については妥協するとしよう．他方，実行部門は与えられる予算のもとでいつでも公共財の供給と私的利益の追求をはかるものとする．最終的に，企画部門が予算 B_F を提示し，実行部門が E_F を選択する均衡に落ち着く．

この問題を克服するには，企画部門と実行部門を厳格に切り離し，実行部門を民間企業や NPO に委ねると同時に，両部門を第三者の厳しい監視のもとに置くといった制度改革が必要である．

12. 4. 2 「天下り」慣行

政府規制は行政官庁の指示と監視のもとに民間企業の行動に委ねられることが多い．このことに関して，日本では監督官庁の役人が退職後に規制の対象となる産業に就職する(天下る)という世界でも類例の少ない慣行があり，長く問題視されてきた．先に進む前に，2 つの異なるタイプの政府規制を区別しておく必要がある．一つは差別的規制で，経済主体の活動をその特性(出自，性別，所属)によって差別的に扱う規制である．もう一つは非差別的規制で，経済主体の特性がどうであっても同等に扱う規制である．たとえば，ある産業への参入規制，ある国への輸入関税などは差別的規制であり，すべての主体に対して一律に適用される一般消費税，環境規制などは非差別的規制である．簡単なゲーム理論的分析から天下り慣行の帰結について考えてみよう．

わかりやすくするため，まず政府が規制者，企業団体が被規制者となるゲームを考えよう．両者の利得は規制水準 R と天下り数 N に依存して決まると仮定する．政府の利得関数

$$U = u(R, N) \tag{12. 1}$$

は N の増加関数，R については $R \leq R_B$ の範囲で R の非減少関数，$R > R_B$ の範囲で R の減少関数とする．政府の満足度は天下り数が多ければ多いほど高い．規制には最適水準 R_B があり，政府の満足度は R が R_B に近接しているほど高くなる．単純化のため，R_B は社会的に最適な規制水準でもあると仮定する．

他方，企業団体の利得関数

$$V = v(R, N) \tag{12. 2}$$

は，規制の特性に基づいて異なる想定が必要になる．差別的規制の場合，規制が厳しければ厳しいほど，規制に守られている者の利得はより高くなるであろう．たとえば，ある産業への参入規制を受けない既存企業は，規制が厳しいほどより多くの利得を得ると考えられる．この場合，(12. 2)は規制に守られる者の利得関数であると想定する．一方，非差別的規制の場合，すべての企業が規制の緩和を歓迎するに違いない．したがって，前者の場合には v は R の増加関数であり，また後者の場合には減少関数となる．天下り数については，すべての企業が一定の限度までしか天下りをよしとはしないであろう．だから

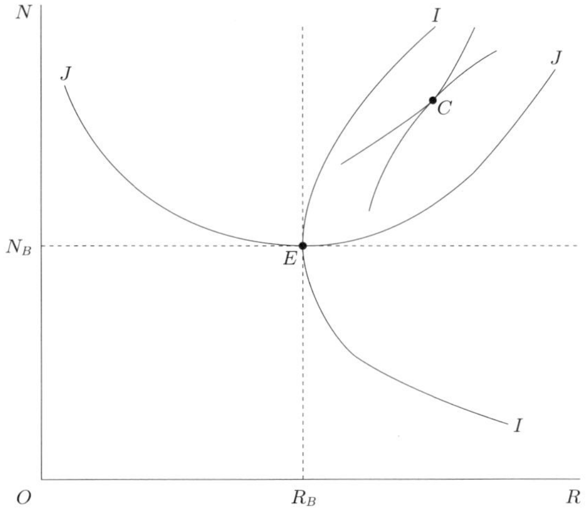

図 12. 4　差別的規制

$V=v(R, N)$ は $N \leq N_B$ の範囲では N の増加関数となるが，$N>N_B$ の範囲では N の減少関数となるであろう．

政府と民間主体とのゲームの帰結はどうなるであろうか．**図 12. 4** の点 E は差別的規制の場合のナッシュ均衡を示している．点 E を通る曲線 II, JJ はそれぞれ民間主体と政府の利得無差別曲線である．仮定によってこの点で社会的に最適な規制水準が達成されるが，それは両者にとってパレート最適な点ではない．両者が協力すれば，たとえば点 C で両者ともより高い満足度を達成できるであろう．協力均衡となる点 C での政府規制は社会的に最適な水準よりも高く，天下り数はより多くなっている．

命題 12. 1　（天下りと差別的規制　大山(1996)）

天下りのもとでは，差別的な規制は社会的に最適な水準を超えて，過大に決められる．

日本には差別的な規制の事例が数多く存在する．農産物，鉄鋼，石油化学，医薬などの輸入規制などは典型的な事例である．これらの分野で社会的に最適な水準を超える政府規制が行われているとすれば，資源の効率的な利用が妨げ

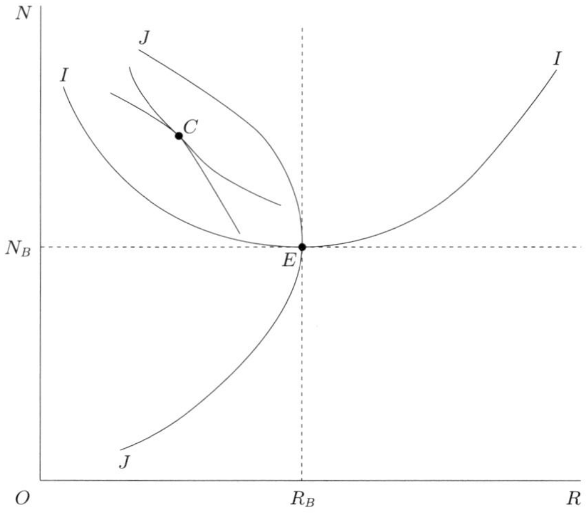

図 12. 5　非差別的規制

られている可能性がある．いわゆる岩盤規制の緩和・撤廃が必要であるが，そのためにも第一歩として天下り慣行の見直しが求められる．

他方，非差別的な規制についても問題がある．これまで医薬，衛生，環境，安全などの分野で政府規制が正しく行われているかどうかについて多くの議論が戦わされてきた．ここでも天下り慣行が官民癒着による資源利用の歪みを招いたとの指摘がなされてきた．**図 12. 5** は，非差別的規制についてのナッシュ均衡 E と協力均衡 C を示している．

命題 12. 2 （天下りと非差別的規制　大山(1996)）

天下りのもとでは，非差別的な規制は社会的に最適な水準に達せず，過少に決められる．

ここでいう非差別的規制にはしばしば「社会的規制」と呼ばれてきたものが多い．社会的規制は必要最小限度に，経済的(差別的)規制は原則として緩和撤廃することが望ましいとする論陣が張られてきた．行政改革委員会などで採用されてきたこの二分法が，かえって社会的分野の規制を聖域化したとの見解もある(たとえば，八代(2006)参照)．これに対して，命題 12. 2 は両者を弁別した上で，非差別的規制に対する官民癒着の弊害をより的確に示すものである．

12.5　公平と効率

公平と効率は両立せず，その間にはトレードオフがあるという固定観念はマスメディアだけでなく，標準的な教科書にも根強く残っている．だがそこにある多くの論評は混乱と誤解を免れていない．

12.5.1　教科書の論調

事例1　新しい経済と不平等(スティグリッツ＝ウォルシュ(2012)『入門経済学 第4版』)：「最近，アメリカで不平等が拡大している原因の一端はコンピュータ関係の労働者の賃金上昇にある．コンピュータの普及による効率の向上が不平等の増加をもたらしたのだ」．

事例2　公平と効率とのトレードオフ(マンキュー(2014)『入門経済学 第2版』)：「公平性と効率性は税制の二大目標であるが，しばしばこの二つは相容れない」．

事例3　公平と効率とのトレードオフ(クルーグマン＝ウェルス(2007)『クルーグマン ミクロ経済学』第13章)：「効率を減らし公平を増やす取引は良いことかもしれない．だが効率それ自体は他の目標を犠牲にして追求すべき目標ではない．目標が何であれ，効率はそれをより有効に実現するための方法でしかないのだ」．

12.5.2　コメント

マンキューは，政策担当者が直面する問題としてはっきりと効率と公平とのトレードオフをあげている．クルーグマン＝ウェルスは，何らかの目標と効率性との間にトレードオフがあるという見解には批判的である．ただし，税制を論じた第21章では，よく設計された税制には公平性と効率性とのトレードオフがあると明言している．筆者は，税制の真の問題は公平性と効率性とのトレードオフではなく，公平性と他の価値(公平性の実現のために失われる一般消費財，貨幣，あるいは個人的価値)とのトレードオフではないかと考えている．他方，スティグリッツの論点は常識的である．IT 革命による効率の上昇が不平等を拡大しているとすれば，効率の上昇自体を否定するのではなく，原則としてそれを是正する税制改革を行うべきだというものである．

12.5.3　定額トランスファーと所得再分配

個人 1, 2 の当初の所得が**図 12.6** の点 A に示すように個人 1 に有利だったとする．政府は平等主義的な社会的無差別曲線をもち，個人 1 から個人 2 への所得再分配を実行したい．それが定額トランスファー(lump-sum transfer)により無費用で行えるとすれば，点 A を通る -45 度の勾配をもつ分配線と無差別曲線が接する最適点 B が実現できる．この場合，効率を損なうことなく公平が達成され，両者の間にトレードオフは存在しない．

12.5.4　所得移転の費用

現実には，所得移転は費用をかけずには実行できない．行政費用はとりあえず無視して，ここでは所得稼得のインセンティブ費用を考えよう．政府は個人 1 に所得税をかけ，税収を個人 2 に提供するという所得税＝補助金の移転方式を用いるとする．税率の増加とともに個人 1 が納める総税額は一定限度まで増加するとしても，限界的な税額，すなわち個人 2 に提供する限界移転額は減少するであろう．このような仕組みのもとでは，所得移転の実現フロンティアは -45 度線ではなく，それより内側にある分配実現フロンティア TR となるであろう．点 C では所得税が個人 1 の労働インセンティブを弱めることで生じる社会的費用を考慮した上で最も効率の良い移転が実現されている．そこには公平性と社会が全体として実現できる消費財(コメ)の数量とのトレードオフはあるが，公平性と効率性のトレードオフは存在しない．

12.5.5　人頭税騒動

1990 年 3 月，イギリス保守党のマーガレット・サッチャーが導入した人頭税(poll tax)は，垂直的公平を無視する不公平な税だと主張する人々の抗議活動を誘発し，ついにはそれが暴動にまで発展した．この年の年末にはサッチャー政権は辞任にまで追い込まれたが，その最大の要因は不人気な人頭税をめ

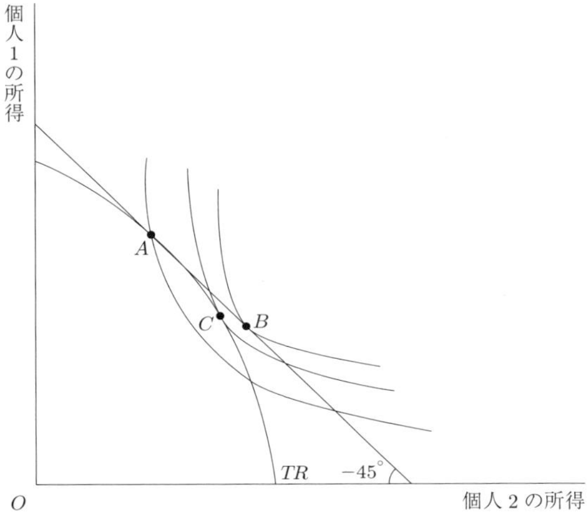

図 12. 6　所得移転の図解

ぐる対立によるものと言われている．**図 12. 6** の分析は，政府の税収を確保するために人頭税が用いられるケース(点 A)と人頭税の導入によって生じる不公平を是正する追加的な所得移転の仕組みを組み合わせたケース(点 C)を比較するものと解釈できる．この分析は，効率的とされる人頭税が公平性を欠くため受け入れられない場合でも，公平性を考慮した社会的最適を実現するために必要とされる追加的な所得移転のコストは容認される可能性があることを示している．

12. 6　要約と結論

安全，公平といった重要な社会的価値を実現するためには希少な資源の投入が必要である．経済学者は，資源が希少であるという認識に立ってその効率的な利用を研究する．通常，完全な安全や公平(ないし平等)を実現するには無限の資源を投入する必要があり，そのような目標を実現することはできない．したがって，それらの間には必然的にトレードオフの関係が生じる．経済学者の役割はこのトレードオフ(価値実現フロンティア)を明確にすることである．

これに対して，これらの目標それ自体の優劣を判断し，その判断基準を示すことは，経済学者の仕事ではない．それは，独裁国家の場合には独裁者の恣意によって，民主主義国家の場合には政治的討論やそれを踏まえた投票によって決められるものである．繰り返し言うが，効率と価値とのトレードオフを論じ，効率の追求を非難する人々は事実上資源の浪費を容認しているのだ．経済学者にあっては，それは少なくとも職務怠慢のそしりを免れない．

本章では，消費と生産の限界代替率の不一致に起因する「市場の失敗」だけでなく，組織の不整合に基づく価値実現フロンティアの縮小，言いかえれば「政府の失敗」に注目し，政策課題に応じた政策対応の必要性を論じた．ソフトな予算制約のもとでは，政府機関の利己的な行動が公共財生産への過剰な資源投入を誘発するメカニズムを示した．また，日本に見られる政府から民間企業への天下り慣行がいかに過剰あるいは過少な政府規制，ひいては資源配分の歪みをもたらすかを論じた．所得再分配を促す租税制度と社会保障制度の欠陥も同様な非効率の原因となる．効率の悪い政府組織の改革，天下り慣行の撤廃，租税制度，社会保障制度の改革の必要性を提言した．

政府の失敗に加えて，市場の失敗も価値実現フロンティアの縮小をもたらす．民間企業も内部統治が不十分であれば，X 非効率の発生という形で価値実現フロンティアが縮小する可能性がある．また，市場が物価・賃金の硬直性によって機能不全に陥っている場合にも，失業の発生によって価値実現フロンティアが縮小するであろう．第 4 章で論じたように，政府の公共事業は失業を軽減し社会的厚生を高めるために不可欠とされるかもしれない．この場合，政府だけでなく民間の組織が協力する公民連携(public private partnership)も重要な対応策となる可能性がある．

[参考文献]

大山道広(1996)「市場開放の経済効果――総論」『日本経済研究』31，1-37.
大山道広(2011)「公民連携の経済理論」『東洋大学 PPP 研究センター紀要』1，3-18.
小泉信三(1909)「社会価値の概念」『三田学会雑誌』2(4)，324-332.
八代尚宏(2006)『「健全な市場社会」への戦略――カナダ型を目指して』東洋経済新報社.

Akerlof, George A. (1970), "The Market for 'Lemons': Quality Uncertainty and the Market Mechanism," *Quarterly Journal of Economics*, 84(3), 488-500.

Arrow, Kenneth J. (1951), *Social Choice and Individual Values*, New Haven: Yale University Press.（長名寛明訳『社会的選択と個人的評価』日本経済新聞社，1977 年）

Kornai, Janos (1986), "The Soft Budget Constraint," *Kyklos*, 39(1), 3-30.

Krugman, Paul R. and Robin Wells (2004), *Microeconomics*, New York: Worth Publishers.（大山道広他訳『クルーグマン ミクロ経済学』東洋経済新報社，2007 年）

Mankiw, N. Gregory (1998), *Principles of Microeconomics*, 7th ed., Mason, OH: South-Western.（足立英之他訳『マンキュー 入門経済学(第 2 版)』東洋経済新報社，2014 年）

Robbins, Lionel (1938), "Interpersonal Comparison of Utility: A Comment," *Economic Journal*, 48, 692-712.

Samuelson, Paul A. (1956), "Social Indifference Curves," *Quarterly Journal of Economics*, 70, 1-22.

Schumpeter, Joseph A. (1909), "On the Concept of Social Value," *Quarterly Journal of Economics*, 23, 213-232.

Stiglitz, Joseph E. and Carl E. Walsh (2005), *Principles of Microeconomics*, 4th ed., New York: W.W. Norton.（藪下史郎他訳『スティグリッツ 入門経済学(第 4 版)』東洋経済新報社，2012 年）

第 13 章　人間関係の経済学

13.1　はじめに

福澤諭吉は，『学問のすゝめ』第九編において，人間交際の重要性を力説している．福澤は，人心の働きを二種に区別し，

「第一は，一人たる身についての働きなり．第二は，人間交際の仲間に居りその交際の身についての働きなり」

と述べ，さらに第二の働きについて，

「人の性は群居を好み決して独歩孤立するを得ず．夫婦親子にてはいまだこの性情を満足せしむるに足らず，必ずしも《〔ママ〕》広く他人に交わり，その交わりいよいよ広ければ一身の幸福いよいよ大なるを覚えるものにて，すなわちこれ人間交際の起る由縁《ゆえん》なり．……およそ世に学問といい工業といい政治といい法律というも，皆人間交際のためにするものにて，人間の交際あらざれば何れも不用のものたるべし」

と説き進んでいる．

現代経済理論で想定される個人の効用関数は，その個人の消費のみに依存すると仮定されることが多い．もちろん，個人の効用が他人の消費に直接依存する可能性もまったく無視されてきたわけではない．個人が愛他心をもっている場合には，その効用は他人の消費の増加とともに高まるであろう．逆に，個人が他人に対して羨望や憎悪の気持ちをもっているとすれば，その効用は他人の消費の減少関数となろう．とはいえ，このような関係は個人の効用が市場取引を媒介とせずに直接他人の消費によって影響されるという意味で外部効果(external effect)の一種と見なされ，少なくとも第一次接近としては例外的な現象として捨象されがちであった．実際，標準的な経済学の教科書ないし専門書で扱われる消費の理論は公害のような一般的な外部効果には注意を払うが，このような私的な外部効果をあまり重視していない．せいぜい，顕示効果(demonstration effect)や依存効果(dependence effect)について補論や脚注で

言及しているくらいである．

個人の効用関数が自分の消費のみに依存するとされるとき，そのような個人はしばしば「利己的」(selfish)であるといわれる．しかし，この表現は必ずしも適切ではなく，誤解を生みやすい．

個人が与えられた効用関数を最大化するという仮定自体は，その行動が何らかの意味で「合理的」であるということを前提とするかぎり，認めなければならないものである．個人の効用関数が自分の消費だけでなく他人の消費にも依存するとしても，それがその個人の効用関数である以上，この仮定は個人が「利己的」であることと何ら矛盾するものではない．たとえば，ある個人が愛他心をもっているとしても，彼女が自分の「愛他的」効用関数を最大にすること自体は「利己的」な行動であると言える．自己愛を人間の本性と見なしたラ・ロシュフーコーは，

> 「気前の良さと呼ばれるものは，おおむね，与えてやるのだという虚栄心にすぎず，われわれにはこの方が与えるものよりも重要なのである」(箴言263)

と述べている．彼の目から見れば，気前のよい人は，自分の「愛他的」効用関数を最大にしようとしている「利己的な個人」であるにすぎない．

このように，利己的であることと他人への関心は何ら矛盾するものではない．自分の消費にしか関心のないような個人は「利己的」であるというよりは，むしろ「孤立的」(isolated)であるというべきであろう．ところで，すべての個人が「利己的」であるとしても，実際に「孤立的」である個人はきわめてまれである．上述したように，現代経済理論では，当人の効用関数が第1次接近として，自己の消費のみに依存すると仮定されることが多いが，そのように狭く限定する必要はないし，また限定すべきでもない．仮に各人の効用がさまざまな財の消費量という「経済的な変数」のみに依存すると単純化したとしても，それが当人の消費量だけに依存するとするのは，明らかに過度の単純化である．

実際，現代社会では，我々は他者との関係を良好に維持していくために驚くほど多くの支出や労働力の提供を行っている．その最も端的な例は贈答である．さまざまなボランティア活動，リーダーシップ活動もその範疇に含められ

る．総務省統計局の調べによれば，全国勤労者世帯の消費支出に占める交際費および贈与金の支出は約 1 割にのぼっている．しかし，これは狭義の人間関係支出であって，諸雑費，小遣い，通信費の相当部分を含めれば，2 割近くにのぼるであろう．後述するように，食料，被服費，教養および娯楽などの支出も広い意味での人間関係にかかわる部分が少なくない．金銭の受払いをともなわないさまざまなサービスの授受を加算すれば，実質的な人間関係支出のウエイトはきわめて大きなものとなるはずである．この傾向は，所得水準の上昇とともに，ますます強くなると考えられる．

人間関係の研究は経済学の歴史とともに古くまた新しい．そもそも経済学の祖アダム・スミスは，『国富論』に先だって上梓した『道徳情操論』(Smith (1759))で人間関係にかかわる詳細な心理学的分析を行っている．近年では，Buchanan (1965)，Becker (1976, 1992)，Rabin (1993, 1998)に見られるように，一部の野心的な応用経済学者たちは部分均衡論的，ゲーム理論的な分析方法を結婚，家庭，育児，教育，労使関係，クラブなどの人間関係に適用し，注目すべき成果をあげている．他方，McKenzie (1955)，Arrow and Hahn (1971)，Osana (1973)のように，伝統的な一般均衡理論の研究者も消費者間の相互作用を含む広範な外部性を取り入れた一般的なモデルを構築し，均衡の存在証明に関心を払っている．これらの研究はいずれも，最近多くの国で観察される第三次産業のシェア増大を説明する上で見逃せないものであるが，人間関係を体系的に分析する枠組みとして見ると，前者は部分的，特殊的にすぎ，後者は抽象的，一般的にすぎるように思われる．

このような見地から，本章では人間関係を取り入れた一般均衡モデル構築の第一歩として，消費主体の効用関数に「仲間」および「仲間消費」という概念を導入し，そこに自然な構造を組み込むことを提唱したい．

13.2 では，仲間および，仲間消費の概念を説明し，その応用の可能性を指摘する．13.3，13.4 では，簡単なモデルを用いて個人間の贈与と消費の補完性について論じる．最後に 13.5 では，モデルの限界と今後の課題を考える．

13.2　仲間消費と効用関数

現代の標準的な消費理論では，個人の消費は通常他人と共用し，もしくは一緒に享受するものとは考えられていない．仮にそのようなものがあるとすれば，それはいわゆる「排除原理」(exclusion principle)の妥当しない公共財(public goods)の消費であって，特別の取り扱いを要する例外的なものとされる．現代一般均衡理論の基本書である Debreu (1959)では，公共財は度外視され，消費の対象となる私的財は，その用途・形態だけでなく，品質，時間および場所によって区別されている．コメのような財は，まず用途・形態の違いから小麦とは区別される．同じコメであっても，品質(ないしブランド)によって，たとえば魚沼産のコシヒカリかあきたこまちかで別物とされる．また同じコシヒカリでも今日消費できるものか，1カ月後に消費できるものかで異なった財と見なされるし，東京で消費されるか京都で消費されるかでも区別される．同書の終章では不確実性を考慮に入れた理論モデルの拡張が論じられているが，そこでは上述の意味で同一の財でも，いかなる事象(event)のもとで消費されるかで区別される．たとえば，晴れた日のアイスクリームと雨の日のアイスクリームは異なる財と見なされる．しかし，こうしたあらゆる区別にもかかわらず，すべての財は他人の消費とは無関係に個人的に消費されるものと仮定されているのである．しかし，人間関係を考えれば，財の定義に当たってさらにもう一つのディメンションを導入することが必要である．

以下では，個人の消費の対象となる財は，単独消費(consumption in isolation)の対象となるか，仲間消費(consumption in company)の対象となるかでも区別される．前者は，文字通り各消費者が他者と関係なく単独に消費するものである．たとえば，自分用の普段着，一人でとる朝食，独身用のアパートなどである．これに対して，後者は仲間(あるいはグループ)との関係を考慮して計画される消費である．たとえば，よそいきの晴れ着，仲間との会食，家族とともに住む住宅などである．常人はこれらを慎重に峻別して行動する．自宅でタキシードを着て喜んだり，寝間着で社交場に行く人は異常と見なされる．同様に，一人で朝からシャンパンを空け，会食で個人の好みや一汁一菜に固執する人は明らかに変人である．独身用のアパートに家族で住むことは不便である．

ここで仲間ないしグループというのは，夫婦，家族，親戚，学校や職場の同期生，同僚，隣近所の人々，同好会やスポーツクラブのメンバー，地域共同体，一国の国民など，さまざまなものが考えられる．いま，社会に n 人の個人がいるとすると，理論上ありうるグループの最大数 m は

$$m = {}_nC_2 + {}_nC_3 + \ldots + 1$$

となる．その中で一個人が理論上関係しうるグループの最大 l は

$$l = {}_{n-1}C_1 + {}_{n-1}C_2 + \ldots + 1$$

となる．個人 i の効用が自分の単独消費量のベクトル X_i だけでなく，仲間消費から得られる満足 H_i に依存しているものとすると，その効用関数は

$$U_i = u_i(X_i, H_i)$$

と書けよう．ここで，H_i は一般に

$$H_i = h_i(Y_{i1}, Y_{i2}, \ldots, Y_{il})$$

と表される．ただし，Y_{ij} は個人 i が所属するグループ j のすべてのメンバーの仲間消費のベクトルであり，形式的には

$$Y_{ij} = (Z_{ij1}, Z_{ij2}, \ldots, Z_{ijl_j})$$

となる．ただし，l_j はグループ j に属する個人の総数，Z_{ijk} は個人 k がグループ j の中で行う消費のうち個人 i が関心をもつ消費量のベクトルである．個人 i が自分自身の仲間消費だけでなく，自分が関係するグループのなかでの他のすべての人々の仲間消費に関心をもつのは自分が何をどれだけ消費するかだけでなく仲間が何をどれだけ消費するかによって影響を受けると考えるからである．たとえば，会食の楽しさは自分が何をどれだけ食べたり飲んだりするかだけでなく，他人が何をどれだけ食べたり飲んだりするかに依存している．これは，本来単独でも享受可能な財を仲間と一緒に消費するケースである．そこに参加した個々の人々の消費内容に加えて，参会者全員が消費する食物や飲料の総量が重要である場合もある．また，会場やテーブルの飾り付けなども会食の雰囲気を盛り上げる上で効果的かもしれない．これは雰囲気的な外部効果(atmospheric externality)ないし排除原則が適用できない公共財のケースと言えよう．

以上の定式化では，ある個人の効用は他の個人の単独消費や自分が関与しないグループで他の個人が行う仲間消費には依存しないものとされている．これは単純化のための仮定であり，個人間の顕示効果や依存効果の一部を排除するかもしれない．しかし，この仮定は見かけほど制限的なものではない．たとえば，ある個人が正式には加入していない団体で行われる仲間消費によって何らかの影響を受けると感じる場合，彼女は自分とその団体のメンバーからなるグループに参加していると意識し，そこでの仲間消費から影響を受けると解釈することができる．

このように，個人の消費の対象となる財は，用途・形態，品質，消費される場所，時間だけでなく，ともにする仲間によって区別される必要がある．ただし，この区別は財が取引される市場(market)の区別とは一般に一致しないことに注意する必要がある．たとえば，あるグループでの会食に供される食物や飲料は，同時に個人の単独消費あるいは他のグループの仲間消費の対象でもあり，同一の市場で購入されるかもしれない．ある財がどの個人の単独消費のために購入されるか，どの仲間の消費のために購入されるかが識別できないか，そのために過大な費用がかかる場合には，それらはすべて同一の価格で取引されなければならないからである．しかし，それらが識別される場合には，仲間ごとに市場が分離され，差別価格が付けられる可能性もある．上得意や団体による購入が割引価格の恩恵を受けるのはその例である．Debreu (1959)が注目した不確実性のもとでの条件付財についても同様のことが言える．晴れの日のアイスクリームと雨の日のアイスクリームが消費者には異なった効用をもたらすかもしれないが，必ず異なる価格で販売されるわけではない．

このように，個人の効用関数を拡張することにより，従来経済学ではきわめて不十分にしか取り扱われてこなかった人間的，したがって学際的な問題を経済学的分析の対象として考察することが可能になる．たとえば，次のような問題に新たな光を投じることが可能になる．

a 人間関係消費

個人 i は，自らの限られた所得(より基本的には自分の保有する資源)を用いて効用関数 U_i をできるだけ高めるように行動する．この定式化によれば，個

人 i の人間関係のための支出は，同一財の限界効用がすべての人間関係グループについて均等化するように決められるはずである．このことから，個人 i が強い一体感をもつグループでの仲間消費のための支出は弱い一体感しかもたないグループでの仲間消費より多くなることが推論される．すべての個人がこのような効用関数をもつものとすると，その一般均衡は各人が互いに他の人々の支出を所与として自己の効用関数を最大にするようにその支出を決めるナッシュ均衡となる．この場合，同一グループに属するある個人の仲間消費が他の個人のそれに基づいて決まることから，社会的に望ましい均衡を実現するために何らかの調整が必要とされるかもしれない．

b 私的所得再分配

各人が他の人々との共同消費だけでなく他の人々の消費にも関心をもつとすれば，私的な贈与が発生する可能性がある．したがって，交換と贈与の一般均衡を考えることができる．このような均衡は一定の条件のもとでパレート最適をみたすと考えられる．もしそうであれば，贈与に対して課税することや，累進的な所得税制度を通じて私的な所得再分配の結果を修正することは潜在的な経済厚生の低下につながる可能性がある．

c ノン・プロフィット活動（慈善事業・公共財の私的供給）

慈善事業とは「宗教的・道徳的動機に基づいて，孤児・病人・老弱者・貧民の救助などのために行われる社会事業」（『広辞苑』第 4 版）である．美術館，庭園，公園，道路のような公共財の私的供給もこれに類する行動である．企業の場合は，長期的な利潤最大化を目指して，短期的な利潤を多少犠牲にしても企業のイメージアップのためにノン・プロフィット事業を行う可能性がある．しかし，個人，あるいは非営利団体のノン・プロフィット活動は，上記のような人間関係を考慮した効用関数の再定式化なしには，十分に理解できない．それが人からよく思われたいという「利己的な」動機に基づく場合ですら，自分がもっている資源を他人との関係の改善のために投げ出すような行動は，他者のあらゆる活動から切り離された「標準的な」効用関数からは導かれない．

d リーダーシップ

経験的にいって，人間の共同行動，共同生活は何らかのリーダーシップなしには成り立たない．小は家庭，学級から，大は企業，国家，国家連合にいたるまで，全体をうまくまとめていくリーダーが必要とされる．その意味でリーダーとはリーダーシップという公共サービスを私的に提供する人であると言ってよい．この公共サービスはすべての関係者に一括して与えられ，各人の効用を増し，その生産性を高める働きをする．したがって，その活動は前項のノン・プロフィット活動の一種であると解することもできよう．しかし，それは人間の共同行動を円滑に進めるために不可欠なものであるから，別だてにして扱う価値が十分にあると考えられる．

e プロフィット活動(企業の形成と運営)

企業は，利潤を生み出すことを主たる目的として，さまざまな資源をもった人々が共同し，各人のインセンティブに適合した行動ルールに則って運営される．それは複数の個人が共通の目的のために形成した人間関係のグループにほかならない．このように，企業は所与の目的に対して効率的に組織された人間集団として理解することができる．ここでもまた，経営サービスという公共財を提供するリーダーとその指示にしたがって活動する人々の間の分業と相互作用が重要となる．企業内の人間関係消費もしばしば重要である．いうまでもなく，企業の形成を論じるためには，効用関数だけでなく生産関数における相互依存関係に注意する必要がある．

以下では，2つの事例を取り上げ，これらに関連するいくつかの問題を簡単なモデルで例解してみたい．

13.3　贈与と税制

仮に社会のすべての成員が他の成員の消費に何らの関心ももっていないとすれば，「公平な」所得分配という概念は宙に浮くことになる．それは，神から与えられた概念，あるいは政府によって押しつけられた概念としてしか存在しえない．しかし，現実には，各人は他人の消費にも関心を払うものである．

とりわけ，自分の欲望をみたしてもあまりある財をもつ者はそれを他人に与えることに喜びを見出すとしても不思議ではない．上述したように，社会の各成員が他の成員の消費にも関心をもつような場合には，私的な所得再分配が生じる可能性がある．一般にはあまり知られていないが，経済学の祖，アダム・スミスは『道徳情操論』においてすでにこの可能性に注意し，人々は「見えざる手」(Invisible Hand)に導かれて生活必需品の公平な分配を実現すると述べている．

個人 1, 2 が 1 種類の消費財を所有し，それを分け合うような状況を考えよう．ただし，各個人は自分の消費量だけでなく，他人の消費量にも関心をもっているものとする．個人 i の消費量を Z_i とすると，個人 i の効用関数は

$$U^i = u^i(Z_i, Z_j) \quad (i, j = 1, 2;\ i \neq j) \tag{13.1}$$

と表される．ここで，$u^i(Z_i, Z_j)$ は Z_i, Z_j の増加関数で，強擬凹関数であるとする．個人 i の個人 j に対する贈与を T_{ij} で表すことにしよう．両個人の間の消費財の分配は次のようなゲームのナッシュ均衡で実現される．個人 i の初期保有量が $\bar{Z}_i$ で与えられるとき，個人 i は，T_{ji} を所与として

$$Z_i = \bar{Z}_i - T_{ij} + T_{ji} \quad (i, j = 1, 2;\ i \neq j), \tag{13.2}$$

$$T_{ij} \geq 0 \quad (i, j = 1, 2;\ i \neq j) \tag{13.3}$$

の制約のもとに効用関数(13. 1)を最大にするように贈与額，したがって自分の消費量を決めるであろう．クーン＝タッカー定理から，個人 i の効用最大化の条件は下記のように表される．

$$-u^i_i + u^i_j \leq 0, \quad T_{ij} \geq 0, \quad (-u^i_i + u^i_j)T_{ij} = 0 \quad (i, j = 1, 2;\ i \neq j) \tag{13.4}$$

ただし，u^i_i, u^i_j はそれぞれ，$u^i(Z_i, Z_j)$ の Z_i, Z_j に関する偏微係数を表す．(以下，ことわりなく同様な記法を用いる．) これらの条件をみたす T_{12}, T_{21}，したがって Z_1, Z_2 が，このゲームのナッシュ均衡となる．

図 13. 1 はこの均衡を図解したものである．社会全体の消費可能量を所与として，−45 度の勾配をもつ直線 AB は個人 1, 2 の消費可能量の組み合わせを示している．この線上で個人 1 にとって最適な消費の組み合わせは，無差別曲線 I_1 が AB に接する点 E_1 である．同様に，個人 2 にとって最適な組み合わせは無差別出曲線 I_2 が AB に接する点 E_2 である．ナッシュ均衡は初期保有に依存して異なる．初期保有が点 E_1 より右下の点 H に与えられる場合，

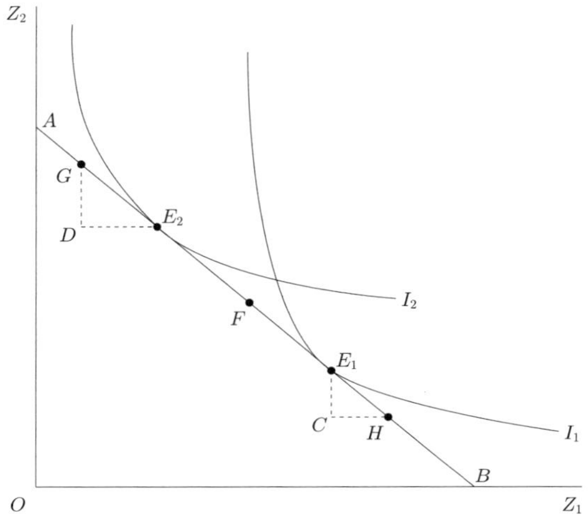

図 13.1　贈与のナッシュ均衡

ナッシュ均衡は点 E_1 となる．

個人 1 から個人 2 に $CH=CE_1$ の贈与がなされる．初期保有が点 E_2 より左上の点 G に与えられる場合，ナッシュ均衡は点 E_2 となり，個人 2 から個人 1 に $DG=DE_2$ の贈与がなされる．最後に，初期保有が点 E_1，点 E_2 の中間の点，たとえば点 F に与えられるならば，ナッシュ均衡は点 F となり，両個人の間で何らの贈与もなされない．どの場合にも，ナッシュ均衡は明らかにパレート最適となっている．

ここで，政府を導入しよう．政府は，一定の税収をあげるために一括税を用いることも贈与税を用いることもできるとする．これまで考察してきた状況は，政府が一括税によって一定の税収を確保した後の均衡を表しているものと再解釈しよう．これと同じ税収をあげるために，一括税の代わりに贈与税を用いるとすれば均衡はどう変わるであろうか．T_{ij} を個人 i から個人 j への税引後の贈与額，t を贈与税率とすれば，個人 i が直面する制約条件(13.2)は，

$$Z_i = \bar{Z}_i - (1+t)T_{ij} + T_{ji} \quad (i, j = 1, 2;\ i \neq j) \tag{13.5}$$

と変わり，効用最大化の条件(13.4)は，

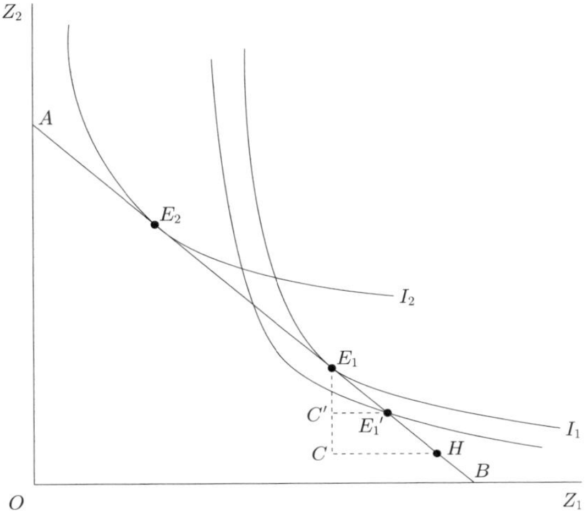

図 13. 2　一括税と贈与税

$$-(1+t)u_i^i+u_j^i \leq 0, \quad T_{ij} \geq 0,$$
$$(-(1+t)u_i^i+u_j^i)T_{ij}=0 \quad (i,j=1,2;\ i \neq j) \qquad (13.6)$$

のようになる．**図 13. 2** は初期保有が点 H にある場合について，一括税のもとでの均衡点 E_1 と贈与税のもとでの均衡点 E_1' を比較している．どちらの場合も政府が同一の税収をあげるという仮定によって，両者は同じ社会的消費制約線 AB 上になければならない．一括税のもとでは，均衡点 E_1 での個人 1 の限界代替率 u_i^1/u_j^1 は 1 であり，無差別曲線 I_1 はその点で消費制約線に接している．

これに対して，均衡点 E_1' での限界代替率 u_i^1/u_j^1 は $1+t>0$ となるから，無差別曲線 I_1 はその点で消費制約線を左上から右下に切ることになる．贈与額は $CH-C'E_1'$ となり，一括税の場合よりも減少する．その結果，個人 1, 2 の効用水準もともに一括税の場合より減少することがわかる．贈与税は個人が自ら進んでなそうとする贈与行動に介入することにより，個人間の配分を歪める．その意味で，一括税やそれと同じ効果をもつ消費税にくらべて効率の悪い税であると言える．

13.4　消費の補完性

ある種の財の個人消費の増加は，他の個人が同じ財の消費から得る限界効用を高める．たとえば，ファッション性のある財の消費がそうである．個人がある色や型の衣服の使用から感じる限界効用は，他人がその消費を増やせば増やすほど高まることが多い．贈答に用いられる贅沢品の消費や個人間のコミュニケーションについても同様なことが言える．相手からの贈り物が多ければ，多いほど，自分が当の相手に贈り物を与えることから得る満足感も大きくなりそうである．メールや交際といった他人とのコミュニケーションもそのような消費財であると解釈できる．個人がそれから得る効用は，相手がそのためにどれだけの時間や努力を投入しているかに依存している．このような財の消費は「個人間補完性」(interpersonal complementarity)をもっているということができる．

個人間補完性を例解するために簡単なモデルを考えてみたい．個人 1, 2 がある同質的な個人間補完性のある財 Z を消費するものとする．これは同じ色と型の衣服でも商品券でもメールでもよい．個人 i のこの財の消費量を Z_i として，個人 i がマーシャル型の準線形効用関数

$$u^i = v^i(Z_i, Z_j) + X_i \tag{13.7}$$

をもっているものとする．ただし，X_i は個人 i の財 x(マーシャルの「貨幣」)の消費量であり，関数 $v^i(Z_i, Z_j)$ は

$$v_i^i > 0, \quad v_{ii}^i < 0 \quad (i, j = 1, 2;\ i \neq j), \tag{13.8}$$

$$v_j^i > 0, \quad v_{ji}^i > 0 \quad (i, j = 1, 2;\ i \neq j) \tag{13.9}$$

という性質をみたすとする．(13.8)はこの財の限界効用が正で逓減するという通常の仮定である．これに対して，(13.9)は現在の設定に固有な仮定である．この財の消費が相手に贈る商品券であったり，コミュニケーションにおける相手への善意の発信であったりする場合には，個人 i の効用は個人 j の消費量の増加関数である($v_j^i>0$)とする仮定が自然であるが，顕示的消費財や悪意の発信の場合には，逆に減少関数とすべきであろう．しかし，ここでは，個人間補完性に注意を集中するために，非増加関数となるケースを除外するこ

とにした．前項のモデルとの違いは，2 人の個人が全体として消費できる財 Z の量が一定ではなく，両者の消費行動に依存して変わりうる点にある．そのため，現在のモデルでは，両者の「協調の失敗」(coordination failure)が生じる可能性がある．

この財は市場で購入可能であり，両個人はその価格 p を所与として行動するものとしよう．衣服，商品券，贈答品などの価格が市場で与えられているとするのは問題なかろう．コミュニケーションの場合には，発信に必要な電話代や郵便料金が与えられていると解釈すればよい．個人 i の所得 W_i を所与とすると，予算制約条件は

$$pZ_i+X_i \leq W_i \quad (i=1,2) \tag{13.10}$$

と書くことができる．個人 i は個人 j の消費量 Z_j を所与として，予算制約条件(13. 10)にしたがいながら効用を最大にするように自分の消費量 Z_i を決める．内点解が存在するものとして，

$$v_i^i(Z_i, Z_j)=p \quad (i, j=1, 2;\ i \neq j) \tag{13.11}$$

が成立するものとする．これから，ナッシュ均衡における両者の消費量が p の関数として決定される．効用最大化の条件(13. 11)を全微分することにより，p の上昇が個人 i の均衡消費量に及ぼす効果は

$$\frac{dZ_i}{dp}=\frac{v_{jj}^j-v_{ij}^i}{v_{11}^1 v_{22}^2-v_{12}^1 v_{21}^2} \quad (i, j=1, 2;\ i \neq j) \tag{13.12}$$

と表される．仮定(13. 8)，(13. 9)から，この場合に価格の上昇が各人の均衡消費量の減少をもたらすという「需要法則」が妥当するかどうかは，もっぱらこの式の右辺分母 $v_{11}^1 v_{22}^2-v_{12}^1 v_{21}^2$ の符号にかかっている．

そこで，不均衡下で個人 i が次のようなもっともらしい仕方で自分の消費量を調整すると仮定してみよう．

$$\dot{Z}_i=\phi^i(v_i^i(Z_i, Z_j)-p) \quad (i, j=1, 2;\ i \neq j) \tag{13.13}$$

ただし，$\dot{Z}_i$ は Z_i の時間に関する微分を表し，$\phi^i(0)=0, \phi^{i\prime}>0$ とする．すなわち，この財の限界効用が価格を上回っている(下回っている)ときには，消費量が増やされる(減らされる)ものとする．このとき，均衡が実際に達成されるためには

$$v_{11}^1 v_{22}^2-v_{12}^1 v_{21}^2>0 \tag{13.14}$$

でなければならない．この安定条件のもとでは，上記の意味での「需要法則」が妥当すると言える．しかし，この条件がいつでもみたされるという保証はないし，また必ずみたされなければならないとも言えない．もしこれがみたされなければ，価格の上昇とともに均衡消費量が増加するという逆説が生じることになる．

Veblen（1890）は，一部の人々が自らの富を誇示し社会的地位を高めるために顕示的な消費(conspicuous consumption)を追求する傾向があると論じた．この指摘を嚆矢として，「権威財」(prestige goods)ないし，「ステータス財」(status goods)といった概念が生まれ，価格が高ければ高いほどその種の財に対する需要が増加する現象はベブレン効果と呼ばれるようになった．上記のように，現在のモデルでも特別の場合にはこれと同じ現象が生じるが，ベブレン効果の説明になっているとは言いきれない．そこで念頭におかれている財の中で，贈答品のような財は確かにベブレン的な財である．たとえば，同じ洋酒でも値段が大幅に下がれば，贈答品には適しなくなり需要が減少することが知られている．しかし，ファッション品やコミュニケーション財は必ずしもベブレン的ではない．さらに，現在のモデルでは均衡が「不安定」である場合にのみ逆説が生じることに注意する必要がある．

両個人は，ナッシュ均衡から離脱することによってかえってより高い効用を実現する可能性がある．**図 13.3** は，p と W_i を所与として，Z_1-Z_2 平面に個人 1, 2 の消費無差別曲線を示したものである．個人 i の無差別曲線は，効用関数(13.7)と予算制約条件(13.10)から得られる関数

$$u^i = v^i(Z_i, Z_j)+W_i-pZ_i \tag{13.15}$$

の Z_1-Z_2 平面への射影であり，p, W_i に依存して確定する．所与の p, W_i のもとで，個人 i の効用は，個人 j の消費量 Z_j が多ければ多いほど高くなる．他方，自分の消費量の増加は $v_i^i>p$ の範囲では効用を高めるが，$v_i^i<p$ の範囲では逆に効用を低める．したがって，個人 1 の無差別曲線は上位のものほど高い効用に対応している．また，下方に凸で，最低点での接線が水平になるように描かれている．対称的に，個人 2 の無差別曲線は右方のものほど高い効用に対応し左方に凸，最低点での接線は垂直になっている．

曲線 R_1, R_2 は，それぞれ個人 1, 2 が相手の消費量を所与とするとき自分に

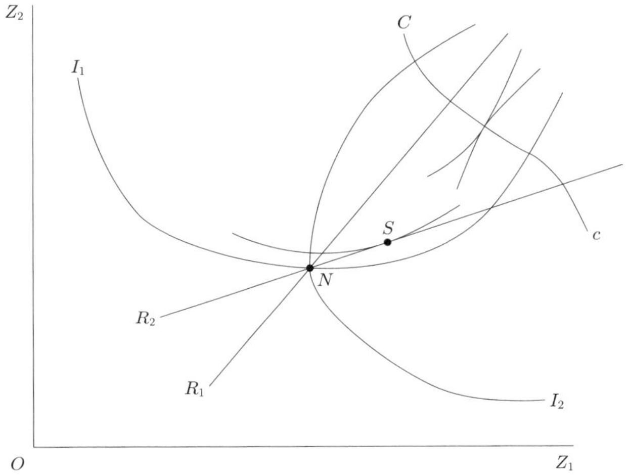

図 13. 3　無差別曲線と消費者の均衡

とって最適な点の軌跡，すなわち反応曲線である．両曲線の交点であるナッシュ均衡点 N では，個人 1 の無差別曲線 I_1 は水平線に接し，個人 2 のそれ I_2 は垂直線に接している．このような状況では，点 N の右上方，I_1, I_2 に囲まれたレンズ状の領域に両者の効用がより高くなる点が存在する．

両者の無差別曲線が接するパレート最適点の軌跡は右上方の契約曲線 Cc で示されている．両者にとってファースト・ベストの均衡は契約曲線上になければならない．しかし，何らかの事情によって，ファースト・ベストの均衡が実現できないこともあるかもしれない。どちらか一方の主体が先導者として他方が追随者として行動するシュタッケルベルグ均衡は追随者の反応曲線の右上方にある．点 S で例示されているように，両個人の効用はナッシュ均衡点 N よりも高くなる可能性がある．このような場合，個人 1 がリーダーとなる均衡がセカンド・ベストの均衡として選択されるかもしれない．

消費の個人間補完性が存在する場合，ナッシュ均衡が複数生じる可能性があることにも注意する必要がある．**図 13. 4** は 3 つのナッシュ均衡 L, M, N が存在するケースを例示している．これまでの分析から明らかなように，両者の効用は原点に最も近い点 L で最も低く，原点から最も遠い点 N で最も高くなっている．このうち，点 L，点 N は上記の意味で「安定な」均衡点である．

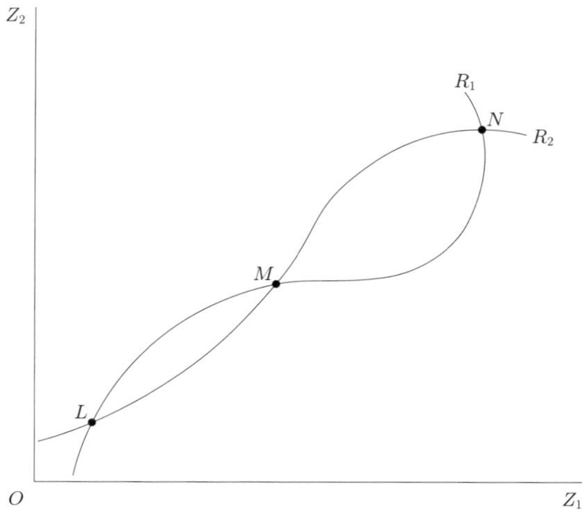

図 13. 4　消費補完性と複数均衡

両者の間の完全な協力が期待できないとすれば「不安定な」均衡点 M を度外視するとしても，点 L，点 N は等しく実現可能であるように思われる．たまたま点 L が実現するとすれば，それは Cooper and John (1988)が指摘した「協調の失敗」(coordination failure)と呼ばれる事態である．しかし，両者が完全な情報をもって賢明に行動するか，第三者の適切な誘導があれば，点 L ではなく点 N が達成できるはずである．すでに指摘したように，仮にそうした協調が不可能であるとしても，一方が主導者として行動するシュタッケルベルグ均衡が両者にとって点 N よりも望ましい均衡となる可能性がある．ファッション，贈答，コミュニケーションのように仲間消費の場合には，誰かがリーダーシップをとることによって全員が利益を受けるケースがしばしば見られる．消費の個人間補完性はこの事実に一つの解明を与えるものと言えよう．

13.5　要約と結論

本章に多少とも特色があるとすれば，人間関係を全面的に取り入れた一般均衡モデル再構築に向けて「仲間消費」という概念を導入し消費主体の効用関数を拡張したことである．2 つの事例について簡単なモデルで基本的なアイデアを例示したが，一般均衡モデルの一般的な再定式化やいっそう重要で意味のある問題の研究にはいたっていない．もちろん，これは「羊頭を掲げて狗肉を売る」の類であり，今後に多くの課題を残している．

仲間消費を媒介する人間関係を考慮した一般均衡モデルは必然的に市場を通さない外部経済・不経済を含むことになる．それは，各主体が他の主体の仲間消費を所与として行動計画を立てるナッシュ均衡のモデルとして最も自然に定式化される．本章で論じた 2 つの簡単な事例でもナッシュ均衡の概念が用いられているが，財市場を含む一般均衡という形にはなっていない．単純な個人間贈与を対象とした 13. 3 の 1 財モデルはそもそも市場の概念すら登場しない．個人間補完性のある財の市場が存在することを前提とした 13. 4 のモデルでも，その価格は所与とされており，部分的なモデルにとどまっている．しかし，市場を取り込んだ一般均衡モデルの構築が原理的に困難であるというわけではない．たとえば，13. 4 のモデルでは，財の価格を所与とせず，競争的，あるいは寡占的な生産者が参加する市場を想定して一般均衡モデルに拡張することは容易である．そこでは，財価格も市場で内生的に決定される．

本章で論じた 2 つに事例は，いずれも 2 人の個人しか存在しない最も簡単なケースである．したがって，多数の個人が存在し，その中でさまざまな「仲間」が形成され，仲間消費が行われる現実的な状況を取り扱うことはできない．そのためには，少なくとも 3 人以上の個人が存在するモデルを考える必要がある．たとえば，社会に個人 1, 2, 3 という 3 人の消費者が存在するものとすれば，(1, 2)，(1, 3)，(2, 3)，(1, 2, 3) という 4 組の仲間が生じる可能性がある．この場合，各人がこれらの仲間にそれぞれどのようにかかわるか，異なる仲間相互間の関係はどのようなものになるかという新たな問題が生じるであろう．これらの仲間は家族，あるいは潜在的な家族，あるいはクラブや共同体，あるいは会社，あるいは階級，あるいは国家などと解釈することができる．一般均衡モテルの定式化は，どの解釈をとるかによって異なったものとなる．たとえば，生産会社がいかに形成されるかといった問題を考えるためには，効用関数を仲間消費の概念を導入して拡張するだけでなく，生産関数についても「仲間投入」(input in company) の概念を用いて拡張する必要がある．その場合，個人 1 が資本家(経営者)で個人 2, 3 が資本を所有しない労働者であるとすれば，労使関係や階級対立の問題を考察することもできるかもしれない．

本章のモデルでは，あらゆる個人の組み合わせの数だけの仲間が生じうるものとしている．しかし，それはあくまでも潜在的なものであり，実際には各個人が参加する仲間の数は限られたものとなる．いかなる仲間であれ，それに参加する個人は通常何らかの費用を負担しなければならない．家族のような仲間でさえ，共同生活を維持しコミュニケーションを円滑に保つには，各構成員はそれぞれ多少の貢献をする必要がある．大人は自分だけでなく配偶者や子供のために食事，衣服，住宅を用意し，教育費を負担する．子供も庭掃除や買い物など家事の一部を手伝う．家族以外の仲間，さまざまな友人グループ，趣味の会，結社などの形成を維持するためには，通信費，会合費，交通費などの参加費用(access cost)がかかることはいうまでもない．この費用がかさみすぎる場合には，仲間は形成されない．理論的に考えられる仲間の大部分が実際には機能しないのはこの理由による．たとえば，遠隔地や言語の異なる地域の住人との仲間作りが難しいのは通信，交通の費用が高くつくからである．また，国家や生産者団体のように共通の強い連帯や利害をもつ仲間を別にすれば，構成員の数が多い仲間，たとえば消費者団体が有効に組織されないのは，情報交換や共同の意思決定の費用がかさむからである．インターネットの発展による情報通信費用の劇的な低下は広い範囲での仲間の形成を容易にし，促進している．このように，仲間の形成や維持を説明するためには，そのために必要な費用に十分留意する必要がある．

仲間の形成には物的な費用がかかるだけでなく，一般に時間もかかる．生まれ落ちたばかりの人間は，母親の他に仲間をもっていない．長ずるにつれてさまざまな人々と出会い，徐々に自分の仲間を作っていく．個人が自分の消費の対象となる財が与えられているという通常の消費理論の仮定と同様に，個人が関与する仲間が与えられているとするのは，短期的にはともかく長期的には受け入れがたい．時間の経過とともに既知の財の消費や既知の仲間との交際が繰り返されるだけでなく，新しい財を消費し新しい仲間と交際する機会が生じる．個人の効用関数はそのような経験を積み重ねることによって徐々に変化していくはずである．個人は新しい財や新しい仲間と出会ったとき，過去の経験や十分な情報がなくとも一定の先入観念をもって消費行動を決定せざるを得ない．しかし，実際に新しい財や仲間を経験すればそこから得られる効用についての観念は一般に修正される．さらに，既知の財や仲間であっても単独消費や仲間消費から得られる効用は，一般に過去に累積されたあらゆる財の単位，消費量や仲間消費量に依存して変化すると考えるべきである．本章では，こうした仲間の形成や変容の問題について立ち入って考察することができなかった．今後の課題としたい．

[参考文献]

Arrow, Kenneth J. and Frank H. Hahn (1971), *General Competitive Analysis*, San Francisco: Holden-Day.（福岡正夫，川又邦雄訳『一般均衡分析』岩波書店，1976年）

Becker, Gary S. (1976), *The Economic Approach to Human Behavior*, Chicago: The University of Chicago Press.

Becker, Gary S. (1992), "Habits, Addictions and Traditions," *Kyklos*, 45, 327-346.

Buchanan, James M. (1965), "An Economic Theory of Clubs," *Economica*, 32, 1-14.

Cooper, Russell and Andrew John (1988), "Coordinating Coordination Failures in Keynesian Models," *Quarterly Journal of Economics*, 103, 441-463.

Debreu, Gerard (1959), *Theory of Value: An Axiomatic Analysis of Economic Equilibrium, Cowles Foundation Monographs Series*, New Haven: Yale University Press.（丸山徹訳『価値の理論——経済均衡の公理的分析』東洋経済新報社，1977年）

McKenzie, Lionel W. (1955), "Competitive Equilibrium with Dependent Consumer Preferences," *Second Symposium of Linear Programming*, Washington: National Bureau of Standards and Department of Air Force, 277-294.

Osana, Hiroaki (1973), "On the Boundedness of an Economy with Externalities," *Review of Economic Studies*, 40, 321-33l.

Rabin, Matthew (1993), "Incorporating Fairness into Game Theory and Economics," *American Economic Review*, 83, 1281-1302.

Rabin, Matthew (1998), “Psychology and Economics,” *Journal of Economic Literature*, 36, 1-46.

Smith, Adam (1759), *The Theory of Moral Sentiments*, 1st edition, edited by D. D. Raphael and A. L. Macfie, Indianapolis: Liberty Fund, 1984.（米林富男訳『道徳情操論』全 2 冊，未来社，1969-70 年）

Veblen, Thorstein (1890), *The Theory of Leisure Class: An Economic Study of Institutions*, London: Unwin Book; [unablidged] New York: Dover Publications, 1994.（小原敬士訳『有閑階級の理論』岩波文庫，1961 年）

あとがき

大山道広教授の逝去からちょうど一年，言いようのない重い喪失感を癒やせぬままに月日が流れた．しかし多くの方々の協力に支えられ，教授の遺稿がこのような形で刊行されるはこびとなった．私ども親しい友人にとっては，胸中に幽かに点った燈を見る心持である．本書の成立の経緯についてはのちに述べることとし，まずその内容に若干の言葉を添えておきたい．

本書と，既に一昨年シュプリンガー社から上梓された『マクロ経済学，貿易および社会的厚生』(英文)とは，大山教授の生涯の仕事の総決算と評してよい．本書の組み立てを一見して明らかなように，教授の研究にはふたつの大きな柱となるテーマがあった．

第一は，国際的経済取引の複雑な相互依存関係を分析し，そこに生成される均衡の様相や貿易利益を評価する研究である(第III部)．本書において論じられた問題のいくつかを拾ってみれば，不完全競争や収穫逓増が作用する下で競争政策や自由貿易が経済厚生に及ぼす効果，技術革新がその型に応じて(費用削減型か品質改善型か)自国・外国の貿易利益に及ぼす効果，さらには消費財同士の水平型貿易でなく，原料・中間生産物と製品との垂直型貿易の場における比較優位の原理，……等々．このようなきわめて具体的な，しかし従来十分に吟味されてきたとはいえない貿易政策の基礎原理が，一貫して厚生経済学の方法に則って精査される．そのために著者は，厚生判断の基準についても周到な考察を加え，工夫を施していることに注目しなければならない(第I部)．

第二は，マクロ経済学の基礎理論および政策原理の探求である(第II部)．今日，マクロ経済学には多様な立場の学説が並立し，その長短を比較するのは容易ではない．しかし，本書に示された大山教授の姿勢は自《おのずか》ら明瞭である．つまり，ケインズ経済学を尊重しつつ，新たな知見を以てこれを補強し，理論体系としての，また政策原理としての枠組の構築を企図するところにその本質を窺うことができよう．主要な話題を拾ってみる．労働市場の分析を補強して，労使間のゲーム論的交渉過程を吟味し，これを *IS-LM* の枠組と接合して経済の動態を描く試み．*IS-LM* 曲線を主体の合理的選択行動から導出し，ヒックスの理論にミクロ的基礎づけを与えたうえで，財政・金融政策を考察する骨組を設計．また公共支出の対象が主として(私的財ではなく)公共財であることに着目し，乗数の波及過程を精査する研究．いずれもケインズ＝ヒックスの体系を足場としながら，これに強力な補強を施し，さらに厚生経済学的洞察を加味した力作である．大山教授は公共財の最適供給をめぐる政府の役割を印象づけるために，自《みずか》らの立場を「新ケインズ派総合」と呼んだ(p. 77, p. 83)が，むしろこの呼称は「補強されたケインズ経済学」を指し示すように範囲を拡張して用いてはいかがであろうか．

「貿易と厚生」，「新ケインズ派総合」のマクロ経済学，そしてこれを貫く方法としての厚生経済学——大山教授の研究の実質はこう要約することができる．

大分以前のことであるが，慶應の上級生を対象とするマクロ経済学の担当者が健康上の理由でしばらく休むこととなり，私が半年間代講をつとめた．私は講義の材料として大山教授の論文「有効需要と国民所得」(本書第5章の原型)を詳しく勉強し，これを数回にわたって細かく講義した．私自身にはきわめて有益な勉強であったが，これにはひとつおまけがつく．この講義の本来の担当者は学生にも人気の若手助教授であったが，あいにく代講に立った私は最も悪評の高い教師であった．当然，この代講措置には多数の学生たちから不満が寄せられ，当時の経済学部長は大いに頭をかかえたらしい．あとから聞いて甚だ恐縮したことを思い出す．

さて，本書の主要内容は以上のとおりであるが，全篇を通読して感じられる，経済理論家としての著者のもち味についても述べておきたい．

ひとつは，大山教授の学問における政策的志向の強さである．教授は優れた理論家であるが，抽象のレベルにとどまることを嫌い，具体的な現象を分析し，政策をつうじて経済の改善を図ることに，常に関心を向けた．理論探究への情熱はそのための堅牢な武器を鍛えるためであり，単なるパズル解きの嗜好を満たすためではなかった．

政策的志向に理論的実質・裏づけを与える鍵として教授が重視した途は，厚生経済学の成果を目的に沿って鍛えなおすことであった．第1, 2章および第6章の一部には，この視点からの意識的努力の痕跡が顕著である．

さらに理論的枠組の一般性や精粗の程度を適切に選択する配慮も本書の随所に窺われる特色である．あまりに一般的な大風呂敷をひろげた設定からは，絞り出すことのできる帰結・含意が貧しくなる．他方，枠組を単純に特殊化しすぎれば，導かれる結果の一般的妥当性が疑わしくなるであろう．扱われる問題に即して，どの程度の一般性や緻密さを理論の枠組に求めるべきか——この点についてもやはり第1,2章や第6章に，著者の苦心が滲み出ているように思われる．

> 本章では，さまざまな応用経済学の目的のために利用可能な，過度に特殊ではなく，かといってあまり一般的ではない一般均衡モデルとその応用例を示すことにしたい．(p. 107)

こう書くとまた思い出すことがある．これもはるか昔の話しであるが，理論計量経済学会(現在の日本経済学会)の席上，変数が一体いくつあるかを確認するのさえ困難なほど「壮大な」モデルを披露した某氏の報告に対し，討論者として登壇したのが林敏彦氏．若さ溢れる林氏は，少々の皮肉をこめてこう切り出した．——「良い地図というものは，必要な情報をすべて含んでいなければなりません．そして不必要な内容は一切含まぬものであるべきなのです」．やはりまだ若き日の大山・川又邦雄両先輩(当時助教授)と並んでこれを聞いていた私は思わず噴き出した．しかし両先輩はさすがに礼儀正しく，顔を紅潮させて，必死に失笑をこらえていた．理論的枠組の選択をめぐる大切なポイントを，林氏一流の巧みな話術で表現されたのであったが，大山氏の考え方とも深く重なる．この林教授も昨年，大山教授と前後して亡くなった．

＊

大山氏は昭和13(1938)年，東京に生まれた．慶應義塾大学および同大学院在学中は山本登教授の下で国際経済学を学び，やがて米国ロチェスター大学においては，ライオネル・マッケンジー，ロナルド・ジョーンズ両教授に師事し，昭和47(1972)年，博士の学位を授与された．その後の研究の礎は，この長い研鑽の時期に築かれたのであった．

母校慶應義塾の講壇に迎えられ，昭和55(1980)年，経済学部教授に就任，以後名実ともに学界をリードする仕事を残したことは，誰れもが認めるとおりである．

本書は，著者の関心の向う方向と，研鑽の成果とを自ら語る代表作といってよい．とはいえ，本書によって教授の仕事のすべてが尽くされているわけではない．抽象的理論の世界にとじこもることなく，現実の経済問題の手がたい分析を基礎とする政策の提言・批評への積極的な意欲は，本書の範囲を越えた多くの論稿を生んだ．これは大山教授の仕事の記憶すべき一面であった．

教授の教室からは，その学統を継承する多くの若い学徒が成長し，学界にまた実業界に，期待に背かぬ活躍をしていることは，教授にとってなによりの自慢のたねであるにちがいない．

学界の信望も厚く，日本経済学会，日本国際経済学会それぞれの会長を務め，重責を果たした．そのご苦労に対し，私どもは後進として感謝しなければならない．専門の研究とは別に，大学や学会の運営，ひいては社会の問題について，教授はいつも明確な見識と主張を用意していた．そのうえで自らの利害をわきへ置いて，公のために尽くす心意気と，それを実行する勇気とを具えた，いわば志士の面影を私は大山教授の風貌に感じとっていたのである．そう思って本書の第Ⅳ部を読みなおすと，この諸章は教授の社会哲学の反映ともみることができるであろう．

慶應の経済学会が刊行する英文の専門誌に，教授は十点以上の自信作の論文を寄稿し，同誌を育成し，その誌価を高めるべく努力されたのも，この心意気のあらわれであった．（比較のためにいえば，私が同誌に発表した論文は四点にすぎない．顧て恥ずかしい限りである．）

平成 7 (1995)年の夏，エコノメトリック・ソサエティの世界大会が三田の慶應を会場として開催された折のことも思い出される．大山・川又両教授が慶應側の責任者として準備にあたっていたが，当時はいわゆるバブル景気が崩壊，経済は低迷して学会の台所も容易ではなかったのである．しかしこの大会を成功させるために，実業界の諸先輩からは物心両面にわたっての絶大な支援が寄せられた．この力添えが得られたのは，ひとえに両教授の学問と人柄に対する人々の深い信頼感によるもので，準備の間ずっと両先輩のそばについて手伝っていた私にはそれがよくわかった．そして，後輩としてまことに誇らしく感じられたのである．

大山教授とは一緒に酒の席に列る機会が実に多かった．後輩の私よりずっと若々しい飲みっぷりで，ご自分も楽しみ，人の心も明るくさせるお酒であった．実は昨年のちょうどいま頃は，シュプリンガー社から上梓された著書の出版祝いに一席もうけようと，川又教授と楽しい相談をしていたところであった．それがまだ実現しないうちに大山教授の訃報を聞こうなどとは，全く思いもよらぬことであった．

*

岩波書店編集部の髙橋弘氏と私との間で，大山教授の仕事を一冊の著作として刊行したいとの企画が思い浮かんだのは，既に七，八年も以前に遡る．もとより誰れに異論のあろうはずもなく，髙橋氏と大山教授をお引き合せして，すぐに三人で額を寄せ合って企画・立案にはいったのである．原稿の整理に思いがけなく長い時間を費したものの，シュプリンガー社の著書の刊行も漸く一段落し，昨年の春には本書の準備もいよいよ最終段階にはいったものと承知していたのである．——そこへ突然，大山夫人からの電話で教授の急逝を知った．気持の混乱をとり繕ういとまもないままに，葬儀やらなにやらがあわただしく過ぎていった．

遺された原稿は九割九分完成していた．それから一年を費し，教授の学問を最もよく理解する若い専門家たちの尽力によって原稿に最終的な整理が施され，刊行の準備が整ったことは，なににもまして幸いななりゆきであった．泉下の著者も莞爾《かんじ》として喜んで下さっていることと思う．

それぞれ多忙のなか，本書の刊行へ向けて協力を惜しまれなかった白井義昌博士，津曲正俊博士，黒川義教博士，蓬田守弘博士に深く敬意を表する．また著者の生前，本書の企画段階からゆき届いたご配慮を賜った髙橋弘氏と，実際の編集作業についてお世話になった同じく岩波書店の石橋聖名さんに厚くお礼を申し上げたい．

平成 30 年 5 月 2 日

大山教授の一周忌を迎えて

丸 山 徹

初 出 一 覧

本書の原稿は，以下に示すように過去の学術雑誌や学術書に掲載されたものを訂正し，必要に応じて加筆したものである．

第Ⅰ部　概念と方法

第 1 章　部分均衡の厚生分析

「マーシャル型効用関数と社会的無差別曲線」『三田学会雑誌(慶應義塾経済学会)』92 巻 3 号，1999 年 10 月．

第 2 章　一般均衡の厚生分析

“Trade and Welfare in General Equilibrium,” *Keio Economic Studies*, Vol. 9, No. 2, 1972 より一部修正抜粋．

第Ⅱ部　マクロ経済

第 3 章　労経交渉のマクロ経済学

「労経交渉とマクロ経済」『三田学会雑誌』82 巻特別号-I，1990 年 3 月．

第 4 章　乗数理論と公共財――混合体制下の一般均衡

「乗数理論と公共財――混合体制のマクロ経済学」『三田学会雑誌』106 巻 2 号，2013 年 7 月．

第 5 章　貨幣・所得・分配のマクロ経済学

「貨幣・所得・分配のマクロ経済理論Ⅰ――*IS-LM* モデルの再構築」『三田学会雑誌』102 巻 3 号，2009 年 10 月．

第Ⅲ部　国際経済

第 6 章　市場構造・国際貿易・経済厚生

岡田章・神谷和也・柴田弘文・伴金美編『現代経済学の潮流 1999』第 1 章，東洋経済新報社，1999 年．

第 7 章　品質改善型技術進歩と国際貿易

『三田学会雑誌』91 巻 3 号，1998 年 10 月．

第 8 章　雁行型発展の理論――特殊要素モデルを中心として

池間誠編著『国際経済の新構図――雁行型経済発展の視点から』第 9 章，文眞堂，2009 年．

第 9 章　加工貿易の理論――リカード型モデル

『三田学会雑誌』89 巻 3 号，1996 年 10 月．

第 10 章　自由貿易協定と経済厚生

「自由貿易協定と経済厚生——Kemp-Wan 定理を超えて」『三田学会雑誌』97 巻 1 号，2004 年 4 月.

第 11 章　WTO と世界経済

「WTO と世界経済——新時代の課題と役割」『経済論集(東洋大学経済研究会)』30 巻 3 号，2005 年 3 月.

第Ⅳ部　厚生経済

第 12 章　厚生と効率

「価値と効率——現代経済の政策課題」『熊本学園大学経済論集』17 巻 1･2 合併号，2011 年 3 月.

第 13 章　人間関係の経済学

『三田学会雑誌』94 巻 2 号，2001 年 7 月.

索　引

欧　文

あ　行

か　行

さ 行

た 行

な 行

大山道広

1938年東京生まれ．1961年慶應義塾大学経済学部卒業，80年同教授．1972年アメリカ，ロチェスター大学で経済学Ph.D.取得．専攻は国際経済学，理論経済学．著書に『国際貿易〈モダン・エコノミックス14〉』(共著，岩波書店，1985)，『国際経済学 改訂新版』(放送大学教育振興会，2005)，『国際経済学〈経済学教室10〉』(培風館，2011)，*Macroeconomics, Trade, and Social Welfare* (Springer, 2016)など．訳書に，ヘルプマン，クルーグマン『現代の貿易政策――国際不完全競争の理論』(東洋経済新報社，1992)などがある．

理論経済学と経済政策――厚生・マクロ・国際経済学

2018年5月29日 第1刷発行

著 者 大山道広《おおやまみちひろ》

発行者 岡本 厚

発行所 株式会社 岩波書店
〒101-8002 東京都千代田区一ツ橋2-5-5
電話案内 03-5210-4000
http://www.iwanami.co.jp/

印刷・法令印刷 カバー・半七印刷 製本・牧製本

ISBN 978-4-00-025577-6 Printed in Japan